普通高等院校会计系列规划教材

Tax Accounting

税务会计学

主　编　赵春青

副主编　李静祎　孟笑扬　雷小天

上海交通大学出版社
SHANGHAI JIAO TONG UNIVERSITY PRESS

内容提要

本书以就业和人才竞争为导向，紧紧围绕新时期应用人才培养目标进行撰写。首先，对税收的特点、税收法律体系、税收分类、税制构成要素等概要述说，让读者对税务会计这门课程有一个基本认识。然后，对我国目前开征的以增值税、消费税、企业所得税和个人所得税为主的税种，分别从纳税人、征税范围和税率确定、应纳税额计算和纳税申报三大模块逐一展开学习。最后，以一个特定企业的经济业务为背景资料，对可能涉及的全部税种从税额计算、会计核算和纳税申报三部分进行综合训练，以便学生更快更好地胜任实际办税员岗位的工作。

图书在版编目（CIP）数据

税务会计学 / 赵春青 主编 . —上海：上海交通大学出版社，2016
ISBN 978 - 7 - 313 - 16478 - 0

Ⅰ . ①税… Ⅱ . ①赵… Ⅲ . ①税务会计—教材 Ⅳ . ①F810.42

中国版本图书馆 CIP 数据核字（2016）第 313784 号

税务会计学

主　　编：赵春青

出版发行：上海交通大学出版社　　　　　　地　　址：上海市番禺路 951 号

邮政编码：200030　　　　　　　　　　　　电　　话：021 - 64071208

出 版 人：郑益慧

印　　制：北京增富印务有限公司　　　　　经　　销：全国新华书店

开　　本：787mm × 1092mm　1/16　　　　印　　张：17

字　　数：348 千字

版　　次：2017 年 3 月第 1 版　　　　　　　印　　次：2017 年 3 月第 1 次印刷

书　　号：ISBN 978 - 7 - 313 - 16478 - 0/F

定　　价：43.00 元

前言 / PREFACE

在"后金融危机时期",伴随着中国经济转型和产业结构的升级,高等教育的人才培养目标需要从培养制造型人才向培养创作型人才转变,其课程设计需要着眼行业发展和突出解决问题能力的培养。该教材的推出旨在满足"十三五"我国高等教育教学改革对新型专业教材的需求。

本书以就业和人才竞争为导向,紧紧围绕新时期应用人才培养目标进行撰写。首先,对税收的特点、税收法律体系、税收分类、税制构成要素等概要述说,让读者对税务会计这门课程有一个基本认识。然后,对我国目前开征的以增值税、消费税、企业所得税和个人所得税为主的税种,分别从纳税人、征税范围和税率确定、应纳税额计算和纳税申报三大模块逐一展开学习。最后,以一个特定企业的经济业务为背景资料,对可能涉及的全部税种从税额计算、会计核算和纳税申报三部分进行综合训练,以便学生更快更好地胜任实际办税员岗位的工作。

本书依据的税收法规资料是截至 2016 年 7 月正式颁布的有效文件。增值税部分完整的反映了"营改增"后的内容变化;企业所得税部分,根据 2015 年汇算清缴的相关政策进行了全面整理;资源税部分,根据全面推开资源税改革后的相关政策(从量计征改为从价计征和扩大征税范围)进行编写。本书的特点主要有:

(1)教材以流转税、所得税和其他税种为主线,条理清晰,重点突出,便于教与学。行文按基本法规概述、税额计算、税款核算到纳税申报的程序讲述,更加符合实际的业务流程。

(2)系统地吸收了最新的税制内容。教材所涉及的所有税种的相关法规均以修订交稿日止(2016 年 7 月)我国税收与会计法规为主要依据,充分体现教材的时效性。涉及的所有会计核算账务处理均按《企业会计准则》的要求进行。

为突出应用型教材特色,保证良好的教学效果,本书提供了较丰富和全面的学习资料(包括各类型习题和相应参考答案),致力于培养学生对教材知识点的全面掌握以及提高对税务会计实务的认知能力和业务处理能力,为广大读者的学习和研究提供服务。

本书由赵春青担任主编,由李静祎、孟笑扬、雷小天担任副主编。撰稿人具体分工如下:雷小天负责编写第 1 章、第 5 章、第 11 章;李静祎负责编写第 2 章、第 4 章;赵春青负责编写第 3 章、第 8 章;李芳负责编写第 6 章、第 7 章;孟笑扬负责编写第 9 章、第 10 章。本书稿件全部由焦作大学老师撰写。

由于编者水平有限,加上时间仓促,书中存在的疏漏之处,敬请读者批评指正。

目录 /CONTENTS

第 1 章
税 收 概 论

◎ 学习目标

通过本章学习，要求理解税收的概念和特征和税务会计与财务会计的区别；掌握税制构成的基本要素；熟悉税收的基本分类；了解税务会计的作用和目标。

◎ 问题导入

什么是"三证合一、一照一码"登记制度？

"三证合一、一照一码"登记制度改革，是指按照"一窗受理、互联互通、信息共享"模式，将原来企业、农民专业合作社（以下统称企业）登记时依次申请，分别把工商行政管理部门核发的工商营业执照、质量技术监督部门核发的组织机构代码证、税务部门核发的税务登记证，改为一次申请、由工商行政管理部门核发一个加载统一社会信用代码（以下简称统一代码）营业执照的等级制度。这里的"三证"指的是工商营业执照、组织机构代码证、税务登记证，"一照"指的是新营业执照，"一码"是指统一代码。

实行"三证合一"登记制度改革对深化市场准入制度、推进商事制度改革具有重要意义。通过实施"三证合一、一照一码"登记模式，能够有效推动相关部门工作整合和内部信息共享，进一步优化准入流程、减少重复性审查，加快建立程序更为便利、内容更为完善、流程更为优化、资源更为集约的市场准入新模式，有力地推动大众创业、万众创新。

1.1 税法的概念和构成要素

1.1.1 税法的概念和特征

税法是以宪法为依据，用以调整国家与纳税人之间在征纳税方面权利与义务关系的法律规范的总称。税法与税收密不可分，税法是税收的法律表现形式，体现国家与纳税人之间在征纳税方面的权利义务关系；税收是税法所确定的具体内容，反映国家与纳税人之间的经济利益分配关系。

它的特征主要表现在三个方面：

一是强制性。主要是指国家以社会管理者的身份，用法律、法规等形式对征收捐税加以规定，并依照法律强制征税。

二是无偿性。主要指国家征税后，税款即成为财政收入，不再归还纳税人，也不支付任何报酬。

三是固定性。主要指在征税之前，以法律形式预先规定了课税对象、课税额度和课税方法等。

因此，税法就是国家凭借其权力，利用税收工具的强制性、无偿性、固定性的特征，参与社会产品和国民收入分配的法律规范的总称。

1.1.2 税法的分类

1. 按基本内容分类

按照税法的基本内容和效力的不同，可分为税收基本法（母法，我国目前没有统一制定）和税收普通法（如个人所得税法、税收征收管理法）。

2. 按职能分类

按照税法的职能作用的不同，可分为税收实体法和税收程序法。

税收实体法是规定税收法律关系主体的实体权利、义务的法律规范的总称，其内容包括纳税主体、征税对象、税目、税率、纳税地点等。例如，《中华人民共和国个人所得税法》、《中华人民共和国外商投资企业和外国企业所得税法》就属于税收实体法。

税收程序法是规定国家征税权行使程序和纳税人纳税义务履行程序的法律规范的总称，它主要包括税收管理法、纳税程序法、发票管理法、税务机关组织法、税务争议法等。《中华人民共和国税收征收管理法》就属于税收程序法。

3. 按征收对象分类

按照税法征收对象的不同，可分为以下四种：

（1）流转税法。流转税法主要包括增值税、消费税、关税等税法。这类税法的特点是与商品生产、流通、消费有密切联系的。

（2）所得税法。所得税法主要包括企业所得、个人所得税等税法。其特点是可以直接调节纳税人收入，发挥其公平税负、调整分配关系的作用。

（3）财产、行为税法。财产、行为税法主要是对财产的价值或某种行为课税。包括房产税、印花税等税法。

（4）资源税法。资源税法主要是为保护和合理使用国家自然资源而课征的税。我国现行的资源税、土地使用税等税种均属于资源课税的范畴。

4. 按收入归属和征收管辖权限分类

按照税收收入归属和征收管辖权限的不同，可分为中央税、地方税、中央地方共享税。

中央税一般由中央政府统一征收管理。地方税一般由各级地方政府负责征收管理。现行的工商税收按税种划分为中央税、地方税、中央与地方共享税三类，其中，消费税、关税、车辆购置税、进口环节增值税为中央税；增值税（中央占75%，地方占25%）和企业所得税（铁道部、各银行总行、海洋石油企业集中交纳的部分归中央政府，其余部分中央地方六四分）、个人所得税（中央地方六四分）、资源税（海洋石油企业缴纳的部分归中央，其余归地方）、印花税（证券交易印花税收入中央政府，其他印花税收入归地方）为中央与地方共享税；其他税一般为地方税，包括土地增值税、印花税、城市维护建设税、土地使用税、房产税、车船使用税等。

5. 按赋税能否转嫁分类

按赋税能否转嫁分类，可分为直接税和间接税。其中直接税包括个人所得税、企业所得税；间接税包括增值税、消费税。

📝 **知识链接**

税负转嫁的方法

按照经济交易过程中税收转嫁的不同途径，可把税负转嫁归纳为以下几种：

1. 前转（Forward Shifting）

纳税人将其所纳税款，通过提高商品或生产要素价格的方法，向前转移给商品或生产要素的购买者或最终消费者负担的一种形式。

2. 后转（Backward Shifting）

纳税人将其所纳税款，以压低生产要素进价或降低工资、延长工时等方法向后转移给生产要素的提供者负担的一种形式。

后转一般是由于市场供求条件不允许纳税人以提高商品销售价格的办法，向前转移税收负担。

3. 消转（Diffused Shifting）

纳税人对其所纳税款，既不向前转嫁也不向后转嫁，而是通过改善经营管理，改进生产技术等方法，补偿其纳税损失，使其支付税款之后利润水平不比纳税前减少，从而使税负在生产发展和收入增长中自行消失。由于纳税人并未把税负转嫁给他人，也没有特定的负税人，因而它是一种特殊的税收转嫁形式。

4. 税收资本化（Capitalization of Taxation）

生产要素的购买者将所购生产要素未来应纳税款，通过从购入价格中预先扣除（即压低生产要素购买价格）的方法，向后转嫁给生产要素的出售者。

税收资本化主要发生在某些资本品的交易中。例如，政府征收土地税，土地购买者便会将预期应纳的土地税折入资本，将税负转嫁给土地出售者，从而表现为地价下降。此后，名义上虽然由土地购买者按期纳税，但实际上税款是由土地出售者负担的。

✏ 知识链接

税负转嫁的条件与影响因素

税负转嫁的基本条件是商品或要素的价格能够自由变动。

在价格可以自由变动的情况下税负转嫁的程度受以下因素影响：

（1）不同税种，税负转嫁程度不同。

● 商品税较易转嫁，所得税一般不能转嫁。

● 与商品价格关系密切的税种较易转嫁：消费税、增值税、关税、营业税。

● 与商品价格关系不密切的税种不易转嫁：所得税、财产税。

（2）供给弹性大、需求弹性较小的商品较易转嫁，如生活必需品、食盐；供给弹性小、需求弹性大的商品不易转嫁，如非生活必需品、高档消费品。

6. 按税款和价格的组成关系分类

按税款和价格的组成关系分类，可分为价内税和价外税。其中价内税：价格＝成本＋利润＋税金（消费税）；价外税：价格＝成本＋利润（增值税，为其使用增值税专用发票抵扣奠定了基础）。

7. 按计税依据分类

按计税依据分类，可分为从价税和从量税。

从价税：以征税对象的价格为依据，按照一定的百分比税率计征的一种税，如增值税、企业所得税和个人所得税等。

从量税：以征税对象的重量、体积、容积、数量为计征依据，规定税额而征收的一种税，如车船使用税、城镇土地使用税等。

1.1.3　税法的构成要素

税法的构成要素一般包括总则、纳税义务人、征税对象、税目、税率、纳税环节、纳税期限、纳税地点、减税免税、罚款、附则等项目。重点掌握纳税人、征税对象和税率这三大基本要素。

1. 纳税人

税法中直接规定的负有纳税义务的单位和个人，包括自然人、法人和其他组织。

（1）负税人：在经济上承担纳税义务的组织和个人。

直接税：纳税人和负税人一致，个人所得税的工资薪金、劳务报酬等。

间接税：纳税人和负税人不一致，如烟酒的消费税。

（2）扣缴义务人：税法直接规定的负有代收代缴、代扣代缴义务的单位和个人。

设置扣缴义务人的优点：①减轻税务部门的工作量；②采取源泉控制税款，保证税款足额入库。

2. 征税对象

征税对象也称为纳税客体，指征纳双方权利义务所指向的目的物，是区分不同税种的主要标志。按征税对象的不同，一般把税种分为四大类：流转税类，所得税类，财产、行为税类，资源税类。

税目：各个税种所规定的具体征税项目。征税对象的具体化。

税目的设计方法有列举法和概括法，比如消费税的税目的设计方法是列举法，税目表详细列举了应税项目。

3. 税率

税率是指应纳税额占征税对象的量的份额、征税对象的比例或征收额度，是衡量税负轻重的主要标志，如图1-1所示。

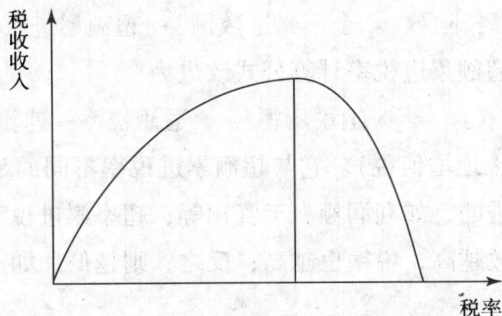

图1-1　拉弗曲线（Laffer Curve）

一般情况下，税率越高，政府的税收就越多，但税率的提高超过一定的限度时，企业的经营成本提高，投资减少，收入减少，即税基减小，反而导致政府的税收减少。高税率不一定取得高收入，而高收入也不一定要实行高税率（高税率挫伤积极性，导致生产下降，停滞）。描绘这种税收与税率关系的曲线叫作拉弗曲线。

我国现行税制适用的税率有：

（1）比例税率：不分课税对象数额的大小，只规定一个比例的税率，它一般适用于对流转额的课税。在具体运用上，比例税率又分为几种类型：

一是单一比例税率，即一个税种只规定一个税率，如企业所得税采用的税率是25%。

二是差别比例税率，即一个税种规定不同比率的比例税率。

（2）累进税率：按照课税对象数额的大小规定不同等级的税率。课税对象数额越大，税率越高；反之，则越低。它一般适用于对所得额的课征。累进税率按累进的程度和方法不同又分为三种：

一是全额累进税率。它是把课税对象的全部数额都按照与之相适应的等级的税率征税。

二是超额累进税率（个人所得税采用九级和五级超额累进税率）它是把课税对象按照税额的大小划分若干不同登记，对每个等级分别规定相应的税率，分别计算税额，然后相加求和，一定数量的课税对象，可以同时使用几个等级税率。

全额累进税率与超额累进税率具有不同的特点，主要表现在以下几个方面：

第一，在名义税率相同的情况下，全额累进税率累进程度高，税负重；超额累进程度低，税负轻。如上例，全额税负1 400万元，超额税负850万元。

第二，在所得额级距的临界点附近，全额累进会出现税负增加超过所得额增加的不合理现象；超额累进不存在这个问题。

第三，在计算上，全额累进税率计算方便，超额累进税率计算复杂。但这只是技术上的问题，可以采用"速算扣除法"予以解决。"速算扣除法"的公式为

$$速算扣除数 = 全额累进数额 - 超额累进数额$$

运用这一公式可以把超额累进税率计算公式改进为

$$超额累进税额 = 应纳税所得额 \times 适用税率 - 速算扣除数$$

三是超率累进税率（土地增值税）。它与超额累进税率不同的是超额累进税率是按照征税对象绝对额的增加而累进的，如利润额、工资额等；超率累进税率是依据征税对象相对量的增加而累进的。该相对数越高，税率也越高；反之，则越低。如工资利润率、销售收入利润率等。

（3）定额税率（固定税额）：是按单位课税对象直接规定一个固定税额，而不采取百分比的形式。定额税率与价格没有直接关系，它一般适用于从量定额征收。

例如：现行消费税，啤酒 220 元/吨，汽油 0.2 元/升；土地使用税，每平方米征多少税额。

以上都是法律上的税率形式，即税法中可能采用的税率。若从经济分析角度去考察税率，则有另外的种类和形式。

4. 纳税环节

（1）单环节课征：一次课征，消费税。

（2）多环节课征：多次课征，增值税。

5. 纳税期限

纳税期限是指纳税人向国家交纳税款的法定期限。各种税都明确规定了税款的交纳期限，纳税期限是税收"固定性"特征的重要表现。

（1）按次纳税：其经济行为不经常发生，如偶然所得、契税等。

（2）按期纳税：企业所得税，在月份或季度终了后 15 日内预缴，年度终了后 5 个月内汇算清缴，多退少补。一般有 1 天、3 天、5 天、15 天、1 个月等。

6. 纳税地点

原则上根据其生产经营所在地为纳税地点。

7. 附加、加成和减免

纳税人负担的轻重主要是通过税率的高低来调节的，但除此之外，还可以通过附加、加成和减免等措施来调整。

（1）附加和加成是属于加重纳税人负担的措施。

附加：是地方政府在正税之外，附加征收一部分税款。通常把按国家税法规定税率征收的税款称为正税，而把正税以外征收的附加称为副税。城建税附加和教育费附加在流转税上。

加成：是对特定纳税人的一种加税的措施，有时为了实现某种限制政策或调节措施，对特点的纳税人实行加成征税。加一成等于加正税税额的 10%，加二成等于加正税税额的 20%，以此类推。个税中的劳务报酬实行加成征收。

劳务报酬所得：适用 20% 比例税率，但对劳务报酬所得一次收入畸高的，有加成征收，具体规定如表 1-1 所示。

表 1-1 劳务报酬所得一次收入畸高的加成征收具体规定

级数	每次应纳税所得额	税率	速算扣除数
1	20 000 元以下（含 20 000 元）	20%	0
2	20 000~50 000 元（含 50 000 元）	（加五成）30%	2 000 元
3	50 000 元以上	（加十成）40%	7 000 元

（2）属于减轻纳税人负担的措施有：减税、免税、起征点和免征额。

减税就是减征部分税款；免税就是免交全部税款。减免税是给予纳税人鼓励和照顾的措施。

起征点：是税法规定的课税对象开始征税时应达到的一定数额。课税对象未达到起征点的不征税；但达到起征点时，全部课税对象都征税。

免征额是指课税对象中免于征税的数额。

1.2 税收的法律关系和税法的基本原则

1.2.1 税收法律关系

税收法律关系在总体上与其他法律关系一样，都是由权利主体、客体和法律关系的内容三方面构成的，但在这三方面的内涵上，税收法律关系则具有特殊性。

（1）权利主体。权利主体即税收法律关系中享有权利和承担义务的当事人，其一方是代表国家行使征税职责的国家机关（包括各级税务机关、海关、财政机关）；另一方是履行纳税义务的人（包括法人、自然人和其他组织、在华的外国企业、组织、外籍人、无国籍人，以及在华虽然没有机构、场所但有来源于中国境内所得的外国企业或组织。）。权利主体双方法律地位是平等的，但权利和义务不对等，这是因为他们之间是行政管理者与被管理者的关系，不同于一般民事法律关系。

（2）权利客体。权利客体即税收法律关系主体的权利义务共同指向的对象，也就是税法构成要素中的征税对象，如流转税法律关系的客体就是流转额（即货物销售收入或提供劳务收入）。

（3）税收法律关系的内容。税收法律关系的内容即权利主体双方各自享有的权利和承担的义务，这是税法的灵魂。作为征税一方的国家税务主管机关，其权力主要有：依法征税，进行税务检查，对违章处罚。其义务主要是：宣传辅导税法，把征收的税款及时解缴国库，依法受理纳税人对税收争议的申诉等。纳税义务人的权力主要有：多缴税款申请退还权，延期纳税权，依法申请减免税权、申请复议和提起诉讼权等。其义务主要是：按税法规定办理税务登记、进行纳税申报、接受税务检查、依法缴纳税款等。

1.2.2 税法地位及与其他法律关系

税法是我国法律体系的主要组成部分，它除了直接在税收实体法、税收程序法、税收争讼法、税收处罚法中规定外，也会援引其他法律，因而与其他法律也有一定关系，学习中应注意理解它们之间相互关系。

税法与宪法的关系：宪法是我国的根本大法，是制定税法的基本依据，税法要服从宪法。

税法与民法的关系：民法是调整平等主体之间（包括公民之间、法人之间、公民与法人之间）财产关系和人身关系的法律规范总称，其调整方法具有平等、等价、有偿特点；税法是调整行政管理者（国家征税机关）与被管理者（纳税人）之间征纳关系的法律规范的总称，其调整方法具有命令、强制与服从特点。

税法与刑法的关系：违法与犯罪是两个不同的概念，违法不一定犯罪，犯罪一定违法。《税法》和《刑法》对于违反税法的行为都规定了处罚条款，区别于情节轻重，轻者行政处罚，重者刑事处罚。可见《刑法》中有关涉税犯罪的规定，是税法顺利执行的有力保障。

1.2.3 税法的基本原则

现行税法的基本原则主要有三条：一是税收法定原则；二是税收公平原则；三是税收效率原则。

1. 税收法定原则

税收法定原则又称合法性原则是指一切税收的课赋与征收必须以国家制定和颁布的法律为依据，没有法律的根据，任何主体不得征税或减免税。税收法定原则是法治原则在税法中的体现，这是税法的一项十分重要的基本原则，已为各国所公认，成为世界各国的一项宪法原则。

2. 税收公平原则

税收公平原则是指纳税人的地位必须平等，税收负担在纳税人之间公平分配。税收公平原则是"法律面前人人平等"，这一现代法律思想在税收领域中的体现和发展。税收公平原则是指导税收活动的一项十分重要的原则。

3. 税收效率原则

税收效率原则也称税收效益原则，主要是指税法的制定和执行必须有利于社会经济运行效率和税收行政效率的提高，税法的调整也必须有利于提高社会经济效益和减少纳税人的纳税成本。

1.3 税务会计简介

1.3.1 税务会计的概念

税务会计又称企业纳税会计，是指以税收法律、法规和会计制度为依据，以货币为计量单位，运用会计学的基本理论和方法，对纳税人的纳税活动所引起的资金运动进行连续、系统、全面、综合地反映和监督，维护国家和纳税人的合法权益的专业会计。

1.3.2 税务会计的特点

税务会计作为融税法和会计核算于一体的专业会计，同时受到会计法律、准则、制度和相关规定以及税收法律、法规和规章的制约，具有以下特点。

1. 法律性

税收是国家取得财政收入的主要形式，为了保证财政收入的及时和稳定，税收的征收具有明显的强制性和权威性。纳税人在发生应税行为、取得应税收入后，必须按税法的规定正确计算应纳税款，及时上缴国家金库。这个过程也是经济利益流入和流出企业的过程，必须按会计法律、法规的要求进行核算和监督。

2. 相对独立性

税务会计虽然并不是一门与企业财务会计并列的一个特殊领域，是对企业生产经营活动中涉税部分的核算和反映，其核算基础也依据会计学的理论和核算方法。但和其他会计相比较，税务会计具有其相对的独立性和特殊性，因为国家规定的征税依据与企业会计制度的规定是有一定差别的，其处理方法、计算口径不尽相同，所以，税务会计有一套自身独立的处理准则。例如，自产自用货物视同销售的有关规定，企业会计利润与应纳税所得额的差异及其调整，等等，都反映了税务会计核算方法与内容的相对独立性。

3. 差异互调性

税务会计的法律性和相对独立性，决定了税务会计的处理结果和财务会计的处理结果是有差异的。根据财务会计的规定进行核算、反映和处理的结果是为了满足投资者、债权人和管理者的需要，而税务会计进行核算、反映和处理的结果，是为了满足国家征税和管理者进行税收筹划的需要。二者在收入确认、存货计价、计提折旧和坏账准备等方面都存在一定的差异，造成了税前会计利润和应纳税所得额也存在一定的差异，但两者之间的差异可以根据产生差异的原因相互调节。

1.3.3 税务会计的职能

税务会计的职能是指税务会计这一管理活动本身所固有的功能，税务会计的基本职能是核算税务活动，监督税务活动。

1. 核算反映职能

对企业涉税活动的核算和反映，是税务会计的基本职能。税务会计根据国家的税收法规，借助会计准则和会计制度，全面、真实、系统地记录和核算生产经营过程中的税务活动。以价值形式反映会计主体的纳税活动，为国家组织税收收入提供可靠的依据，为企业改善经营管理提高经济效益，提供决策保证。

2. 监督管理职能

以价值形式全面核算会计主体的纳税活动的过程，也是实行税务会计监督管理的过程。税务会计的监督管理职能是寓于核算反映职能之中的，即通过税务会计的一系列的核算方法，监督会计主体的纳税活动是否与国家税收法令、条例一致，监督会计主体的税款的形成、计算和缴纳情况，实现税收的宏观调控作用。

3. 预测和决策职能

税务会计通过核算和反映会计主体纳税活动的全过程，监督管理企业的经济行为，可以帮助企业管理者对企业的税务活动进行科学的预测和决策，规避较高的税负，以实现税后利润的最大化。

1.3.4 税务会计的作用

税务会计的作用是指税务会计在履行其职能的过程中所产生的客观效果。主要体现在以下几个方面。

1. 有利于提高纳税人的纳税意识，帮助纳税人自觉履行纳税义务

依法纳税是每个纳税人应尽的义务，否则将受到相应的处罚。纳税人自行申报纳税要求，税务会计必须熟悉税法，了解企业涉税资金运动的规律，及时、足额地缴纳税款，以避免不必要的损失。

2. 有利于发挥会计和税收的监督作用，促进企业正确处理分配关系

税收是国家参与企业收益分配的主要手段，为了保证财政收入的及时稳定，税务会计应严格按税法的规定核算和反映企业的纳税活动，加强对企业纳税活动的监督和管理。税务机关也可以根据税务会计提供的信息资料，检查纠正纳税人违反国家税收法令、制度规定的错误行为，以维护国家税法的严肃性，正确处理有关各方面的收益分配关系。

3. 有利于企业经济利益与社会利益的统一

国家的税收政策是国家在一定时期内社会政策和经济政策的反映，税务会计通过税收筹划对企业经营行为的合理安排，充分享受国家的税收优惠政策，合理地进行纳税，以获得最大的税后收益。纳税人享受税收优惠的同时，也是国家社会政策和经济政策得以实现的过程；企业获得经济利益的同时，也使国家利益得以实现，使企业的利益和国家的宏观利益得到统一。

4. 维护纳税人的合法权益

正确履行纳税义务，既要按税法规定及时、足额缴纳税款，又要在税法规定的范围内，尽可能缴纳最少的税款。同时，任何违反税法的规定，都要受到税法的惩处。

1.3.5 税务会计的目标

财务会计的目标是为投资者、债权人、经营管理者及其他相关方面提供企业的财务状况、经营成果等财务信息。税务会计通过记录、计算、检查等专门方法，特别是通过设置各种明细账、编制纳税报表，连续系统地反映税务方面的信息。具体包括以下几个方面。

1. 为国家提供税收收入总量、增长速度及结构等方面信息

税收是现代国家财政收入的主要来源，是国家正常运转的经济基础，也是宏观调控的重要手段。国家征收税款的主要方式是查账征收，因而税务会计是形成税务信息的一种专门方法。

2. 为纳税人提供纳税依据和数额等方面信息

纳税人应按照国家税法正确计算、及时足额地缴纳税款。税务会计利用专门的方法可以为纳税人提供税款计算依据、应纳税款、税款缴纳情况等方面的信息。

1.3.6 税务会计与财务会计的区别

1. 服务主体不同

财务会计提供的会计信息主要为与企业外部有经济利害关系的单位和个人服务，同时也为企业内部管理服务，而税务会计所提供的信息主要服务于国家税务部门和企业的经营管理者。

2. 核算范围不同

财务会计的核算对象是企业以货币计量的全部经济事项，其核算范围包括资金的投入、循环、周转、退出等过程，既要反映企业的财务状况，又要反映企业的经营成果和资金变动情况；而税务会计的核算对象是因纳税而引起的税款的形成、计算、缴纳、补退等经济活动的资金运动。

3. 核算目的不同

财务会计通过对纳税人所有经济业务进行记录和核算，最后编制资产负债表、损益表、现金流量表及其附表，全面反映企业的财务状况和经营成果，并将其报送投资者、债权人、企业主管部门及其他会计信息使用者；而税务会计则是通过对企业涉税活动的反映和核算，保证纳税人依法纳税，使纳税人的经营行为既符合税法，又最大限度地减轻税收负担。

4. 核算的依据不同

财务会计进行核算应遵循会计准则，依照行业会计制度的规定处理企业的各种经济业务。而税务会计不仅要遵循一定的会计准则，更要受税法的约束，强调客观性和统一性。当财务会计的规定和税法的规定相抵触时，企业可以按财务会计规定进行会计处理，但在纳税时，必须按税法的规定进行调整。

◎ 本章小结

税收的基本特征亦称"税收的形式特征"，是税收在不同社会制度下反映的共同特征，这些特征不因社会制度的变化而变化。通常可概括为强制性、无偿性和固定性。

税收制度的构成要素，是指一个完整的税种应当由哪些要素构成。目前我国税制主要包括 11 个要素。

税务会计又称企业纳税会计，是指以税收法律、法规和会计制度为依据，以货币为计量单位，运用会计学的基本理论和方法，对纳税人的纳税活动所引起的资金运动进行连续、系统、全面、综合地反映和监督，维护国家和纳税人的合法权益的专业会计。

税务会计的职能是指税务会计这一管理活动本身所固有的功能，税务会计的基本职能是核算税务活动，监督税务活动。

税务会计的目标是为投资者、债权人、经营管理者及其他相关方面提供企业的财务状况、经营成果等财务信息。税务会计通过记录、计算、检查等专门方法，特别是通过设置各种明细账、编制纳税报表，连续系统地反映税务方面的信息。

⚠ 关键名词

税的构成要素　税务会计的职能和目标

📑 练习题

一、单项选择题（请扫描二维码，在线测试本章学习效果）

1. 税收分配的主体是（　　）。

    A. 国家　　　　B. 税务机关　　　　C. 财政机关　　　　D. 海关

2. 税收分配的依据是（　　）。

    A. 生产资料所有权　　　　　　B. 国家政治权利

    C. 生产力的发展　　　　　　　D. 社会公共需要

3. 税收的本质是（　　）。

    A. 国家凭借政治权力对社会产品和国民收入进行分配的一种手段

    B. 国家凭借政治权力对社会产品和国民收入进行分配所取得的收入

    C. 国家凭借政治权力对社会产品和国民收入进行分配所体现的一种特殊的分配关系

    D. 国家凭借政治权力对社会产品和国民收入进行分配的一种形式

4. 下列不属于流转税的是（   ）。

    A. 增值税   B. 消费税   C. 营业税   D. 印花税

5. 下列属于从量税的是（   ）。

    A. 增值税   B. 消费税   C. 营业税   D. 资源税

6. 下列属于价外税的是（   ）。

    A. 增值税   B. 消费税   C. 营业税   D. 资源税

7. 增值税属于（   ）。

    A. 中央税   B. 地方税   C. 所得税   D. 中央与地方共享税

8. 税法规定起征点为 200 元，税率为 10%，甲、乙纳税人取得应税收入分别为 200 元和 400 元，则甲、乙纳税人应分别纳税（   ）。

    A. 0 元和 20 元   B. 0 元和 40 元

    C. 20 和 40 元   D. 以上说法都不对

9. 某纳税人某月收入 250 元，税率为 10%，假定起征点和免征额均为 240 元，则按起征点和免征额办法计算，分别应纳税（   ）。

    A. 25 元和 1 元   B. 25 元和 24 元   C. 24 元和 1 元   D. 1 元和 0 元

10. （   ）是课税对象的具体化，代表征税的广度。

    A. 计税依据   B. 税率   C. 税源   D. 税目

11. 下列说法不正确的是（   ）。

    A. 征税对象是区分不同税种的主要标志

    B. 税目是征税对象的具体化

    C. 税率是衡量税负轻重与否的唯一标志

    D. 纳税义务人即纳税主体

二、多项选择题（请扫描二维码，在线测试本章学习效果）

选择题 即测即评

1. 税收的特征包括（   ）。

    A. 强制性   B. 固定性   C. 转嫁性   D. 无偿性

2. 按税收的征收权限和收入支配权限，可以将税收划分为（   ）。

    A. 中央税   B. 地方税   C. 中央与地方共享税   D. 分成税

3. 税率的基本形式有（   ）

    A. 比例税率   B. 累进税率   C. 定额税率   D. 累退税率

4. 税收按征税对象分类，可分为（   ）。

    A. 流转税类   B. 所得税类   C. 财产税类   D. 行为税类

5. 税制构成要素包括（   ）。

A. 征税对象　　　B. 法律责任　　　C. 计税依据　　　D. 税率　　　E. 纳税人

三、判断题（请扫描二维码，在线测试本章学习效果）

1. 税收分配凭借政治权力为主，财产权利为辅。　　　　　　　　　　（　　　）

2. 剩余产品是税收分配的根本源泉，也是税收分配的最大界限。　　　（　　　）

3. 对同一征税对象，无论数额多少，均按同一比例征税的税率称为定额税率。（　　　）

4. 税目是征税对象的具体化和数量化，反映各税种征税的广度。　　　（　　　）

5. 我国属于社会主义国家，所以税收分配的依据是生产资料所有权和国家政治权力。
　　　　　　　　　　　　　　　　　　　　　　　　　　　　　　（　　　）

6. 税收收入不受价格水平的影响，只与征税对象的实物量有关的税率是定额税率。
　　　　　　　　　　　　　　　　　　　　　　　　　　　　　　（　　　）

判断题
即测即评

第 2 章
税 收 管 理

◎ 学习目标

通过本章学习，要求理解税收管理的概念；熟悉税收征管机构、税务登记常识；熟悉涉税凭证、账簿和发票等相关纳税资料的管理；熟悉税收违法行为的处理。

◎ 问题导入

2002 年 8 月 7 日，某明星因涉嫌偷税漏税被公安机关正式逮捕。这是我国第一起由警方介入的明星偷税案，从举报到税务部门的介入再到公安部成立专案组，一切都是严格按照法律程序进行。税务机关自 2002 年 4 月 2 日开始对该明星所办公司进行税务检查。经警方查实其所办文化艺术有限责任公司自 2009 年以来采取不列、少列收入，多列成本，进行虚假纳税申报等手段进行逃税的违法活动，税种涉及营业税、城市维护建设税、企业所得税和应代扣代缴的个人所得税等。税务机关在检查中还发现，该明星除从其所办公司取得工资薪金收入外，还通过参加营业性演出、拍摄广告、提供肖像权以及出租个人房产等途径取得收入，对于这些收入，该明星都应依法申报纳税，但她却采取了一些与支付方签订虚假收入合同的手段隐瞒收入；同时，对于未依法纳税的收入，在税务机关通知申报的情况下仍拒不申报纳税。

问题：

（1）依据税收征收管理法的规定，材料中该明星的行为属于偷税、欠税、骗税还是抗税？

（2）根据税收征收管理法的规定以及该明星的行为性质判断其应当承担的法律责任。

2.1 税收管理概述

2.1.1 税收管理的概念

税收管理是主管税收工作的职能部门，为实现税收分配目标，依据税收分配活动的特点与规律，代表国家对税收分配的全过程进行决策、计划、组织、协调和监督的一种管理活动。这个定义可从以下几个方面来把握。

1. 税收管理的主体

税收管理的主体是国家，即由国家负责管理。各级政府主管税收工作的职能部门是税收管理的具体执行机构，代表国家行使税收管理权限。具体包括：国家税务总局和所属的税务分支机构以及地方税务局、财政部及各级地方政府的财政机关、海关总署及所属机构。

2. 税收管理的客体

税收管理的客体是税收分配的全过程。从宏观角度分析，税收分配涉及国家与企业、中央与地方等的分配关系；从微观角度分析，税收分配是指各级税务机关与纳税人之间的征纳关系。前者构成税收管理体制问题，后者形成税收征收管理的重要内容。从狭义的角度讲，税收管理的客体主要是指税收的征收管理过程。

3. 税收管理的职能

税收管理的职能包括税收分配过程中的计划决策、组织实施、协调控制和监督检查。计划决策是一定时期内为完成税收的任务和目标而进行的有关征税步骤和方法的计划和抉择；组织实施是指合理配置人员，明确职责范围，建立科学、有效的征管机构和体系，贯彻落实税收的有关方针政策；协调控制是针对税收管理过程出现的矛盾问题而展开的协调工作；监督检查是检查和督促征纳双方遵守国家税收法律、法规及有关政策的情况，及时纠正和制止违反税法的行为。

4. 税收管理的目标

税收管理是实现税收分配目标的手段，因此，税收分配的目标也就是税收管理的目标。税收分配的目标通常表现在两个方面：一是财政目标，即筹集收入的目标；二是调节经济的目标，即实现宏观调控、促进经济稳定和发展的目标。

2.1.2 税收管理的内容

税收管理包括税收征收管理和税收行政管理两个方面的内容。

1. 税收征收管理

税收征收管理是代表国家实施征税权的税务机关依照国家税收法律、法规的规定进行税款征收，组织财政收入入库，并对日常的征纳活动进行管理、监督、检查等一系列工作的总称。它是整个税收管理体系的核心内容，是实现税收管理目标的关键所在。

（1）税收征收管理的内容。通常所说的税收征收基础管理主要包括税务登记、账簿、凭证管理和发票管理。

① 税务登记。税务登记又称纳税登记，是税务机关为加强税源管理，防止税收流失，依法对纳税人的开业、变更、注销以及生产经营情况施行法定登记管理的一项税务管理制度。它是整个税收征收管理的首要环节和基础工作，也是纳税人必须依法履行的义务。

② 账簿、凭证管理。账簿、凭证管理是指税务机关按照有关法律、法规和政府有关财务、会计方面的规定，对纳税人、扣缴义务人的会计账簿、会计凭证等进行管理和监督的制度。

③ 发票管理。发票管理是税务机关对纳税人领购的发票所实施的监督管理，其内容包括发票的印制、领购、开具、保管、检查和违章处理等。

④ 纳税申报。纳税申报是指纳税人按照税法规定的期限和内容向税务机关提出的书面报告，是税收管理的一项重要内容，是纳税人履行纳税义务，向税务机关办理的纳税手续，也是基层税务机关办理征收业务，核实应征税款，开具完税凭证的重要依据。

⑤ 税款征收。税款征收是指税务机关将税款及时、足额地征收入库的一系列活动的总称，是整个税收征收管理工作的一个重要环节，也是税收征管的关键所在。

⑥ 税务稽查。税务稽查是国家赋予税务机关的一项行政执法权力，是保证税款征收的重要手段。它是税务机关依法对纳税人、扣缴义务人履行纳税义务、扣缴义务的情况进行的检查和监督。

⑦ 税收法律责任。违法主体因实施涉税违法行为而应依法承担的法律后果。

（2）税收征收管理的目的和要求。税收征收管理的目的：按法定程序正确执行税法，以确保税收收入及时征收与入库。如果正确执行税法后，税收收入仍然不足，那么就需要在税收制度的制定与调整中加以解决，而不应在税收征收管理环节中加以变动。税收征收管理的要求：一切活动都应有法律依据，遵循法定的程序，不得在征管中随意改变税法或靠主观判断行事。

（3）税收征收管理的基本特点。

① 税收征收管理是国家宏观管理的重要组成部分。通过加强税收征收管理，可以充分发挥税收的宏观调控功能，更好地贯彻国家的税收政策，执行税收制度，完成税收计划等，使税收征收管理作为国家宏观管理的一部分，真正起到管理经济的作用。

② 税收征收管理是一种执行性管理。税务机关工作人员的主要职责是执法，在征管过程中，只能按既定的税法正确执行而不得改变税法，也不得放弃税法要求履行的职责。衡量

税务机关征管工作优劣的主要标准并不是税款征收得越多越好，而是是否严格依法行事。

③ 税收征收管理是一种系统管理。税收征收管理包括税务登记、账簿凭证管理、纳税申报及税款征收和税务稽查等内容。这几个方面之间既相互联系、相互补充，又相互制约，是一个统一的有机整体。其中，自税务登记开始的管理属事前管理，它是征收与检查的基础与前提；以税款解缴入库为主要内容的征收，是事中控制，它是整个征收管理的中心环节，也是其主要目的之所在；而纠正违反税收法规行为及处理违法案件的检查，则是事后监督，它既可以反映事前管理存在的问题，又可以检查事中控制的质量，是管理的深入和实现征收的保证。

（4）税收征收管理的意义。

① 通过税收征管，可以使税收政策、制度、法规等得以真正地贯彻执行。税收政策、制度、法规等都不能自发地起作用，再好的法律、法规，如果束之高阁，不去贯彻执行，也只能是一纸空文。有关税收的法律、法规等，只有通过税务机关的日常税收征收管理活动，才能使之贯彻到每一个纳税人。

② 通过税收征管，可以使分散的税款缴入国库，从而保证财政收入。国家取得税收，一是靠正确的税收政策，二是靠依据税法所进行的征收管理。税收政策、法规等确定以后，必须经过税务机关进行大量的管理工作，采取一系列的措施、方法，才能将分散的、零星的税款征缴入库，完成税收任务，保证财政收入，满足社会主义建设的资金需要。

③ 通过税收征管，可以发挥税收调控经济的职能作用。通过对税种、税目、税率的不同设计，以调节生产、流通和消费。在宏观上具有实施国家产业政策，促进产业结构优化的调控经济职能作用。

④ 通过税收征管，可以发挥税收监督的职能作用。税收的监督管理作用体现了税收反作用于经济的能动性。税收能促进企业建立健全账簿、凭证，按财务会计制度进行正确的业务处理和成本核算，加强企业经济核算，挖掘企业内部潜力，提高经济效益，通过惩处企业的偷税、抗税现象，以规范企业的行为。但税收的这一职能，只有通过大量的事前管理、事中控制、事后检查监督的征收管理活动，才能真正发挥作用。

⑤ 通过税收征管，可以增强公民的纳税意识，提高其纳税自觉性。从整体上讲，我国公民的纳税意识还很淡薄，这是由诸多历史的、社会的因素造成的。只有通过日常的、大量的征收管理工作，才能增强和提高公民的纳税意识。

⑥ 通过税收征管，可以及时反馈有关经济和征管状况的信息，从而为税务决策提供客观依据。税收征管是税务机关对纳税人应纳税额征收入库的管理过程，同时也是社会经济信息及税收征管状况信息的反馈过程。通过对纳税人办理税务登记，进行纳税申报和缴纳税款等活动的管理，可以了解经济税源的变化情况，掌握税收进度及计划的完成情况；还可以反

映管理形式、征收方式等的适应程度。通过对纳税人履行纳税义务的检查，又可以反映出税收政策、法规的贯彻执行情况及税收机关征管方面存在的问题。

⑦ 通过税收征管，可以保障涉外税收，维护国家权益。税收历来是国家行使主权的一个经济杠杆，是实行对外开放政策的一个重要的促进和制约手段。通过征收管理贯彻税收法律、行政法规，调节进出口产品的品种和数量，保护国内生产；吸引外资和引进国外先进技术，促进国家经济发展；维护国家主权的同时，促进对外经济交往。随着对外经济交流的扩大，中国进出口贸易必将增长，税收征收管理也将日益重要。

2. 税收行政管理

税收行政管理是税务机关为了提高行政效率，依据国家法律、法规行使职权，对内部事务进行有序管理的一种活动，也是税收管理的重要组成部分。

（1）税收行政管理的要求。

① 税收行政管理要求税务机构设置必须与税收管理体制相适应，有明确的隶属关系，并有利于贯彻执行税法，开展征收管理工作，有效地组织税收收入；对税务人员的配备应包括税务人员的培训教育、岗位组合、业绩考核等。

② 必须合理地组织税收管理活动中的管理人员、管理机构、管理制度等各个要素，使各要素能够在整个管理体系中发挥各自的最佳作用。

③ 要不断提高税收管理的综合效益。税收管理的综合效益是以税收基本职能的实现程度来评价的，如果管理的结果是及时足额地实现了财政收入的计划目标，达到了预期的调节经济和监督管理的目的，则这种管理就是有一定综合效益的管理。

（2）税收行政管理的内容。

① 税务行政机构。税务行政机构（简称税务机构），是国家为实现税收职能而设立的专门工作机构。它是国家机关的组成部分，依照税法和税收管理体制的规定，行使管理税收的权力。随着 1994 年分税制的实施，税务机构设置也发生了重大变化，设置了中央和地方两套税务机构，即国家税务局和地方税务局两大机构体系。

国家税务局主要负责中央税、中央与地方共享税的征收管理，实行国家税务总局垂直管理的领导体制。各级国家税务局根据行政区划，按行业设置征收分局，根据税源分布的情况，按经济区划设置税务所。

地方税务局负责地方各税的征收管理，在管理体制、机构设置和人员编制上实行系统垂直管理。税务所是县级税务局的派出机构，原则上按行政区划设置。但为了降低税收成本，在税源比较分散的地区，也可以跨行政区（如乡、镇）集中设置税务所。

② 税务行政法制。

一是税务行政处罚：是指公民、法人或者其他组织有违反税收征收管理秩序的违法行为，尚未构成犯罪，依法应当承担行政责任的，由税务机关给予行政处罚。税务行政处罚是行政处罚的主要组成部分。

二是税务行政复议：是指当事人（纳税人、扣缴义务人、纳税担保人）不服税务机关及其工作人员作出的税务具体行政行为，依法向原处理税务机关的上一级税务机关（复议机关）提出申诉，复议机关对原税务机关具体行政行为进行审查并作出裁决的一项行政司法活动。

三是税务行政诉讼：是指公民、法人和其他组织认为税务机关及其工作人员的具体税务行政行为违法或者不当，侵犯了其合法权益，依法向人民法院提起行政诉讼，由人民法院对具体税务行政行为的合法性和适当性进行审理并作出裁决的司法活动。

四是税务行政赔偿：是指税务机关作为履行国家赔偿义务的机关，对本机关及其工作人员的职务违法行为给纳税人和其他税务当事人的合法权益造成的损害，代表国家予以赔偿的制度。

2.1.3　税收管理的原则

税收管理的原则是税收管理活动必须遵循的基本准则。

1. 依法治税原则

依法治税，就是以法律为依据进行税收管理，其实质是：有法可依、有法必依、执法必严、违法必究。

① 完善税收法制。建立健全税收法制体系是依法治税的前提。

② 严密税收执法。严密税收执法是依法治税的关键。

③ 强化税收执法监督。强化税收执法监督是依法治税的保障。

2. 集中统一与因地制宜相结合原则

税收分配是国家的集中性分配，税收管理必须实行国家的统一领导，按照国家统一的税收政策、税收法规、税收制度和计划安排进行，绝不能由地方和部门各行其是，擅自征税或者减免。但是，由于我国地域辽阔，幅员广大，人口众多，各地区、各部门经济发展很不平衡，必须从实际出发，给地方政府一定的机动权力，因地制宜处理本地区的特殊问题，发展地方经济。

3. 组织收入与促进经济发展相结合原则

税收与经济是互相影响、互相制约的，税收管理活动既不能持单纯财政观点，只把组织收入视为本职工作，认为促进经济发展是不务正业；也不能单纯促进经济发展而不注意组织收入，认为经济发展了，税收收入就自然而然地进入国库。只有把组织收入和促进经济发展有机地结合起来，才能做好税收管理工作。

4. 效率原则

税收管理的效率原则是以较少的人力、物力和财力取得较好的管理效果。

衡量税收管理效率的一个重要指标是税收成本，通常用税收成本率反映税收管理效率的高低。其计算式为

$$税收成本率 = （税收成本 ÷ 税收收入总额）× 100\%$$

税收成本是指在一定经济条件和体制下，税收征收管理过程中发生的各种有形和无形的耗费，按行为主体划分可分为征收成本和纳税成本。

① 征收成本。指征税主体的征收费用，如征收机关的人员经费、办公用具或设施的支出以及征税过程中各项措施所发生的费用。通常也可以用征收成本率来表示，其计算式为

$$征收成本率 = ［一定时期征收成本（或征收费用）÷ 一定时期税收收入］× 100\%$$

② 纳税成本。纳税人的缴税费用，包括纳税人为缴纳税款所花费的各项支出，如申报、计算税款、聘请代理人、进行咨询及其行政诉讼等人力、物力、财力消耗以及缴纳实物的保管、运输费用等。

5. 专业管理与群众管理相结合原则

税收专业管理是通过国家的征收机关和专职人员进行的管理，是税收管理的基本形式。我国目前的税收征收主要通过征收机关包括税务部门、海关和财政部门等三个部门完成。

税收群众管理指依靠协税单位和个人在税收管理机关的指导下，参与税收管理的一种形式。

在税收管理活动中，专业管理与群众管理是相互影响、相互渗透的。其中专业管理是税收管理的核心和主要形式，群众管理是税收管理的基础和必要的补充形式。

2.2　税收征管机构

国务院是我的最高行政管理机关，领导全国的税收征收管理工作。国务院所属的财政部、国家税务总局、海关总署具体负责实施各项税收征收管理。

2.2.1　财政部的内设机构及主要职责

财政部是国务院主管财政收支、财税政策、国有资本金基础工作的宏观调控部门。与税收直接相关的职责包括：拟定、执行税收的发展战略、方针政策、中长期规划、改革方案和其他有关政策；提出运用财税政策实施宏观调控和综合平衡社会财力的建议；提出税收立法

计划，与国家税务总局共同审议上报税法和税收条例草案；根据国家预算安排，确定财政收入计划；提出税种增减、税目税率调整、减免税和对中央财政影响较大的临时特案减免税的建议；参加涉外税收和国际关税谈判，签订涉外税收协议、协定草案；制定国际税收协议、协定范本；承办国务院关税税则委员会的日常工作；监督财税方针、政策、法律、法规的执行情况。

2.2.2　税务机构设置及主要职责

1. 国家税务总局的主要职责

国家税务总局是我国主管国家税收工作的职能机构，其主要职责是：

（1）拟定税收法律法规草案，制定实施细则；提出国家税收政策建议并与财政部共同审议上报、制定贯彻落实的措施。

（2）参与研究宏观经济政策、中央与地方的税权划分，提出完善分税制的建议；研究税负总水平，提出运用税收手段进行宏观调控的建议；制定并监督执行税收业务的规章制度，指导地方税收征管业务。

（3）组织实施税收征收管理体制改革；制定征收管理制度；监督检查税收法律法规、方针政策的贯彻执行。

（4）组织实施中央税、共享税及国家指定的基金（费）的征收管理；编报税收长远规划和年度税收收入计划；对税收法律法规执行过程中的征管和一般性税政问题进行解释；组织办理工商税收减免及农业税特大灾歉减免等具体事项。

（5）开展税收领域国际交流与合作；参加涉外税收的国际谈判，草签和执行有关的协议、协定。

（6）办理进出口商品的税收及出口退税业务。

（7）管理国家税务局系统（以下简称国税系统）的人事、劳动工资、机构编制和经费；管理省级国家税务局的正副局长及相应级别的干部，对省级地方税务局局长的任免提出意见。

（8）负责税务队伍的教育培训、思想政治工作精神文明建设；管理直属院校。

（9）组织税收宣传和理论研究；组织实施注册税务师的管理；规范税务代理行为。

国家税务总局对全国税务系统实行垂直管理。

2. 省级和省级以下税务机构设置及主要职责

根据实行分税制财政管理体制的需要，省及省以下税务机构分为国家税务局和地方税务局两个系统。

国家税务总局对国家税务局系统实行机构、编制、干部、经费的垂直管理，协同省级人民政府对省级地方税务局实行双重领导。

省级地方税务局是省级人民政府所属的主管本地区地方税收工作的职能部门，实行地方政府和国家税务总局双重领导、以地方政府为主的管理体制。省以下地方税务局实行上级机关和同级政府双重领导，以上级税务机关垂直领导为主的管理体制。

2.2.3 税收征收管理范围划分

目前，我国税收的征收管理分别由税务机关、财政机关和海关负责。

1. 国家税务局征收管理的税种

国家税务总局负责征收管理的税种包括：①增值税；②消费税；③企业所得税、城市维护建设税，④中央企业缴纳的所得税；⑤地方银行、外资银行及非银行金融企业缴纳的企业所得税；⑥海洋石油企业缴纳的企业所得税、资源税；⑦2002 年 1 月 1 日以后注册的企、事业单位缴纳的所得税；⑧车辆购置税；⑨证券交易印花税（立法开征前为对证券交易征收的印花税）。

2. 地方税务局征收管理的税种

除归国税局负责征收的税种外，其他税种的计征均归地税局。

3. 地方财政部门征收管理的税种

地方财政部门征收管理的税种包括：①契税；②耕地占用税。

目前，上述两个税种在少数地区由地方税务局负责征收和管理，但在大部分地区，仍由地方财政部门征收和管理。

4. 海关征收管理的税种

海关征收管理的税种有：①关税；②行李和邮递物品进口税；③船舶吨税；④进口环节的增值税和消费税。

2.2.4 中央政府与地方政府税收收入划分

根据国务院关于实行分税制财政管理体制的规定，中国的税收收入分为中央政府固定收入、地方政府固定收入和中央政府与地方政府共享收入。

1. 中央政府固定收入

中央政府固定收入包括：消费税、车辆购置税、关税、船舶吨税和海关代征的增值税。

2. 地方政府固定收入

地方政府固定收入包括：城镇土地使用税、房产税、遗产税（目前没有立法开征）、耕地占用税、固定资产投资方向调节税（目前暂停征收）、土地增值税、车船税、契税等。

3. 中央政府与地方政府共享收入

中央政府与地方政府共享收入包括：

① 增值税（不包括海关代征的部分）：中央政府分享 75%，地方政府分享 25%（基数

部分）。

② 营业税：铁道部、各银行总行、各保险总公司集中缴纳的部分和金融、保险企业按照高于5%的税率缴纳的部分归中央政府，其余部分归地方政府。

③ 企业所得税：铁路运输、国家邮政、中国工商银行、中国农业银行、中国银行、中国建设银行、国家开发银行、中国农业发展银行、中国进出口银行和海洋石油、天然气企业缴纳的部分归中央政府，其余部分中央政府和地方政府各自分享50%（2003年中央政府分享60%，地方政府分享40%）。

④ 个人所得税：中央政府和地方政府各自分享50%。

⑤ 资源税：海洋石油企业缴纳的部分归中央政府（目前暂不征税），其余部分归地方政府。

⑥ 城市维护建设税：铁道部、各银行总行、各保险总公司集中缴纳的部分归中央政府，其余部分归地方政府。

⑦ 印花税：股票交易印花税收入归中央政府，其他印花税收入归地方政府。

2.3 税务登记

2.3.1 税务登记概述

1. 税务登记的概念

税务登记，又称"纳税登记"，是税务机关对纳税人的生产、经营活动实行法定登记的一项管理制度，也是纳税人履行纳税义务向税务机关办理的一项必要的法律手续。

2. 税务登记的原则

（1）普遍登记的原则。除税法规定的极少数纳税人可以不办理税务登记外，纳税人都应该办理税务登记，扣缴义务人应该办理扣缴税款登记。

（2）属地管辖的原则。从事生产、经营的纳税人，应当在《税收征管法》规定的时间内，向生产、经营地或纳税义务发生地主管税务机关书面申请办理税务登记。

属地管辖原则是税务登记的一般原则。但对税收管理制度有明确规定的，应按指定管辖原则办理税务登记。

2.3.2 税务登记制度

我国税务登记制度包括开业税务登记、变更税务登记、注销税务登记及其他税务登记。

1. 开业税务登记

开业税务登记是指纳税人在某地设立或者迁入某地时须向税务机关申报办理的税务

登记。

（1）开业税务登记的对象、时间和地点如下：

① 开业税务登记的对象包括以下方面：领取营业执照从事生产、经营的纳税人，包括企业，企业在外地设立的分支机构和从事生产、经营的场所，个体工商户，从事生产、经营的事业单位。

其他纳税人。根据有关法规规定，不从事生产、经营，但依照法律、法规的规定负有纳税义务的单位和个人，除临时取得应税收入或发生应税行为以及只缴纳个人所得税、车船使用税外，都应按规定向税务机关办理税务登记。

② 申报办理税务登记的时间和地点。从事生产、经营的纳税人应当自领取营业执照之日起 30 日内，向生产、经营地或者纳税义务发生地的主管税务机关申报办理税务登记，如实填写税务登记表，并按照税务机关的要求提供有关证件、资料。从事生产、经营的纳税人以外的纳税人，除国家机关和个人外，应当自纳税义务发生之日起 30 日内，持有关证件向所在地的主管税务机关申报办理税务登记。个人所得税的纳税人办理税务登记的办法由国务院另行规定。

以下几种情况应比照开业登记办理：① 扣缴义务人要在发生扣缴义务时，向所在地税务机关申报办理扣缴税款登记，并领取代扣代缴、代收代缴税款凭证；② 跨地区的非独立核算分支机构应当自设立之日起 30 日内，向所在地税务机关办理注册税务登记；③纳税人到外县（市）从事经营活动，要持其所在地税务机关填发的外出经营活动的税收管理证明，向所在地税务机关报验登记。

（2）开业税务登记的管理规程如下：

① 税务登记的申报。纳税人必须严格按照规定的期限，向主管税务机关申报办理税务登记，按照税务机关的要求提供有关的证件和资料，并实事求是填报登记项目。

② 纳税人办理税务登记时应提供的证件、资料。一是营业执照或其他核准执业证件及工商登记表，或其他核准执业登记表复印件；二是有关机关、部门批准设立的文件；三是有关合同、章程、协议书；四是法定代表人和董事会成员名单；五是法定代表人（负责人）或业主居民身份证、护照或者其他证明身份的合法证件；六是组织机构统一代码证书；七是住所或经营场所证明；八是委托代理协议书复印件；九是属于享受税收优惠政策的企业，还应包括需要提供的相应证明、资料，税务机关需要的其他资料、证件。

企业在外地的分支机构或者从事生产、经营的场所，在办理税务登记时，还应当提供由总机构所在地税务机关出具的在外地设立分支机构的证明。

③ 税务登记表的类型及其适应对象。税务登记表主要类型有以下五种：

一是内资企业税务登记表，适用于核发税务登记证的国有企业、集体企业、股份合作企业、国有联营企业、集体联营企业、国有与集体联营企业、其他联营企业、国有独资公司、其他有限责任公司、股份有限公司、私营独资企业、私营合作企业、私营有限责任公司、私营股份有限公司、其他企业填用。

二是分支机构税务登记表。适用于核发注册税务登记证的各种类型企业的非独立核算分支机构填用。

三是个体经营税务登记表。适用于核发税务登记证的个体工商业户填用。

四是其他单位税务登记表。适用于除工商行政管理机关外，其他部门批准登记核发税务登记证的纳税人。

五是涉外企业税务登记表。适用于中外合资经营企业、合作经营企业和外国企业填用。

④ 税务登记表的受理审核。

• 受理。税务机关对申请办理税务登记的单位和个人所提供的《申请税务登记报告书》及要求报送的各类证件、资料进行查验，对手续完备、符合要求的，方可受理登记，并根据其经济类型发给相应的税务登记表。

• 审核。税务机关对纳税人填报的《税务登记表》、提供的证件和资料，应当在收到之日起30日内审核完毕，符合规定的，按照税务登记代码的编制要求为纳税人设立税务登记代码，予以登记，对不符合规定的不予登记，也应在30日内予以答复。

⑤ 税务登记证的核发。税务机关对纳税人填报的税务登记表及附送资料、证件审核无误的，应在30日内发给税务登记证件。

• 对从事生产、经营并经工商行政管理部门核发营业执照的纳税人，核发税务登记证及其副本。

• 对未取得营业执照或工商登记核发临时营业执照从事生产经营的纳税人，暂时核发税务登记证及其副本，并在正副本右上角加盖"临时"章。

• 对纳税人非独立核算的分支机构及非从事生产经营的纳税人（除临时取得应税收入或发生应税行为以及只缴纳个人所得税、车船使用税以外），核发注册税务登记证及其副本。

• 对外商投资企业、外国企业及外商投资企业分支机构，分别核发外商投资企业税务登记证及其副本、外国企业税务登记证及其副本、外商投资企业分支机构税务注册证及其副本。

对既没有税收纳税义务又不需领用收费（经营）票据的社会团体等，可以只登记不发证。

2. 变更税务登记

变更税务登记是纳税人税务登记内容发生变化，向税务机关申报办理的税务登记手续。

（1）变更登记的适用范围。纳税人办理税务登记后，如发生下列情形之一，应当办理变更税务登记:改变名称;改变法人代表;改变经济性质;增设或撤销分支机构;改变住所或经营地点(涉及主管税务变动的办理注销登记);改变生产、经营范围或经营方式;增减注册资本;改变隶属关系;改变生产、经营期限;改变开户银行和账号;改变生产经营权属及改变其他税务登记内容。

(2)变更登记的管理规程。纳税人税务登记内容发生变化的,应当自工商行政管理机关或其他机关办理变更登记之日起 30 日内,持有关证件向原税务登记机关申报办理变更税务登记,并附送有关证件、资料。

纳税人税务登记内容发生变化,不需要到工商行政管理机关或其他机关办理变更登记的,应当自发生变化之日起 30 日内,持有关证件向原税务登记机关申报办理变更税务登记。

3. 注销税务登记

注销税务登记是指纳税人税务登记内容发生了根本性变化,需终止履行纳税义务时向税务机关申报办理的税务登记手续。

(1)注销登记的适用范围:

① 纳税人因经营期限届满而自动解散。

② 企业由于改组、分立、合并等原因而被撤销。

③ 企业因资不抵债而破产或终止经营。

④ 纳税人因住所、经营地点变动而涉及改变税务登记机关。

⑤ 纳税人被工商行政机关吊销营业执照而终止经营。

⑥ 纳税人依法终止纳税义务的其他情形。

(2)注销登记的要求:

① 纳税人发生解散、破产、撤销以及其他情形依法终止纳税义务的,应当在向工商行政管理机关或者其他机关办理注销登记前,持有关证件向原税务登记机关申报办理注销税务登记;按规定不需要在工商行政管理机关或者其他机关办理注册登记的,应当自有关机关批准或宣告终止之日起 15 日内,持有关证件向原税务登记机关申报办理注销税务登记。

② 纳税人因住所、经营地点变动,涉及改变税务登记机关的,应当在向工商行政管理机关或者其他机关申请办理变更或者注销登记前或者住所、经营地点变动前,向原税务登记机关申报办理注销税务登记,并在 30 日内向迁达地税务机关申报办理税务登记。

③ 纳税人被工商行政管理机关吊销营业执照或者被其他机关予以撤销登记的,应当自营业执照被吊销或者被撤销登记之日起 15 日内,向原税务登记机关申报办理注销税务登记。

④ 纳税人在办理注销税务登记前,应向税务机关结清应纳税款、滞纳金、罚款、缴销发票、税务登记证件和其他税务证件。

4. 其他税务登记

（1）税款扣缴登记。《税收征收管理法实施细则》第十三条规定，扣缴义务人应当自扣缴义务发生之日起 30 日内，向所在地的主管税务机关申报办理扣缴税款登记，领取扣缴税款登记证件；税务机关对已办理税务登记的扣缴义务人，可以只在其税务登记证件上登记扣缴税款事项，不再发给扣缴税款登记证件。

（2）报验税务登记。报验税务登记是指纳税人外出经营的税务登记管理。外出经营是指从事生产经营的纳税人到外县（市）从事生产经营活动。《税收征收管理法实施细则》第二十一条规定，从事生产、经营的纳税人到外县（市）临时从事生产、经营活动的，应当持税务登记证副本和所在地税务机关填开的外出经营活动税收管理证明，向营业地税务机关报验登记，接受税务管理。从事生产、经营的纳税人外出经营，在同一地累计超过 180 天的，应当在营业地办理税务登记手续。

① 纳税人需到外县（市）从事经营活动的，可持税务登记证副本和有关的合同等资料和证明到主管税务机关申请办理《外出经营税收管理证明》。

② 外出销售货物的，证明有效期一般为 30 日；外出从事建筑安装工程的，证明有效期最长为 1 年，因工程需要延长的应重新申请核发。

③ 外出经营的纳税人需使用发票的，须提供担保人或者缴纳发票保证金后，向外出经营地税务机关申请领购发票。

（3）停业、复业登记。按照规定，实行定期定额征收方式缴纳税款的纳税人，在营业执照核准的经营期限内需要停业的，应到税务机关办理停业登记；停业期限将满，应于恢复生产、经营之前，办理复业登记，以便纳入正常管理。

对于纳税人停业期满未按期复业又不申请延期复业的，税务机关将视其为已恢复营业，实施正常的税收征收管理。

5. 纳税事项的税务登记

（1）增值税一般纳税人的认定范围。

① 年应征增值税销售额（简称年应税销售额）达到增值税一般纳税人规定的销售额标准的企业和企业性单位（以下简称企业）。

② 纳税人总、分支机构实行统一核算，总机构年应税销售额超过小规模纳税人标准，但分支机构年应税销售额未超过小规模纳税人标准的，可认定为临时一般纳税人。

③ 新开业的符合一般纳税人条件的企业，应在办理税务登记的同时申请办理一般纳税人认定手续。税务机关对其预计年应销售额超过小规模纳税人标准的，可认定为临时一般纳税人。

（2）增值税一般纳税人认定登记管理规程。

符合增值税一般纳税人条件的企业，应在向税务机关办理开业税务登记的同时，申请办理一般纳税人认定手续；已开业经营的小规模企业（商业零售企业除外），若当年应税销售额超过小规模纳税人标准的，应在次年1月底之前，申请办理一般纳税人认定手续。

企业总、分支机构不在同一县市的，应分别向其机构所在地主管税务机关申请办理一般纳税人认定登记手续。企业总机构已被认定为增值税一般纳税人的，其分支机构可持总机构为增值税一般纳税人的证明，向主管税务机关申请认定一般纳税人。

县级以上国家税务机关应在收到企业报送的有关资料之日起30日内审核完毕，对经审核符合增值税一般纳税人条件的企业，在《增值税一般纳税人申请认定表》上签署意见，并将企业的《税务登记证》副本首页上方加盖"增值税一般纳税人"戳记。

对从事商业经营的新办企业和小规模企业，一般是先认定为"增值税临时一般纳税人"，经过三个月或半年时间的考核后，再转为正式的一般纳税人。

2.3.3 税务登记证件的使用和管理

1. 税务登记证件的概念、代码及其分类

（1）税务登记证件的概念。税务登记证件是税务机关对办理税务登记的纳税人核发的一种证件，是纳税人纳入税务机关管理的证明，也是税务机关对纳税人实施税务管理的有效证明。税务登记证件的正本，应当在其生产经营的场所公开悬挂；副本主要用于纳税人办理税务事宜时使用。

（2）税务登记代码。编制税务登记代码是税务登记证件的核心，是纳税人的纳税身份的识别码，在所有的税务登记证件正本和副本上，必须明确加盖税务登记代码。国家税务局、地方税务局对同一纳税人的税务登记应当采用同一代码，信息共享。

（3）税务登记证的种类。发放税务登记证正本和副本的纳税人包括：领取营业执照从事生产、经营的独立核算的纳税人；领取营业执照跨县（市）区非独立核算的分支机构。

发放注册税务登记证正本和副本的纳税人包括：领取营业执照从事生产、经营的纳税人在同一县（市）区内设立的非独立核算的分支机构或从事生产经营的场所；不需办理营业执照从事生产经营、独立核算的纳税人以及跨县（市）区的非独立核算的分支机构。

发放临时税务登记证正本和副本的纳税人包括：应办理而未办理营业执照从事生产经营、独立核算的纳税人以及跨县（市）区非独立核算的分支机构。

2. 税务登记证件的使用

（1）亮证经营。纳税人应当将税务登记证件正本在其生产、经营场所或者办公场所公开悬挂，接受税务机关检查。固定业户外出经营的，也应携带"税务登记证"副本或税务机关发给的其他有关证件凭证经营并接受税务机关的查验。

纳税人办理下列税务事项时，必须持税务登记证件：开立银行账户；申请减税、免税、退税；申请办理延期申报、延期缴纳税款；领购发票；申请开具外出经营活动税收管理证明；申请办理停业、歇业；申请办理其他有关税务事项。

（2）使用规则。纳税人领取的税务登记证和扣缴义务人领取的代扣代缴税款凭证书，只限本人使用，不得转借、涂改、损毁、买卖或者伪造。

（3）违章处理。纳税人未按照规定的期限申报办理税务登记、变更或注销税务登记的，税务机关责令限期改正，可处 2 000 元以下的罚款；情节严重的，可处 2 000 元以上 10 000 以下的罚款。纳税人未按规定使用税务登记证件，或转借、涂改、损毁、买卖或者伪造税务登记证件的，处 2 000 元以上 10 000 元以下的罚款；情节严重的，处 10 000 元以上 50 000 元以下的罚款。

（4）遗失处理。纳税人遗失税务登记证件或扣缴义务人遗失代扣、代缴税收凭证，应当自遗失之日起 15 日内，书面报告主管税务机关，并在规定级别的新闻媒体上公开声明作废，同时申请补发。

3. 税务登记证的验证和换证

（1）验证制度。税务机关对税务登记证件施行定期验审制度，验证时间一般为一年一次。验证时主管税务机关按照税务登记证件使用管理的有关规定，对纳税人的有关税务登记情况进行查验，包括纳税人的税务登记证件中的等级情况与纳税人的实际生产经营情况是否一致，纳税人是否按规定使用税务登记证件；是否有转借、损毁、伪造税务登记证件的行为等。

（2）换证制度。换证分为两种情况，即对所有办理税务登记的纳税人统一进行换证，统一换证由国家税务总局规定；对个别的纳税人，按照税务登记证件的有效期的规定，实行个别换证，纳税人应该在税务登记证的有效期届满前，向原税务机关申报办理换发税务登记证件。

2.4 账簿、凭证管理

账簿、凭证管理是指税务机关根据税收征管的实际需要，依据《中华人民共和国税收征收管理法》（以下简称《税收征管法》）的规定，对纳税人、扣缴义务人的账簿、凭证进行税务管理活动的总称。

1. 账簿、凭证的概念

（1）账簿。账簿是指纳税人、扣缴义务人以会计凭证为依据，全面、连续、系统地记录各种经济业务的账册或簿籍，包括总账、明细账、日记账及其他各种辅助账簿。

（2）凭证。凭证是指会计凭证。合法有效的会计凭证是纳税人、扣缴义务人用来记录经济业务、明确经济责任并据以登记账簿的书面证明。会计凭证分为原始凭证和记账凭证。

2. 账簿的设置

《税收征管法》第十九条规定："纳税人、扣缴义务人按照有关法律、行政法规和国务院财政、税务主管部门的规定设置账簿，根据合法、有效的凭证记账，进行核算。"

（1）设置账簿的范围。

① 从事生产、经营的纳税人应当自领取营业执照或者发生纳税义务之日起 15 日内，按照国家有关规定设置账簿。根据合法、有效的凭证记账、核算。

② 生产、经营规模小又无建账能力的纳税人，可以聘请经批准从事会计代理记账业务的专业机构或者经税务机关认可的财会人员代为建账和办理账务；聘请上述机构或者人员有实际困难的，经县以上税务机关批准，可以按照税务机关的规定，建立收支凭证粘贴簿、进货销货登记簿或者使用税控装置。

（2）账簿设置的原则。账簿设置的原则是"按照法律、行政法规的规定或国务院财政、税务主管部门的规定设置账簿"，这里需要注意的是税务主管部门有权规定纳税人、扣缴义务人应设置的账簿，比如，对增值税一般纳税人，税务机关规定，必须设置"应交增值税明细账"；对扣缴义务人，税务机关规定，必须设置与代扣代缴、代收代缴税款有关的账簿。

（3）会计核算的具体要求。纳税人、扣缴义务人必须根据合法、有效的凭证进行账务处理。

3. 财务会计处理规定

（1）备案制度。备案制度是指从事生产、经营的纳税人必须自领取税务登记证件之日起 15 日以内，将其财务、会计制度或财务、会计处理办法和会计核算软件，按税务机关的规定，及时报送主管税务机关备案。

① 纳税人采用计算机记账的，应当在使用前将会计电算化系统的会计核算软件、使用说明书及有关资料报送主管税务机关备案。

② 扣缴义务人应当自税收法律、行政法规规定的扣缴义务之日起 10 日内，按照所代扣、代收税种，分别设置代扣代缴、代收代缴税款账簿。

③ 纳税人、扣缴义务人会计制度健全，能够通过计算机正确、完整计算其收入和所得或者代扣代缴、代收代缴税款情况的，其计算机输出的书面会计记录，可视同会计账簿。

备案制度不同于审批，即只要纳税人的会计处理制度或者办法符合《中华人民共和国会计法》的规定且不与税收的有关方法相抵触，纳税人就具有选择使用财务会计处理制度或者办法的权利。

（2）冲突处理。冲突处理是指纳税人、扣缴义务人的财务会计处理制度或者处理办法与税收规定不一致时的处理。纳税人、扣缴义务人的财务会计制度或者处理办法与国务院或者国务院财政、税务主管部门关于税收的规定抵触的，依照国务院或者国务院财政、税务主管部门有关税收的规定计算应纳税款、代扣代缴和代收代缴税款。

考虑到各类纳税人、扣缴义务人在具体的财务会计处理上的特殊需要，国家允许纳税人、扣缴义务人在不违反国家财务、会计制度的前提下，制定本部门、本单位的财务会计处理制度或者方法，但是这些制度、办法不得与国家关于税收的法律法规定或者税务机关依照税收法律法规定作出的规定相抵触。

4. 账簿、凭证保管

纳税人、扣缴义务人必须按照财政部和国家税务总局规定的保管期限保管账簿、记账凭证、完税凭证及其他有关资料。除法律、行政法规另有规定外，账簿、记账凭证、报表、完税凭证、发票、出口凭证及其他有关涉税资料应当保存 10 年。

账簿、会计凭证和报表，应当使用中文。民族自治区地方可以同时使用当地通用的一种民族文字。外商投资企业和外国企业可以同时使用的一种外国文字。

2.5 发票管理

2.5.1 发票管理概述

发票是指在购销商品、提供或者接受服务以及从事其他经营活动中，开具、收取的收付款凭证。它是确定经济收支行为发生的法定凭证，是会计核算的原始依据，也是税务稽查的重要依据。

发票的种类与适用范围包括以下几项。

1. 普通发票

普通发票是相对于增值税专用发票和专业发票而言的，它适用面最广，各种经济类型的纳税人都可以使用，具体又按行业、经济性质或经营项目划分类别。

（1）行业统一发票。行业统一发票，每一种只适用于特定行业内的各个经济单位，具有行业通用性的特点。

（2）个体、私营业类发票。个体、私营业类发票是个体工商业户和私营企业使用的发票。具体形式有限额式发票和定额式发票等。

（3）专用类发票。专用发票，是指具有专门用途，为某种特定活动使用的发票。

普通发票主要是由营业税纳税人和增值税小规模纳税人使用，增值税一般纳税人在不能开具专用发票的情况下也可以使用普通发票，所不同的是具体种类要按适用范围选择。

增值税纳税人使用的普通发票主要有：工业企业产品销售统一发票，工业企业材料销售统一发票，工业企业加工产品统一发票，商业零售统一发票，商业批发统一发票，农林牧水产品收购统一发票，废旧物资收购发票，机动车专项修理专用发票，电力局电力销售专用发票，自来水公司水销售专用发票，公共事业联合收费处交费专用发票，临时经营发票等。

2. 增值税专用发票

增值税专用发票，是由增值税一般纳税人销售货物或应税劳务而专门使用的一种特殊发票。

增值税专用发票，只限于增值税一般纳税人领购使用，增值税的小规模纳税人和非增值税纳税人不得领购使用。增值税一般纳税人在销售货物，提供应税劳务，包括应征收增值税的非应税劳务时，均可开具增值税专用发票。

3. 专业发票

专业发票是指由国有金融、保险、邮电通信、铁路航运等部门开具使用的专业性很强的票据。具体包括：

（1）国有金融、保险企业的存贷、汇兑、转账凭证、保险凭证。

（2）国有邮政、电信企业的邮票、邮单、话务、电报收据。

（3）国有铁路、航空企业和国有公路、水路运输企业的客票、货票。

4. 特殊发票

特殊发票是指具有发票的特点和功能、由税务机关填开的具有特殊用途的一种发票。具体包括：

（1）发票换票证。发票换票证是税务机关检查发票时，调阅需要核查发票的一种票据。

（2）印花税票销售凭证。印花税票销售凭证是税务机关销售印花税票时使用的一种特殊发票，是供购买印花税票的单位和个人用作会计核算的记账用原始凭证。

2.5.2　发票管理的主要内容

国家税务总局统一负责全国发票管理工作，发票的具体管理权限按流转税的归属划分，由国家税务局和地方税务局按各自的征收范围管理。增值税专用发票、增值税纳税人所需使用的普通发票，由国家税务局负责印制、发放和管理；营业税纳税人所需使用的普通发票，由地方税务局印制、发放和管理；发票防伪专用品的生产和发票防伪措施的采用，全国统一发票监制章，由国家税务总局管理。

1. 发票印制管理

发票印制是发票管理的首要环节，加强发票的印制管理，是从源头上对发票进行控制。

（1）发票印制权限。

① 增值税专用发票由国家税务总局指定的企业印制，具体是指增值税专用发票由国家税务总局委托中国人民银行印钞造币总公司印制。

② 全国统一的发票监制章、发票防伪专用品的生产由国家税务总局指定的企业印制。

③ 其他发票，按照国务院税务主管部门的规定，分别由省、自治区、直辖市国家税务局、地方税务局指定的企业印制。

④ 发票式样由税务机关确定。在全国范围内统一式样的发票，由国家税务总局确定；在省、自治区、直辖市范围内统一式样的发票，由省级税务机关确定。

⑤ 未经税务机关指定，不得印制发票。此外，不得在境外印制发票。

⑥ 承印发票的企业，必须具有税务机关授予的发票印制权，即《发票准印证》，根据税务机关发出的《发票印制通知书》印制发票。

（2）发票印制审批。对于有固定生产经营场所、财务和发票管理制度健全、发票使用量较大的单位，可以申请印有本单位名称的自用发票；如统一发票样式不能满足业务需要，也可以自行设计本单位发票式样，经县以上税务机关批准后，到指定的印刷厂印制。

2. 发票的领购

（1）发票领购的对象。

① 依法办理税务登记的单位和个人，在领取《税务登记证》后可以申请领购发票，属于法定的发票领购对象。

② 依法不需要办理税务登记的单位，发生临时经营业务需要使用发票的，可以凭单位介绍信和其他有效证件，到税务机关代开发票。

③ 临时到本省、自治区、直辖市以外从事经营活动的单位和个人，凭所在地税务机关开具的《外出经营税收管理证明》，在办理纳税担保的前提下，可向经营地税务机关申请领购经营地的发票。

（2）发票领购手续。

① 依法办理税务登记的纳税人，初次申请领购发票时，应向主管税务机关提出购票申请，提供经办人身份证明、税务登记证件或其他有关证明、银行开户证明，以及财务印章，经主管税务机关审核后发给《发票领购簿》。

② 需要临时使用发票的单位和个人，可以直接向税务机关申请办理。临时经营发票一般直接由税务机关填开。

③ 临时到本省、自治区、直辖市行政区域以外从事经营活动的单位和个人，可凭所在地税务机关的证明，向经营地税务机关申请领购经营地的发票。经营地税务机关可以要求其提供保证人或者根据所领购发票的票面限额及数量交纳不超过 1 万元的保证金，并限期缴销发票。

（3）购领发票的方式。

① 批量供应。税务机关根据用票单位业务量及对发票的需求量，确定一定时期内的合理购领批量，用量大的可以按月提供，用量不太大的可以按季领购，防止积存较多发票而引起管理上的问题。这种方式主要适用于财务制度较健全、有一定经营规模的纳税人。

② 交旧购新。用票单位和个人，交回旧的（即已填用过的）发票存根联，经主管税务机关审核后留存，才允许再购领新发票。主管税务机关对旧发票存根联进行审核，主要看其存根联是否按顺序号完整保存，作废发票是否全份保留，填开的内容是否真实、完整、规范，等等。

③ 验旧购新。这种方式与交旧购新基本相同，主要一点区别是：税务机关审验旧发票存根以后，由用票单位和个人自己保管。

后两种方式主要适用财务制度不太健全、经营规模不大的单位和个体工商业户，以便于税务机关能及时检查并纠正其发票使用过程中出现的问题。

3. 发票的保管

（1）税务机关对发票的保管。具体是指税务机关在印刷发票成品以后，在向纳税人供应发票前对发票的保管。税务机关对发票的保管主要实行"集中分级保管"的原则。

（2）领购发票的单位和个人对已使用和未使用发票的保管。领购发票的单位和个人必须按照法律法规的规定或者税务机关依照法律法规作出的规定，保管发票。具体规定如下：

① 专库（柜）存放，专人保管。应建立发票使用登记制度，设置发票登记簿，安排专人负责对发票的入库、出库以及缴销等情况进行登记，避免保管中出现问题。

② 定期盘存，账实相符。用票单位应建立健全发票保管制度，对空白发票和已经填用发票的存根联同样要妥善保管，并要定期检查，防止丢失，做到账实相符。

③ 旧发票存根按规定期限保存。增值税专用发票的抵扣联应按照顺序装订成册，以便

核查。发票的存根联和发票登记簿应保存5年，保存期满，报经税务机关查验后方可销毁。

2.5.3 增值税专用发票的管理

增值税专用发票不仅具有一般发票商事凭证的作用，而且对购销双方来说，也是纳税的依据、扣税的凭证。

1. 增值税专用发票的领购使用

根据《增值税专用发票使用规定》，专用发票只限于增值税一般纳税人领购使用，增值税的小规模纳税人和非增值税的纳税人不得领购使用。纳税人被认定为增值税一般纳税人后，还须经过主管税务机关确认其购票资格，经批准后才能办理专用发票的领购手续。

（1）专用发票领购手续。根据发票管理办法及其实施细则的规定，增值税一般纳税人申请领购专用发票，应当提出购票申请，提供经办人身份证明、加盖有"增值税一般纳税人"确认专章的税务登记证副本、财务印章或者发票专用章的印模，经主管税务机关审查后，核发《专用发票领购簿》。纳税人可凭领购簿按核准的数量、领购方式领购专用发票。

（2）不得领购使用专用发票的情况。增值税一般纳税人有下列情况之一者，不得领购使用专用发票。如果已经领购使用专用发票，税务机关应缴销其结存的专用发票。

① 会计核算不健全，即不能按会计制度和税务机关的要求准确核算增值税的销项税额、进项税额、应纳税额者。

② 不能向税务机关准确提供增值税销项税额、进项税额、应纳税额数据及其他有关增值税税务资料者。

③ 有以下行为，经税务机关责令限期改正而未改正者：私自印制专用发票；向个人或税务机关以外的单位买取专用发票；借用他人专用发票；向他人提供专用发票；未按规定的要求开具专用发票；未按规定保管专用发票；未按规定申报专用发票的购、用、存情况；未按规定接受税务机关的检查。

④ 销售的货物全部属于免税项目者。

⑤ 纳税人当月领购专用发票而未申报纳税的，税务机关不得向其发售专用发票。

2. 专用发票的开具

（1）专用发票的开具范围。一般纳税人销售货物（包括视同销售货物在内）、应税劳务，以及根据增值税细则规定应当征收增值税的非应税劳务（以下简称销售应税项目），必须向购买方开具专用发票。但是，下列情形不得开具专用发票：

① 向消费者销售应税项目。

② 销售免税项目。

③ 销售报关出口的货物、在境外销售应税劳务。

④ 将货物用于非税项目。

⑤ 将货物用于集体福利或个人消费。

⑥ 提供非应税劳务（应当征收增值税的除外）、转让无形资产或销售不动产。向小规模纳税人销售应税项目，可以不开具专用发票。

（2）专用发票的开具时限。专用发票开具时限规定如下：

① 采用预收货款、托收承付、委托银行收款结算方式的，为货物发出的当天。

② 采用交款提货结算方式的，为收到货款的当天。

③ 采用赊销、分期付款结算方式的，为合同约定的收款日期的当天。

④ 将货物交付他人代销，为收到受托人送交的代销清单的当天。

⑤ 设有两个以上机构并实行统一核算的纳税人，将货物从一个机构移送其他机构用于销售时，按规定应当征收增值税的，为货物移送的当天。

⑥ 将货物作为投资，提供给其他单位或个体经营者，为货物移送的当天。

⑦ 将货物分配给股东，为货物移送的当天。

（3）开具专用发票后，发生退货或销售折让的处理。销售货物并向购买方开具专用发票后，如发生退货或销售折让，应视不同情况分别按以下规定办理：

① 在购买方未付款并且未作账务处理的情况下，购买方须将原发票联和税款抵扣联主动退还销售方。销售方收到后，应在该发票联和税款抵扣联及有关存根联、记账联上注明"作废"字样，作为扣减当期销项税额的凭证。未收到购买方退还的专用发票前，销售方不得扣减当期销项税额。属于销售折让的，销售方应按折让后的货款重开专用发票。

② 在购买方已付货款，或者货款未付但已作账务处理，发票联及抵扣联无法退还的情况下，购买方必须取得当地主管税务机关开具的进货退出或索取折让证明单，送交销售方，作为销售方开具红字专用发票的合法依据。销售方在未收到证明单以前，不得开具红字专用发票；收到证明单后，根据退回货物的数量、价款或折让金额向购买方开具红字专用发票。红字专用发票的存根联、记账联作为销售方扣减当期销项税额的凭证，其发票联、税款抵扣联作为购买方扣减进项税额的凭证。

购买方收到红字专用发票后，应将红字专用发票所注明的增值税额从当期进项税额中扣减。如不扣减，造成不纳税或少纳税的，属于偷税行为。

（4）由税务所为小规模纳税人代开增值税专用发票的规定。为了有利于加强专用发票的管理，又不影响小规模纳税人的销售业务，国家税务总局下发《关于由税务所为小规模企业代开增值税专用发票的通知》，具体规定如下：

① 凡能够认真履行纳税义务的小规模企业，经县（市）税务机关批准，其销售货物或应税劳务，可由税务所代开专用发票。但销售免税货物或将货物销售给消费者的，以及小额

零星销售的，不得代开专用发票。对于不能认真履行纳税义务的小规模企业，不得代开专用发票。

② 为小规模企业代开专用发票，应在专用发票"单价"栏和"金额"栏分别填写不含本身应纳税额的单价和销售额；"税率"栏填写征收率，"税额"栏填写其应纳税额，即按不含有增值税的销售额和规定的征收率计算的增值税税额。一般纳税人取得由税务所代开的专用发票后，应以专用发票上填写的税额为进项税额。

③ 税务机关为小规模企业代开专用发票，除加盖纳税人财务专用章或发票专用章以外，必须同时加盖税务机关开具增值税专用发票专章，凡未加盖上述专用章的，购货方一律不得作为扣税凭证。专用章的标准格式由国家税务总局确定。

本章小结

税收征收管理是代表国家实施征税权的税务机关依照国家税收法律法规的规定进行税款征收，组织财政收入入库，并对日常的征纳活动进行管理、监督、检查等一系列工作的总称。它是整个税收管理体系的核心内容，是实现税收管理目标的关键所在。

税收行政管理是税务机关为了提高行政效率，依据国家法律法规行使职权，对内部事务进行有序管理的一种活动，也是税收管理的重要组成部分。

国务院是我国的最高行政管理机关，领导全国的税收征收管理工作。国务院所属的财政部、国家税务总局、海关总署具体负责实施各项税收征收管理。

我国税务登记制度包括开业税务登记、变更税务登记、注销税务登记及其他税务登记。

发票是指在购销商品、提供或者接受服务以及从事其他经营活动中，开具、收取的收付款凭证。它是确定经济收支行为发生的法定凭证，是会计核算的原始依据，也是税务稽查的重要依据。

国家税务总局统一负责全国发票管理工作，发票的具体管理权限按流转税的归属划分，由国家税务局和地方税务局按各自的征收范围管理。增值税专用发票、增值税纳税人所需使用的普通发票，由国家税务局负责印制、发放和管理；营业税纳税人所需使用的普通发票，由地方税务局印制、发放和管理；发票防伪专用品的生产和发票防伪措施的采用，全国统一发票监制章，由国家税务总局管理。

根据《增值税专用发票使用规定》，专用发票只限于增值税一般纳税人领购使用，增值税的小规模纳税人和非增值税的纳税人不得领购使用。纳税人被认定为增值税一般纳税人后，还须经过主管税务机关确认其购票资格，经批准后才能办理专用发票的领购手续。

⚠ 关键名词

税务登记制度　税收征管机构　发票管理

📄 练习题

一、单项选择题（请扫描二维码，在线测试本章学习效果）

1. 下列项目中，属于国家税务局征收，且收入属于中央地方共享的是（　　）。

　　A. 消费税　　　　　　　　　B. 企业所得税

　　C. 个人所得税　　　　　　　D. 外商投资企业和外国企业所得税

2. 根据现行增值税有关规定，下列单位可以直接被认定为增值税一般纳税人的有（　　）。

　　A. 注册资金 500 万元、人员 50 人的新办商贸企业

　　B. 注册资金 100 万元、人员 20 人的新办商贸企业

　　C. 年销售额 100 万元、从事成品油销售的加油站

　　D. 设有固定营业场所，拥有货物实物的新办大中型商贸零售企业

3. 下列关于增值税专用发票的开具要求，说法错误的是（　　）。

　　A. 字迹清楚

　　B. 项目填写齐全

　　C. 经税务机关批准，可以涂改，但须在涂改处盖章

　　D. 全部联次一次填开，上、下联的内容和金额一致

4. 我国现行的增值税采用（　　）。

　　A. 价内税　　　B. 价外税　　　C. 定额税　　　D. 累进税

5. 某广告公司于 2016 年 10 月 1 日被市工商行政管理局吊销了营业执照，其应申报办理注销税务登记的最后法定日期是（　　）。

　　A. 2016 年 10 月 16 日　　　B. 2016 年 10 月 31 日

　　C. 2016 年 11 月 16 日　　　D. 2016 年 11 月 30 日

6. 下列机构中不能从事税务代理的是（　　）。

　　A. 会计师事务所　　　　　　B. 律师事务所

　　C. 审计师事务所　　　　　　D. 税务机关

选择题
即测即评

7. 我国的税率分为（　　）。

　　A. 定额税率、比例税率、累进税率

　　B. 定额税率、比例税率、超额累进税率

　　C. 定额税率、比例税率、全额累进税率

D. 浮动税率、比例税率、累进税率

二、多项选择题（请扫描二维码，在线测试本章学习效果）

1. 下列税收法律规范属于税收实体法的有（　　　）。

　　A. 外商投资企业和外国企业所得税法　　　　B. 企业所得税暂行条例

　　C. 个人所得税法　　　　　　　　　　　　　D. 税收征收管理法

2. 下列税种，实行定额征收的有（　　　）。

　　A. 增值税　　　　B. 耕地占用税　　　C. 土地增值税　　　D. 车船税

3. 税款征收方式包括（　　　）。

　　A. 查账征收　　　　B. 查定征收　　　C. 查验征收　　　D. 定期定额征收

4. 下列各项中，税务代理人可接受委托进行代理的是（　　　）。

　　A. 申请税务行政复议或税务行政诉讼　　　B. 办理缴纳税款和申请退税

　　C. 审查纳税情况　　　　　　　　　　　　D. 建账建制，办理账务

5. 下列税种，实行定额征收的有（　　　）。

　　A. 增值税　　　B. 契税　　　C. 车船使用税　　　D. 耕地占用税

6. 下列法律事实的出现，产生税收法律关系：（　　　）。

　　A. 纳税义务人发生了税法规定的应纳税的行为

　　B. 纳税义务人发生了税法规定的应纳税的事件

　　C. 税法废止

　　D. 新的纳税义务人出现

7. 下列各项中，属于税收法律关系权利主体的有（　　　）。

　　A. 税务机关　　　B. 海关　　　C. 财政机关　　　D. 纳税人

8. 税务登记的种类包括（　　　）。

　　A. 开业登记　　　B. 变更登记　　　C. 注销登记　　　D. 外地经营报验登记

三、判断题（请扫描二维码，在线测试本章学习效果）

1. 一般纳税人当月认证通过的防伪税控系统开具的增值税专业发票，应在认证之日起90天内核算当期进项税额并申报抵扣，否则不予抵扣进项税额。　　　　　　（　　　）

2. 一般纳税人转为小规模纳税人时，其存货不作为进项税额转出处理，其留抵税额也不予退税。　　　　　　　　　　　　　　　　　　　　　　　　　　　（　　　）

3. 当货物为应税消费品时，在其流转的各环节征收增值税的同时也应对其征收消费税。　　　　　　　　　　　　　　　　　　　　　　　　　　　　　　　　（　　　）

4. 消费税与增值税的计税依据均为含消费税税金和价外费用，但不含增值税税金的销售额，因而两税的税额计算方法一致。　　　　　　　　　　　　　　　　（　　　）

5. 企业被税务机关查处的未入账收入，其补缴的销售税金，在计算补缴企业所得税时，不得从应纳税所得额中扣除。 （　　　）

6. 在税务行政诉讼中，税务机关不享有起诉权，只有应诉权，即税务机关只能当作被告。且作为被告的税务机关不能反诉。 （　　　）

7. 纳税人被工商行政管理机关吊销营业执照的，应当自营业执照被吊销之日起 30 日内，向原税务机关登记机关申报办理注销税务登记。 （　　　）

8. 凡负有纳税义务的纳税人都需要办理税务登记。 （　　　）

判断题
即测即评

第 3 章

增值税会计

◎ 学习目标

通过本章学习，要求了解增值税的特点；熟悉增值税的基本要素；掌握增值税应纳税额的计算；熟悉增值税的纳税申报；掌握增值税的会计核算。

◎ 问题导入

增值率对选择增值税纳税人身份的启示

增值率就是指增值额与应纳销售额的比率，即

$$增值率 =（销项税额 - 进项税额）÷ 销项税额$$

$$一般纳税人应纳增值税税额 = 销售额 × 增值率 × 税率$$

$$小规模纳税人应纳增值税税额 = 销售额 × 征收率$$

当两种纳税人的税负相等时，则有

$$销售额 × 增值率 × 税率 = 销售额 × 征收率$$

$$增值率 = 征收率 ÷ 税率 = 3\% ÷ 17\% × 100\% = 17.65\%$$

当企业处于小规模纳税人和一般纳税人边缘时，应仔细权衡当两者税负相等时的增值率：

（1）当增值率低于 17.65% 时，则意味着一般纳税人与小规模纳税人在税负相同的情况下，前者可抵扣较多的进项税额，税负较轻。企业则选择一般纳税人身份有利。

（2）当增值率高于 17.65% 时，则意味着一般纳税人与小规模纳税人在税负相同的情况下，前者可抵扣的进项税额减少，税负较重。企业则选择小规模纳税人身份有利。

3.1 增值税概述

增值税是以商品（含应税劳务）在流转过程中产生的增值额作为计税依据而征收的一种流转税。增值税的纳税人，包括从事销售货物或者提供加工、修理修配劳务以及进口货物的单位和个人。我国现行增值税属于消费型增值税，其基本规范是 2008 年 11 月 10 号国务院颁布的《中华人民共和国增值税暂行条例》以及 2008 年 12 月 15 号财政部、国家税务总局 50 号令发布的《中华人民共和国增值税暂行条例实施细则》。

3.1.1 增值税基本要素

1. 纳税人

增值税的纳税人是指在我国境内销售货物或者提供加工、修理修配劳务以及进口货物的单位和个人。其中单位包括国有企业、集体企业、私有企业、外商投资企业、外国企业、股份制企业及其他企业，以及行政单位、事业单位、军事单位、社会团体及其他非企业性单位。个人是指个体经营者及其他个人，包括中华人民共和国公民及外国公民。

参照国际惯例，我国将增值税纳税人按生产经营规模大小和会计核算是否健全划分为一般纳税人和小规模纳税人。

（1）一般纳税人。一般纳税人的认定标准为：

① 从事货物生产或提供应税劳务的纳税人，以及从事货物或提供劳务为主，并兼营货物批发或零售的纳税人，年应税销售额在 50 万元以上的。

② 从事货物批发或零售的纳税人，年应税销售额在 80 万元以上的。

（2）小规模纳税人。小规模纳税人的认定标准为：

① 未达到以上标准的增值税纳税人。

② 不经常发生增值税纳税义务的单位。

③ 个人。

一般纳税人可以使用增值税专用发票和普通发票，小规模纳税人则只允许开具普通发票。

2. 税范围

增值税的征税范围包括销售货物、进口货物及部分加工性劳务，如修理、修配劳务。对大部分一般性劳务和农业没有实行增值税。在我国境内从事销售货物或者提供加工、修理修配劳务以及进口货物和提供应税服务的单位和个人，为增值税的纳税人，应当依法缴纳增值税。具体包括以下几个方面的行为：

（1）销售货物。销售货物，是指在中华人民共和国境内（以下简称中国境内）有偿转让货物的所有权。货物，是指除土地、房屋和其他建筑物等不动产之外的有形动产，包括电力、热力、气体在内。单位和个人在中国境内销售货物，即销售货物的起运地或所在地在境内，不论是从受让方取得货币。还是获得货物或其他经济利益，都应视为有偿转让货物的销售行为，征收增值税。

（2）提供加工劳务。提供加工、修理修配劳务又称销售应税劳务，是指在中国境内有偿提供加工、修理修配劳务。加工，是指受托加工货物，即由委托方提供原料及主要材料，受托方按照委托方的要求制造货物并收取加工费的业务。

（3）提供修理修配劳务。修理修配，是指受托对损伤和丧失功能的货物进行修复，使其恢复原状和功能的业务。单位和个人在中国境内提供或销售上述劳务，即应税劳务的发生地在中国境内，不论受托方从委托方收取的加工费是以货币的形式，还是以货物或其他经济利益的形式，都应视作有偿销售行为并征收增值税。但是，单位或个体经营者聘用的员工为本单位或雇主提供加工、修理修配劳务，不包括在内。

（4）提供应税服务。

① 交通运输业包括陆路运输服务（铁路、公路、缆车、索道、地铁、轻轨）、水路运输服务、航空运输服务、管道运输服务（程租、期租、湿租）。

出租车公司向使用本公司自由出租车的出租车司机收取的管理费用，按照陆路运输服务征收增值税。

② 邮政业是指中国邮政集团公司及其所属邮政企业提供邮件寄递、邮政汇兑、机要通信和邮政代理等邮政基本服务的业务活动，包括邮政普遍服务、邮政特殊服务和其他邮政服务。

邮政普遍服务是指函件、包裹等邮件寄递，以及邮票发行、报刊发行和邮政汇兑等业务活动。

邮政特殊服务是指义务兵平常信函、机要通信、盲人读物和革命烈士遗物的寄递等业务活动。

其他邮政服务是指邮册等邮品销售、邮政代理等业务活动。

③ 电信业是指利用有线、无线的电磁系统或者光电系统等各种通信网络资源，提供语音通话服务，传送、发射、接收或者应用图像、短信等电子数据和信息的业务活动。包括基础电信服务和增值电信服务。

基础电信服务是指利用固网、移动网、卫星、互联网，提供语音通话服务的业务活动，以及出租或者出售带宽、波长等网络元素的业务活动。

增值电信服务是指利用固网、移动网、卫星、互联网、有线电视网络，提供短信和彩信服务、电子数据和信息的传输及应用服务、互联网接入服务等业务活动。卫星电视信号落地转接服务，按照增值电信服务计算缴纳增值税。

④ 部分现代服务业。

第一，研发和技术服务。

• 研发服务。研发服务是指就新技术、新产品、新工艺或者新材料及其系统进行研究与试验开发的业务活动。

• 技术转让服务。技术转让服务是指转让专利或者非专利技术的所有权或者使用权的业务活动。

• 技术咨询服务。技术咨询服务是指对特定技术项目提供可行性论证、技术预测、专题技术调查、分析评价报告和专业知识咨询等业务活动。

• 合同能源管理服务。合同能源管理服务是指节能服务公司与用能单位以契约形式约定节能目标，节能服务公司提供必要的服务，用能单位以节能效果支付节能服务公司投入及其合理报酬的业务活动。

• 工程勘察勘探服务。工程勘察勘探服务是指在采矿、工程施工以前，对地形、地质构造、地下资源蕴藏情况进行实地调查的业务活动。

第二，信息技术服务。

• 软件服务。软件服务是指提供软件开发服务、软件咨询服务、软件维护服务、软件测试服务的业务行为。

• 电路设计及测试服务。电路设计及测试服务是指提供集成电路和电子电路产品设计、测试及相关技术支持服务的业务行为。

• 信息系统服务。信息系统服务是指提供信息系统集成、网络管理、桌面管理与维护、信息系统应用、基础信息技术管理平台整合、信息技术基础设施管理、数据中心、托管中心、安全服务的业务行为。

• 业务流程管理服务。业务流程管理服务指依托计算机信息技术提供的人力资源管理、财务经济管理、审计管理、税务管理、金融支付服务、内部数据分析、内部数据挖掘、内部数据管理、内部数据使用、呼叫中心和电子商务平台等服务的业务活动。

第三，文化创意服务。

• 设计服务。设计服务是指把计划、规划、设想通过视觉、文字等形式传递出来的业务活动。包括工业设计、造型设计、服装设计、环境设计、平面设计、包装设计、动漫设计、展示设计、网站设计、机械设计、工程设计、创意策划等。

• 商标著作权转让服务。商标著作权转让服务是指转让商标、商誉和著作权的业务活动。

● 知识产权服务。知识产权服务是指处理知识产权事务的业务活动。包括对专利、商标、著作权、软件、集成电路布图设计的代理、登记、鉴定、评估、认证、咨询、检索服务。

● 广告服务。广告服务是指利用图书、报纸、杂志、广播、电视、电影、幻灯、路牌、招贴、橱窗、霓虹灯、灯箱、互联网等各种形式为客户的商品、经营服务项目、文体节目或者通告、声明等委托事项进行宣传和提供相关服务的业务活动。包括广告设计和广告的发布、播映、宣传、展示等。

● 会议展览服务。会议展览服务是指为商品流通、促销、展示、经贸洽谈、民间交流、企业沟通、国际往来等举办的各类展览和会议的业务活动。

第四，物流辅助服务。

● 航空服务包括航空地面服务和通用航空服务。

航空地面服务是指航空公司、飞机场、民航管理局、航站等向在我国境内航行或者在我国境内机场停留的境内外飞机或者其他飞行器提供的导航等劳务性地面服务的业务活动。包括旅客安全检查服务、停机坪管理服务、机场候机厅管理服务、飞机清洗消毒服务、空中飞行管理服务、飞机起降服务、飞行通讯服务、地面信号服务、飞机安全服务、飞机跑道管理服务、空中交通管理服务等。

通用航空服务是指为专业工作提供飞行服务的业务活动，包括航空摄影，航空测量，航空勘探，航空护林，航空吊挂播撒、航空降雨等。

● 港口码头服务。港口码头服务是指港务船舶调度服务、船舶通讯服务、航道管理服务、航道疏浚服务、灯塔管理服务、航标管理服务、船舶引航服务、理货服务、系解缆服务、停泊和移泊服务、海上船舶溢油清除服务、水上交通管理服务、船舶专业清洗消毒检测服务和防止船舶漏油服务等为船只提供服务的业务活动。

● 货运客运场站服务。货运客运场站服务是指货运客运场站（不包括铁路运输）提供的货物配载服务、运输组织服务、中转换乘服务、车辆调度服务、票务服务和车辆停放服务等业务活动。

● 打捞救助服务。打捞救助服务是指提供船舶人员救助、船舶财产救助、水上救助和沉船沉物打捞服务的业务活动。

● 货物运输代理服务。货物运输代理服务是指接受货物收货人、发货人的委托，以委托人的名义或者以自己的名义，在不直接提供货物运输劳务情况下，为委托人办理货物运输及相关业务手续的业务活动。

● 代理报关服务。代理报关服务是指接受进出口货物的收、发货人委托，代为办理报关手续的业务活动。

● 仓储服务。仓储服务是指利用仓库、货场或者其他场所代客贮放、保管货物的业务活动。

● 装卸搬运服务。装卸搬运服务是指使用装卸搬运工具或人力、畜力将货物在运输工具之间、装卸现场之间或者运输工具与装卸现场之间进行装卸和搬运的业务活动。

● 收派服务。收派服务是指接受寄件人委托，在承诺的时限内完成函件和包裹的收件、分拣、派送服务的业务活动。收件服务，是指从寄件人收取函件和包裹，并运送到服务提供方同城的集散中心的业务活动；分拣服务，是指服务提供方在其集散中心对函件和包裹进行分类、分发的业务活动；派送服务，是指服务提供方从其集散中心将函件和包裹送达同城的收件人的活动。

⑤ 有形动产租赁包括有形动产融资租赁和有形动产经营性租赁。

● 有形动产融资租赁是指具有融资性质和所有权转移特点的有形动产租赁业务活动。即出租人根据承租人所要求的规格、型号、性能等条件购入有形动产租赁给承租人，合同期内设备所有权属于出租人，承租人只拥有使用权，合同期满付清租金后，承租人有权按照残值购入有形动产，以拥有其所有权。不论出租人是否将有形动产残值销售给承租人，均属于融资租赁。

● 有形动产经营性租赁是指在约定时间内将物品、设备等有形动产转让他人使用且租赁物所有权不变更的业务活动。（光租、干租）

⑥ 鉴证咨询服务包括认证服务、鉴证服务、咨询服务三项。

● 认证服务是指具有专业资质的单位利用检测、检验、计量等技术，证明产品、服务、管理体系符合相关技术规范、相关技术规范的强制性要求或者标准的业务活动。

● 鉴证服务是指具有专业资质的单位，为委托方的经济活动及有关资料进行鉴证，发表具有证明力的意见的业务活动。包括会计、税务、资产评估、律师、房地产土地评估、工程造价的鉴证。

● 咨询服务是指提供和策划财务、税收、法律、内部管理、业务运作和流程管理等信息或者建议的业务活动。

代理记账、翻译服务按照"鉴证咨询服务"征收增值税。

⑦ 广播影视服务包括广播影视节目（作品）制作服务、广播影视节目（作品）发行服务及广播影视节目（作品）播映服务。

● 广播影视节目（作品）制作服务是指进行专题（特别节目）、专栏、综艺、体育、动画片、广播剧、电视剧、电影等广播影视节目和作品制作的服务。具体包括与广播影视节目和作品相关的策划、采编、拍摄、录音、音视频文字图片素材制作、场景布置、后期的剪辑、翻译（编译）、字幕制作、片头、片尾、片花制作、特效制作、影片修复、编目和确权等业务活动。

• 广播影视节目（作品）发行服务是指以分账、买断、委托、代理等方式，向影院、电台、电视台、网站等单位和个人发行广播影视节目（作品）以及转让体育赛事等活动的报道及播映权的业务活动。

• 广播影视节目（作品）播映服务是指在影院、剧院、录像厅及其他场所播映广播影视节目（作品），以及通过电台、电视台、卫星通信、互联网、有线电视等无线或有线装置播映广播影视节目（作品）的业务活动。

（5）视同销售货物业务。单位和个体经营者的下列行为，虽然没有取得销售收入，也视同销售应税货物，征收增值税：

① 将货物交付他人代销；

② 销售代销货物；

③ 设有两个以上机构并实行统一核算的纳税人，将货物从一个机构移送其他机构用于销售，但相关机构在同一县（市）的除外；

④ 将自产、委托加工或购买的货物作为投资，提供给其他单位或个体经营者；

⑤ 将自产、委托加工或购买的货物分配给股东或投资者；

⑥ 将自产、委托加工的货物用于集体福利或个人消费；

⑦ 将自产、委托加工或购买的货物无偿赠送他人。

以上行为可以归纳为下列三种情形：

① 转让货物但未发生产权转移；

② 虽然货物产权发生了变动，但货物的转移不一定采取直接的销售方式；

③ 货物产权没有发生变动，货物转移也未采取销售形式，而是用于类似销售的其他用途。

一般来说，对货物征收增值税应以货物所有权的有偿转让为前提，但是上述三种情形在实际经济生活中经常出现。为了便于税源的控制，防止税款流失，保持增值税抵扣链条的完整、连续，平衡自制货物与外购货物的税收负担，根据《增值税暂行条例》规定，对上述行为视同销售处理，纳入增值税的征收范围。

（6）混合销售业务。混合销售行为，是指一项销售行为同时既涉及货物，又涉及非应税劳务的行为。非应税劳务，是指属于应缴营业税的劳务，如提供交通运输、建筑、金融保险、邮电通信、文化体育、娱乐以及服务等劳务，混合销售行为的特点是销售货物与提供非应税劳务是由同一纳税人实现，价款是同时从一个购买方取得的。

（7）兼营非应税劳务。兼营应税劳务与非应税劳务，又称兼营行为，是指纳税人的经营范围兼有销售货物和提供非应税劳务两类经营项目，并且这种经营业务并不发生在同一项业务中。应税劳务是指属于应缴增值税的劳务，如提供加工、修理修配劳务。纳税人的兼营行为和混合销售行为既有联系又有区别。它们的共同点是：纳税人在生产经营过程中涉及销售货物和提供非应税劳务两类经营项目。不同点是：混合销售行为是指同一项销售业务同时涉及销售货物和非应税劳务，销售货款及劳务价款是同时从一个购买方取得的，两者难以分开核算；而兼营行为是指纳税人兼有销售货物和提供非应税劳务两类经营项目，并且这种经营业务并不发生在同一项业务中，即销售货物和应税劳务与提供非应税劳务不是同时发生在同一购买者身上，可以分开进行核算。纳税人兼营应税劳务与非应税劳务的，应分别核算货物或应税劳务和非应税劳务的销售额。如果不分别核算或者不能准确核算的，其非应税劳务应与货物或应税劳务一并征收增值税。

对于纳税人兼营的非应税劳务，是否应当一并征收增值税，由国家税务总局所属征收机关确定。

（8）报关进口货物。报关进口货物是指纳税人从我国境外、关外进口国外、境外所生产、制造的应税货物。

（9）其他特殊业务。

① 货物期货，包括商品期货和贵金属期货，在期货的实物交割环节纳税；

② 银行销售金银的业务；

③ 典当业的死当物品销售业务和寄售业代委托人销售寄售物品的业务；

④ 集邮商品，如邮票、明信片、首日封等的生产、调拨，以及邮政部门以外的其他单位与个人销售集邮商品；

⑤ 邮政部门以外其他单位和个人发行报刊；

⑥ 单独销售无线寻呼机、移动电话，不提供有关的电信劳务服务的；

⑦ 缝纫业务；

⑧ 税法规定的其他项目。

3. 税率和征收率

增值税均实行比例税率。绝大多数一般纳税人实行基本税率、低税率或零税率；小规模纳税人和采用简易办法征税的一般纳税人使用征收率。

（1）基本税率。我国增值税的基本税率规定为17%。一般纳税人在销售或者进口货物，提供加工、修理修配劳务时，除另有规定外，一律按17%的基本税率征收增值税。

（2）低税率。低税率又称轻税率，适用于税法列举的体现一定税收优惠政策的项目。设置低税率的根本目的主要是保证消费者对基本生活必需品的消费。

我国增值税的低税率为13%，主要适用于纳税人销售或进口下列货物：

① 粮食、食用植物油；

② 自来水、暖气、冷气、热水、煤气、石油液化气、天然气、沼气、居民用煤炭用品；

③ 图书、报纸、杂志；

④ 饲料、化肥、农药、农机、农膜；

⑤ 国务院规定的其他货物。

（3）提供交通运输业服务、邮政业服务、基础电信服务、建筑服务、不动产租赁服务，销售不动产，转让土地使用权，适用的税率为11%。

（4）提供现代服务业服务（有形动产租赁服务除外）、增值电信服务，金融服务、生活服务，以及除转让土地使用权以外的销售无形资产，使用6%的税率。

（5）出口货物及部分跨境应税服务，适用零税率。境内的单位和个人销售下列服务和无形资产使用零税率：

① 国际运输服务：在境内载运旅客或者货物出境；在境外载运旅客或者货物入境；在境外载运旅客或者货物等。

② 航天运输服务。

③ 向境外单位或者个人向境内单位或者个人提供完全在境外消费的下列服务：研发服务，合同能源管理服务，设计服务，广播影视节目的制作和发行服务，软件服务，信息系统服务，转让技术。不包括对境内不动产提供的设计服务。

（6）特殊情况下适用税率的规定。纳税人兼营不同税率的货物或应税劳务，应分别核算不同税率货物或劳务的销售额。未分别核算销售额的，从高确定适用税率。

增值税的税率调整，由国务院决定，任何地区和部门均无权改动。

（7）征收率。

① 适用于小规模纳税人。

② 适用于一般纳税人适用简易方法计税的特定项目：

• 公共交通运输服务；

• 以该地区试点实施之日前购进或者自制的有形动产为标的物提供的经营租赁服务；

• 电影放映服务、仓储服务、装卸搬运服务和收派服务；

• 在2015年12月31日以前，境内单位通过卫星提供的语言通话服务、电子数据和信息的传输服务。

纳税人提供适用不同税率或者征收率的应税服务，应当分别核算适用不同税率或者征收率的销售额；未分别核算的，从高适用税率。

3.2 增值税税额的计算

3.2.1 一般纳税人增值税的计算

一般纳税人计算本月应纳增值税额采用当期购进扣税法，纳税人因当期销项税额小于当期进项税额而不足抵扣时，其不足部分可结转下期继续抵扣。

$$应纳税额 = 当期销项税额 - 当期进项税额$$
$$= 当期销售额 \times 适用税率 - 当期进项税额$$

相关计算过程如图 3 - 1 所示。

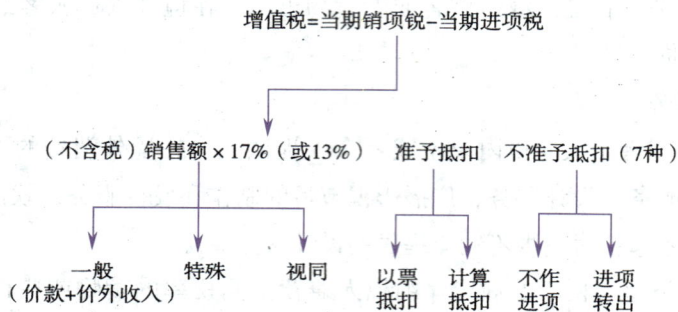

图 3 - 1 增值税计算过程

1. 销项税额的计算

销项税额是纳税人销售货物或者提供应税劳务，按照销售额和适用税率计算并向购买方收取的增值税额。其计算公式为

$$销项税额 = 销售额 \times 适用税率$$

公式中，销售额是指纳税人销售货物或提供应税劳务时向购买方收取的全部价款和价外费用。需要注意的是，计算销项税额的销售额必须是不含增值税的销售额；价外费用在计算销项税额时要包含在销售额内。价外费用包括价外向购买方收取的手续费、补贴、基金、集资费、返还利润、奖励费、违约金、滞纳金、延期付款利息、赔偿金、代收款项、包装费、包装物租金、储备费、优质费、运输装卸费等。但下列项目不包括在内：

（1）受托加工应征消费税的消费品所代收代缴的消费税。

（2）同时符合以下条件的代垫运输费用：①承运部门的运输费用发票开具给购买方的；②纳税人将该项发票转交给购买方的。

（3）同时符合以下条件代为收取的政府性基金或者行政事业性收费：①由国务院或者财

政部批准设立政府性基金，由国务院或者省级人民政府及其财政、价格主管部门批准设立的行政事业性收费；②收取时开具省级以上财政部门印制的财政票据；③所收款项全额上缴财政。

（4）销售货物的同时代办保险等向购买方收取的保险费，以及向购买方收取的代购买方缴纳的车辆购置税、车辆牌照费。

对于视同销售行为，由于某些行为不是以资金的形式反映出来，会出现无销售额的现象。因此，税法规定，对视同销售行为而无销售额的按下列顺序确定其销售额：①按纳税人最近时期同类货物的平均销售价格确定；②按其他纳税人最近时期同类货物的平均销售价格确定；③按组成计税价格确定。组成计税价格的公式为

$$组成计税价格 = 成本 \times （1 + 成本利润率）$$

征收增值税的货物，同时又征收消费税的，其组成计税价格中应加计消费税额。其组成计税价格的公式为

$$组成计税价格 = 成本 \times （1 + 成本利润率） + 消费税税额（适用从量定额计税办法）$$

或

$$组成计税价格 = 成本 \times （1 + 成本利润率） \div （1 - 消费税税率）（适用从价定率计税办法）$$

上述公式中的成本，销售自产货物的为实际生产成本，销售外购货物的为实际采购成本。公式中的成本利润率由国家税务总局确定，但属于应按从价定率征收消费税的货物，其组成计税价格公式中的成本利润率，为国家税务总局确定的成本利润率。

2. 进项税额的计算

进项税额是指纳税人购进货物或者接受应税劳务所支付或负担的增值税税额。不是所有的进项税额都可以从销项税额中抵扣。

（1）准予从销项税额中抵扣的进项税额。

① 从销售方取得的增值税专用发票上注明的增值税额。

② 从海关取得的海关进口增值税专用缴款书上注明的增值税额。

③ 购进农产品，除取得增值税专用发票或者增值税专用缴款书外，按照农产品收购发票或者销售发票上注明的农产品买价和13%的扣除率计算的进项税。计算公式如下

一般情况

$$进项税额 = 买价 \times 扣除率$$

特殊情况

$$烟叶收购金额 = 烟叶收购价款 \times （1 + 10\%）$$

其中，10%为价外补贴。

$$准予抵扣的进项税额 = （烟叶收购金额 + 烟叶税税额）×扣除率$$

上式中

$$烟叶税税额 = 烟叶收购金额 ×20\%$$

进项税必须从取得增值税专用发票开具之日起180日认证完毕，否则不予抵扣。通过认证的，应当自认证通过的当月核算进项税并申报抵扣，否则不予抵扣进项税额。

④ 购进或者销售货物以及在生产经营过程中支付运输费用的，按照运输费用结算单据上注明的运输费用金额和7%的扣除率计算进项税额。进项税额计算公式如下

$$进项税额 = 运输费用金额 ×扣除率$$

（2）不得从销项税额中抵扣的进项税额。

① 纳税人购进货物或者应税劳务，取得的增值税扣税凭证不符合法律、行政法规或者国务院税务主管部门有关规定的，其进项税额不得从销项税额中抵扣。

② 下列项目的进项税额不得从销项税额中抵扣：用于非增值税应税项目、免征增值税项目、外购的用于集体福利或者个人消费的货物或者应税劳务；非正常损失的购进货物及相关的应税劳务；非正常损失的在产品、产成品所耗用的购进货物或者应税劳务；国务院财政、税务主管部门规定的纳税人自用消费品；前四项规定的货物的运输费用和销售免税货物的运输费用。

③ 有以下情形之一者，不得抵扣进项税额，也不得使用增值税专用发票：一般纳税人会计核算不健全，或者不能提供准确税务资料的；纳税人销售额超过小规模纳税人标准，未申请办理一般纳税人认定手续的。

【例3-1】 某增值税一般纳税人，于2012年8月购进货物500 000元，其中增值税专用发票注明销售额300 000元，增值税51 000元；普通发票注明金额200 000元。当月销售货物开出增值税专用发票15份，取得销售额300 000元，开出普通发票12份，取得销售收入234 000元；同时货物100吨用于非应税项目，每吨货物成本800元，成本利润率为10%。该货物适用税率为17%，计算该纳税人当月应交纳的增值税额。

解：

（1）销项税额 = [300 000 + 234 000 ÷ (1 + 17%) + 800 × (1 + 10%) ×100] ×17%
$$= 99\ 960\ （元）$$

（2）进项税额 = 34 000 （元）

（3）应纳税额 = 99 960 - 34 000 = 65 960 （元）

【例3-2】　某工业企业为增值税一般纳税人，2012年6月购销业务情况如下：

（1）购进生产原料一批，已验收入库，取得的增值税专用发票上注明的价、税款分别为23万元、3.91万元，另支付运费（取得发票）3万元。

（2）购进钢材20吨，已验收入库，取得的增值税专用发票上注明的价、税款分别为8万元、1.36万元。

（3）直接向农民收购用于生产加工的农产品一批，经税务机关批准的收购凭证上注明价款为42万元，同时按规定缴纳了收购环节农业特产税2.1万元。

（4）销售产品一批，货已发出并办妥银行托收手续，但货款未到，向买方开具的专用发票上注明的销售额为42万元。

（5）将本月外购20吨钢材及库存的20吨同价钢材移送本企业修建产品仓库工程使用。

（6）期初留抵进项税额0.5万元。

要求：计算该企业当期应缴纳的增值税和期末留抵进项税额。

解：

（1）当期销项税额 $=42×17\%=7.14$（万元）

（2）当期进项税 $=3.91+（3×7\%）+1.36+（42+2.1）×10\%-1.36×2$
$$=7.17（万元）$$

（3）当期应纳税额 $=7.14-7.17-0.5=-0.53$（万元）

（4）期末留抵进项税额为0.53万元。

【例3-3】　某商场为增值税一般纳税人，2016年8月发生以下购销业务：

（1）购入服装两批，均取得增值税专用发票。两张专用发票上注明的货款分别为20万元和36万元，进项税额分别为3.4万元和6.12万元，其中第一批货款20万元未付，第二批货款36万元当月已付清。另外，先后购进这两批货物时已分别支付两笔运费0.26万元和4万元，并取得承运单位开具的普通发票。

（2）批发销售服装一批，取得不含税销售额18万元，采用委托银行收款方式结算，货已发出并办妥托收手续，货款尚未收回。

（3）零售各种服装，取得含税销售额38万元，同时将总零售价为1.78万元的服装作为礼品赠送给了顾客。

（4）采取以旧换新方式销售家用计算机20台，每台零售价6 500元，另支付顾客每台计算机收购款500元。

要求：计算该商场2011年8月应缴纳的增值税。

解：

（1）销项税额 $=［18+（38+1.78）/（1+17\%）+0.65×20/（1+17\%）］×17\%$

$$=10.73\ (万元)$$

（2）进项税额 $=6.12+4\times7\%=6.4$ （万元）

（3）应纳税额 $=10.73-6.4=4.33$ （万元）

【例 3 – 4】 某增值税一般纳税人，2012 年 5 月购进货物 300 000 元，其中增值税专用发票注明销售额 200 000 元，增值税额 34 000 元；普通发票注明金额 100 000 元。当月销售货物开出增值税专用发票 10 份，取得销售额 300 000 元，开出普通发票 10 份，取得销售收入 117 000 元；移用货物 150 吨用于非应税项目，每吨货物平均成本为 600 元，成本利润率为 10%。该货物适用税率为 17%，计算该纳税人当月应交纳的增值税额。

解：

（1）销项税额 $=[300\ 000+117\ 000/\ (1+17\%)\ +600\times\ (1+10\%)\ \times150]\ \times17\%$

$$=499\ 000\times17\%=84\ 830\ (元)$$

（2）进项税额 $=34\ 000$ （元）

（3）当期应纳税额 $=84\ 830-34\ 000=50\ 830$ （元）

3.2.2 小规模纳税人增值税的计算

小规模纳税人和一般纳税人在应纳税额的计算方面的区别：一是小规模纳税人不享受税款抵扣；二是小规模纳税人按征收率计税；三是小规模纳税人不使用增值税专用发票。

小规模纳税人按下列公式计算不含税销售额

$$不含税销售额=含税销售额\div\ (1+征收率)$$

$$应纳税额=不含税销售额\times税率$$

小规模纳税人因销货退回或折让退还给购货方的销售额，应从发生销货退回或折让当期的销售额中扣减。

无论是生产型企业还是商品流通企业，目前都执行 3% 的征收率标准。

【例 3 – 5】 某增值税小规模纳税人，于 2012 年 1 月取得含税销售收入 41 200 元，购进货物取得增值税专用发票注明销售额 10 000 元，增值税额 1 700 元，计算该纳税人当月应纳的增值税额（该纳税人适用税率 3%）。

解： 应纳税额 $=41\ 200\div\ (1+3\%)\ \times3\%=1\ 200$ （元）

【例 3 – 6】 某增值税小规模纳税人，2011 年 10 月取得含税销售额 25 000 元，因货物发送错误而发生销货退回 4 400 元，计算该纳税人当月应纳的增值税额（该纳税人适用 3% 的综合征收率）。

解： 应纳税额 $=[\ (25\ 000-4\ 400)\ \div\ (1+3\%)]\ \times3\%$

$$= 20\ 000 \times 3\% = 600\ （元）$$

3.2.3 进口货物增值税应纳税额的计算

纳税人进口货物，按照组成计税价格和规定的税率计算应纳税额，不得抵扣进项税额。其计算公式为

$$组成计税价格 = 关税完税价格 + 关税 + 消费税$$
$$应纳增值税税额 = 组成计税价格 \times 税率（17\% 或 13\%）$$

3.2.4 免税政策

免税政策涉及以下内容：

（1）个人转让著作权。

（2）残疾人个人提供应税服务。

（3）航空公司提供飞机播撒农药服务。

（4）"四技"合同（技术转让、技术开发和与之相关的技术咨询、技术服务）。

（5）符合条件的节能服务公司实施合同能源管理项目中提供的应税服务。

（6）离岸外包服务。

（7）两岸海上直航业务、两岸空中直航业务、船检服务。

（8）随军家属就业：随军家属必须占企业总人数的60%（含）以上，领取税务登记证之日起3年内免征增值税。

（9）军队转业干部就业：安置自主择业的军队转业干部占企业总人数60%（含）以上，领取税务登记证之日起3年内免征增值税。

（10）城镇退役士兵就业：当年新安置自谋职业的城镇退役士兵达到职工总数30%以上，并与其签订1年以上期限劳动合同，其提供的应税服务（除广告服务外）3年内免征增值税。

（11）国际货物运输代理服务：

① 试点纳税人提供国际货物运输代理服务免征增值税，但其向委托方收取的全部国际货物运输代理服务收入，以及向国际运输承运人支付的国际运输费用，必须通过金融机构进行结算。

② 自2014年9月1日起，试点纳税人通过其他代理人，间接为委托人办理货物的国际运输、从事国际运输的运输工具进出港口、联系安排引航、靠泊、装卸等货物和船舶代理相关业务手续，可免征增值税。

（12）中国邮政集团公司及其所属邮政企业提供的邮政普遍服务和邮政特殊服务免征增值税。

（13）邮政代理收入：中国邮政集团公司及其所属邮政企业为中国邮政速递物流股份有限公司及其子公司代办速递、物流、国际包裹、快递包裹以及礼仪业务等速递物流类业务取得的代理收入，以及为金融机构代办金融保险业务取得的代理收入免征增值税。

（14）青藏铁路公司提供的铁路运输服务免征增值税。

（15）免征增值税的跨境服务：①向境外单位提供电信业服务；②工程、矿产资源在境外的工程勘察勘探服务；③会议展览地点在境外的会议展览服务；④存储地点在境外的仓储服务；⑤标的物在境外使用的有形动产租赁服务；⑥为出口货物提供的邮政业服务和收派服务；⑦在境外提供的广播影视节目的发行、播映服务；⑧广告投放地在境外的广告服务。⑨向境外单位提供的技术转让服务、技术咨询服务、合同能源管理服务（标的在境外）、软件服务、电路设计及测试服务、信息系统服务、业务流程管理服务、商标著作权转让服务、知识产权服务、物流辅助服务（仓储服务、收派服务除外）、认证服务、鉴证服务、咨询服务、广播影视节目（作品）制作服务、期租服务、程租服务、湿租服务。

境内单位或者个人向境外单位提供的"对境内货物或者不动产的认证服务、鉴证服务和咨询服务"，不属于免税服务，应当征收增值税。

3.3 增值税纳税申报

3.3.1 增值税纳税申报基本规定

企业税务会计工作的主要内容之一就是准确、及时地进行增值税纳税申报。增值税纳税申报表是由税务机关统一印制，纳税人进行纳税申报的书面报告，是增值税纳税人缴纳税款的主要凭据。

1. 纳税义务发生时间

增值税纳税义务的发生时间，是纳税人发生应税行为应当承担纳税义务的时间。增值税纳税义务发生时间的规定有一般规定和具体规定。

（1）一般规定。

① 纳税人销售货物或者应税劳务，其纳税义务发生时间为收讫销售款或者取得索取销售款凭据的当天；先开具发票的，为开具发票的当天。

② 进口货物，为报关进口的当天。

③ 增值税扣缴义务发生时间为纳税人纳税义务发生的当天。

（2）具体规定。

① 采取直接收款方式销售货物，不论货物是否发出，均为收到销售额或取得索取销售额的凭据，并将提货单交给买方的当天；

② 采取托收承付和委托银行收款方式销售货物，为发出货物并办妥托收手续费的当天；

③ 采取赊销和分期收款方式销售货物，为按书面合同约定的收款日期的当天，无书面合同或者书面合同没有约定收款日期的，为货物发出的当天；

④ 采取预收款方式销售货物，为货物发出的当天，但生产销售生产工期超过 12 个月的大型机械设备、船舶、飞机等货物，为收到预收款或者书面合同约定的收款日期的当天；

⑤ 委托其他纳税人代销货物，为收到代销单位销售的代销清单或者收到全部或部分货款的当天，未收到代销清单及货款的，为发出代销货物满 180 天的当天；

⑥ 销售应税劳务，为提供劳务同时收讫销售额或取得销售额凭据的当天；

⑦ 发生《增值税暂行条例实施细则》第四条第（三）至第（八）项所列视同销售货物，为货物移送当天。

2. 纳税期限

纳税人发生增值税纳税义务后，应在规定的纳税期限内缴纳税款。

增值税纳税期限分别为 1 日、3 日、5 日、10 日、15 日、1 个月或 1 个季度。纳税人具体纳税期限由主管税务机关根据纳税人应纳税额的大小分别核定；不能按固定期限纳税的，也可以按次纳税。

纳税人进口货物，应当自海关填发税款缴纳书之日起 15 日内缴纳税款。

纳税人以 1 个月或 1 个季度为一期纳税的，自期满之日起 15 日内申报纳税；以 1 日、3 日、5 日、10 日、15 日为一期的，自期满之日起 5 日内预缴税款，于次月 1 日起 15 日内申报纳税并结清上月应纳税款。

3. 纳税地点

（1）固定业户：在机构所在地纳税；总机构和分支机构不在同一县（市）的，应当分别向各自所在地主管税务机关申报纳税。经国家税务总局或其授权的税务机关批准，可以由总机构汇总向总机构所在地主管税务机关申报纳税。

（2）固定业户到外县（市）销售货物的，应向其机构所在地主管税务机关申请开具外出经营活动税收管理证明，向机构所在地申报纳税；未开具证明的，应当向销售地或者劳务发生地的主管税务机关申报纳税；未向销售地或者劳务发生地的主管税务机关申报纳税的，由其机构所在地的主管税务机关补征税款。

（3）非固定业户：在销售地纳税，未在销售地纳税的，要在机构所在地或居住地补交。

（4）进口货物，应当向报关地海关申报缴纳。

（5）扣缴义务人应当向其机构所在地或者居住地的主管税务机关申报缴纳其扣缴的税款。

3.3.2 一般纳税人的纳税申报

一般纳税人不论当期是否发生应税行为，均应按规定进行纳税申报。增值税一般纳税人进行纳税申报必须实行电子信息采集。使用防伪税控系统开具增值税专用发票的纳税人必须在抄报税成功后，方可进行纳税申报。根据国税函〔2008〕1075规定，从2009年2月，增值税一般纳税人开始采用新版《增值税纳税申报表》及附表。

1. 一般纳税人增值税申报需报送的资料

增值税一般纳税人申报的特点是报表体系严密，计税资料齐全。

增值税一般纳税人纳税申报电子信息采集系统的增值税一般纳税人，应提供下述报表与资料：

（1）必报资料：①《增值税纳税申报表（适用于增值税一般纳税人)》及其《增值税纳税申报表附列资料（表一）、（表二）、（表三)》；②使用防伪税控系统的纳税人，必须报送记录当期纳税信息的IC卡（明细数据备份在软盘上的纳税人，还须报送备份数据软盘)、《增值税专用发票存根联明细表》及《增值税专用发票抵扣联明细表》；③《资产负债表》和《损益表》；④《成品油购销存情况明细表》（发生成品油零售业务的纳税人填报)；⑤主管税务机关规定的其他必报资料。

纳税申报实行电子信息采集的纳税人，除向主管税务机关报送上述必报资料的电子数据外，还需报送纸质的《增值税纳税申报表（适用于一般纳税人)》（主表及附表）。

（2）备查资料：①已开具的增值税专用发票和普通发票存根联；②符合抵扣条件并且在本期申报抵扣的增值税专用发票抵扣联；③海关进口货物完税凭证、运输发票、购进农产品普通发票及购进废旧物资普通发票的复印件；④收购凭证的存根联或报查联；⑤代扣代缴税款凭证存根联；⑥主管税务机关规定的其他备查资料。

备查资料是否需要在当期报送，由各省级国家税务局确定。

2. 模拟业务

【例3-7】 M市新民股份有限公司为生产性增值税一般纳税人，增值税税率为17%，其纳税人识别号为330218104789666；营业地址：M市经济开发区光明路16号；法人代表李××；开户银行：中国建设银行M市分行开发区分理处；账号：330201584；主管税务机关：M市国家税务局直属分局；拥有在册职工1 000人。该企业主要从事机械产品的生产销售，按月缴纳增值税。包装物单独核算。2011年12月份发生下列经济业务：

（1）12月2日缴纳上月增值税16 540元。

(2) 12月3日由××工厂购入甲材料150吨，每吨2 100元，收到增值税专用发票，价款315 000元，税款53 550元，价税合计368 550元，材料已验收入库，货款由银行支付。

(3) 12月4日由××批发市场购入乙材料180吨，每吨3 500元，收到增值税专用发票，价款630 000元，税款107 100元，价税合计737 100元。已验收入库，货款用支票支付，另由银行支付运费（普通发票）25 500元。

(4) 12月4日用支票直接向农场收购用于生产加工的农产品一批，已验收入库。经税务机关批准的收购凭证上注明价款为120 000元、农业特产税6 000元。

(5) 12月8日从××百货商场收到委托代销的代销清单，销售A产品5台，每台价格为60 000元，增值税税率为17%，对方按价款的5%收取手续费。收到支票一张存入银行。

(6) 12月12日销售B产品6台，每台42 000元，货款252 000元，税款42 840元，同时随同产品一起售出包装物3个，不含税价为每个1 500元，货款4 500元，税款765元。款项300 105元已存入银行。

(7) 12月14日向小规模纳税人天阳公司售出10吨甲材料，开出29 250元的普通发票，取得支票存入银行。

(8) 12月18日将B产品2台转为本企业生产用，实际成本共计60 000元，税务机关认定的计税价格为80 000元，未开具发票。

(9) 12月18日将价值84 000元的外购的20吨甲材料及库存的20吨甲材料移送本企业修建产品仓库工程使用。

(10) 12月20日将B产品5台，价值150 000元（税务机关认定的计税价格200 000元），无偿捐赠给新疆化工厂，用以支援西部开发，开具增值税专用发票。

(11) 12月21日委托河北加工厂加工配件，材料上月发出，本月支付加工费3 000元和增值税510元，取得增值税专用发票。另支付运费860元，其中装卸费100元，用支票支付。

(12) 12月22日购入汽车一辆，取得增值税专用发票，价款150 000元，税款25 500元，价税合计175 500元，用支票付款。

(13) 12月24日生产加工一批新产品C产品450件，成本价380元/件（无同类产品市场价格），全部售给本企业职工，取得不含税销售额171 000元，未开发票。

(14) 12月25日销售使用过的摩托车4辆，原值20 000元，取得含税销售额25 440元，开具普通发票；销售使用过的机床2台，原值200 000元，取得含税销售额55 000元，开具普通发票。

(15) 12月27日机修车间对外提供加工服务，收取劳务费11 000元（含税），开具普通发票。

(16) 12月30日，企业上月销售的5台B产品发生销售退回，价款198 000元，应退增值税33 660元。企业开出红字增值税专用发票，并以银行存款支付退货款项。

（17）月末盘存发现上月购进的甲材料被盗15吨，金额31 500元（其中含分摊的运输费用4 650元，上月均认证并申报抵扣），经批准作为营业外支出处理。

3. 业务相关账务处理

（1）借：应交税费——未交增值税　16 540
　　　贷：银行存款　16 540

（2）借：原材料——甲材料　315 000
　　　　　应交税费——应交增值税（进项税额）　53 550
　　　贷：银行存款　368 550

（3）进项税额＝107 100＋25 500×7%＝108 885（元）

借：原材料——乙材料　653 715
　　应交税费——应交增值税（进项税额）　108 885
　　贷：银行存款　762 600

（4）进项税额＝（120 000＋6 000）×13%＝16 380（元）

借：原材料　109 620
　　应交税费——应交增值税（进项税额）　16 380
　　贷：银行存款　120 000
　　　　应交税费——代扣代缴农业特产税　6 000

（5）销项税额＝300 000×17%＝51 000（元）

借：银行存款　336 000
　　销售费用　15 000
　　贷：主营业务收入——A产品　300 000
　　　　应交税费——应交增值税（销项税额）　51 000

（6）销项税额＝（252 000＋4 500）×17%＝43 605（元）

借：银行存款　300 105
　　贷：主营业务收入——B产品　252 000
　　　　其他业务收入——周转材料　4 500
　　　　应交税费——应交增值税（销项税额）　43 605

（7）销项税额＝29 250÷（1＋17%）×17%＝4 250（元）

借：银行存款　29 250
　　贷：其他业务收入——甲材料　25 000
　　　　应交税费——应交增值税（销项税额）　4 250

（8）销项税额＝80 000×17%＝13 600（元）

借：生产成本 73 600

  贷：库存商品——B产品 60 000

   应交税费——应交增值税（销项税额） 13 600

（9）进项税额转出＝84 000×17%＝14 280（元）

借：在建工程 98 280

  贷：原材料——甲材料 84 000

   应交税费——应交增值税（进项税额转出） 14 280

（10）销项税额＝200 000×17%＝34 000（元）

借：营业外支出 184 000

  贷：库存商品——B产品 150 000

   应交税费——应交增值税（销项税额） 34 000

（11）进项税额＝3 000×17%＋760×7%＝563.20（元）

借：委托加工物资 3 806.80

 应交税费——应交增值税（进项税额） 563.20

  贷：银行存款 4 370

（12）借：固定资产 175 500

   贷：银行存款 175 500

（13）销项税额＝171 000×（1＋10%）×17%＝31 977（元）

借：应付职工薪酬 202 977

  贷：库存商品——B产品 171 000

   应交税费——应交增值税（销项税额） 31 977

（14）增值税应纳税额＝25 440/（1＋4%）×4%×50%＝489.23（元）

借：银行存款 80 440

  贷：固定资产清理 79 950.77

   应交税费——应交增值税 489.23

（15）销项税额＝11 000/（1＋17%）×17%＝1 598.29（元）

借：银行存款 11 000

  贷：主营业务收入 9 401.71

   应交税费——应交增值税（销项税额） 1 598.29

（16）借：银行存款 231 660

   贷：主营业务收入——B产品 198 000

　　　　应交税费——应交增值税（销项税额）　　　　　　　　　　33 660

　　（17）进项税额转出 =（31 500 - 4 650）×17% + 4 650/（1 - 7%）×7% = 4 564.50 + 350 = 4 914.50（元）

　　　　借：待处理财产损益——待处理流动资产损益　　　　　　36 414.50

　　　　　　贷：原材料——甲材料　　　　　　　　　　　　　　31 500

　　　　　　　　应交税费——应交增值税（进项税额转出）　　 4 914.50

　　　　借：营业外支出　　　　　　　　　　　　　　　　　　36 414.50

　　　　　　贷：待处理财产损益——待处理流动资产损益　　　　36 414.50

　　该企业本月增值税应纳税额计算如下：

　　销项税额 = 51 000 + 43 605 + 4 250 + 13 600 + 34 000 + 31 977 + 1 598.29 - 33 660

　　　　　　 = 146 370.29（元）

　　进项税额转出 = 14 280 + 4 914.50 = 19 194.50（元）

　　进项税额 = 53 550 + 108 885 + 16 380 + 510 + 53.20 = 179 378.20（元）

　　应纳税额 = 146 370.29 -（179 378.2 - 19 194.5）= - 13 813.41（元）

　　按简易征收办法应纳税额 = 489.23（元）

　　4. 填写增值税一般纳税人纳税申报表、附表（见表 3 - 1、表 3 - 2、表 3 - 3、表 3 - 4）及填表说明

表 3 - 1　增值税纳税申报表

（适用于增值税一般纳税人）

　　根据《中华人民共和国增值税暂行条例》第二十二条和第二十三条的规定制定本表。纳税人不论有无销售额，均应按主管税务机关核定的纳税期限按期填报本表，并于次月一日起十日内，向当地税务机关申报。

　　税款所属时间：自 2011 年 12 月 1 日至 2011 年 12 月　日　填表日期：2012 年 1 月 10 日　金额单位：元至角分

纳税人识别号	3 3 0 2 8 1 0 4 7 8 9 6 6 6		栏次	所属行业：			
纳税人名称	M 市新民股份有限公司（公章）	法定代表人姓名	李××	注册地址	M 市	营业地址	
开户银行及账号	建行 M 市分行 330201584	企业登记注册类型	有限责任公司	电话号码			
项目			栏次	一般货物及劳务		即征即退货物及劳务	
				本月数	本年累计	本月数	本年累计
销售额	（一）按适用税率征税货物及劳务销售额		1	861 001.71			
	其中：应税货物销售额		2	851 600			
	应税劳务销售额		3	9 401.71			
	纳税检查调整的销售额		4				
	（二）按简易征收办法征税货物销售额		5	24 461.54			
	其中：纳税检查调整的销售额		6				
	（三）免、抵、退办法出口货物销售额		7			—	—
	（四）免税货物及劳务销售额		8	55 000		—	—
	其中：免税货物销售额		9	55 000		—	—
	免税劳务销售额		10				

（续表）

项　目	栏次	一般货物及劳务		即征即退货物及劳务	
		本月数	本年累计	本月数	本年累计
税款计算 销项税额	11	146 370.29			
进项税额	12	179 378.20			
上期留抵税额	13				
进项税额转出	14	19 194.50			
免、抵、退货物应退税额	15				
按适用税率计算的纳税检查应补缴税额	16			—	
应抵扣税额合计	17 = 12 + 13 − 14 − 15 + 16	160 183.70		—	
实际抵扣税额	18（如 17<11，则为 17，否则为 11）	146 370.29			
按适用税率计算的应纳税额	19 = 11 − 18	0			
期末留抵税额	20 = 17 − 18	13 813.41			
按简易征收办法计算的应纳税额	21	978.46			
按简易征收办法计算的纳税检查应补缴税额	22			—	
应纳税额减征额	23	489.23			
应纳税额合计	24 = 19 + 21 − 23	489.23			
税款缴纳 期初未缴税额（多缴为负数）	25	16 540			
实收出口开具专用缴款书退税额	26			—	—
本期已缴税额	27 = 28 + 29 + 30 + 31	16 540			
①分次预缴税额	28				
②出口开具专用缴款书预缴税额	29			—	—
③本期缴纳上期应纳税额	30	16 540			
④本期缴纳欠缴税额	31				
期末未缴税额（多缴为负数）	32 = 24 + 25 + 26 − 27	489.23			
其中：欠缴税额（≥0）	33 = 25 + 26 − 27				
本期应补（退）税额	34 = 24 − 28 − 29	489.23			
即征即退实际退税额	35			—	
期初未缴查补税额	36				
本期入库查补税额	37				
期末未缴查补税额	38 = 16 + 22 + 36 − 37				

授权声明	如果你已委托代理人申报，请填写下列资料： 为代理一切税务事宜，现授权 　　　（地址） 为本纳税人的代理申报人， 任何与本申报表有关的往来文件，都可寄予此人。 授权人签字：	申报人声明	此纳税申报表是根据《中华人民共和国增值税暂行条例》的规定填报的，我相信它是真实的、可靠的、完整的。 声明人签字：

增值税纳税申报表填表说明：

上述申报表适用于增值税一般纳税人填报。增值税一般纳税人销售按简易办法缴纳增值税的货物，也使用本表。

1. 本表"税款所属时间"是指纳税人申报的增值税应纳税额的所属时间，应填写具体的起止年、月、日。

2. 本表"填表日期"是指纳税人填写本表的具体日期。

3. 本表"纳税人识别号"栏，填写税务机关为纳税人确定的识别号，即税务登记证号码。

4. 本表"所属行业"栏，按照国民经济行业分类与代码中的最细项（小类）进行填写（国民经济行业分类与代码附后），仅填写行业代码。

5. 本表"纳税人名称"栏，填写纳税人单位名称全称，不得填写简称。

6. 本表"法定代表人姓名"栏，填写纳税人法定代表人的姓名。

7. 本表"注册地址"栏，填写纳税人税务登记证所注明的详细地址。

8. 本表"营业地址"栏，填写纳税人营业地的详细地址。

9. 本表"开户银行及账号"栏，填写纳税人开户银行的名称和纳税人在该银行的结算账户号码。

10. 本表"企业登记注册类型"栏，按税务登记证填写。

11. 本表"电话号码"栏，填写纳税人注册地和经营地的电话号码。

12. 表中"一般货物及劳务"是指享受即征即退的货物及劳务以外的其他货物及劳务。

13. 表中"即征即退货物及劳务"是指纳税人按照税法规定享受即征即退税收优惠政策的货物及劳务。

14. 本表第1项"（一）按适用税率征税货物及劳务销售额"栏数据，填写纳税人本期按适用税率缴纳增值税的应税货物和应税劳务的销售额（销货退回的销售额用负数表示）。包括在财务上不作销售但按税法规定应缴纳增值税的视同销售货物和价外费用销售额，外贸企业作价销售进料加工复出口的货物，税务、财政、审计部门检查按适用税率计算调整的销售额。"一般货物及劳务"的"本月数"栏数据与"即征即退货物及劳务"的"本月数"栏数据之和，应等于《附表一》第7栏的"小计"中的"销售额"数。"本年累计"栏数据，应为年度内各月数之和。

15. 本表第2项"应税货物销售额"栏数据，填写纳税人本期按适用税率缴纳增值税的应税货物的销售额（销货退回的销售额用负数表示）。包括在财务上不作销售但按税法规定应缴纳增值税的视同销售货物和价外费用销售额，以及外贸企业作价销售进料加工复出口的货物。"一般货物及劳务"的"本月数"栏数据与"即征即退货物及劳务"的"本月数"栏数据之和，应等于《附表一》第5栏的"应税货物"中17%税率"销售额"与13%税率"销售额"的合计数。"本年累计"栏数据，应为年度内各月数之和。

16. 本表第3项"应税劳务销售额"栏数据，填写纳税人本期按适用税率缴纳增值税的应税劳务的销售额。"一般货物及劳务"的"本月数"栏数据与"即征即退货物及劳务"的"本月数"栏数据之和，应等于《附表一》第5栏的"应税劳务"中的"销售额"数。"本年累计"栏数据，应为年度内各月数之和。

17. 本表第4项"纳税检查调整的销售额"栏数据，填写纳税人本期因税务、财政、审计部门检查并按适用税率计算调整的应税货物和应税劳务的销售额。但享受即征即退税收优惠政策的货物及劳务经税务稽查发现偷税的，不得填入"即征即退货物及劳务"部分，而应将本部分销售额在"一般货物及劳务"栏中反映。"一般货物及劳务"的"本月数"栏数据与"即征即退货物及劳务"的"本月数"栏数据之和，应等于《附表一》第6栏的"小计"中的"销售额"数。"本年累计"栏数据，应为年度内各月数之和。

18. 本表第5项"按简易征收办法征税货物的销售额"栏数据，填写纳税人本期按简易征收办法征收增值税货物的销售额（销货退回的销售额用负数表示）。包括因税务、财政、审计部门检查并按简易征收办法计算调整的销售额。"一般货物及劳务"的"本月数"栏数据与"即征即退货物及劳务"的"本月数"栏数据之和，应等于《附表一》第14栏的"小计"中的"销售额"数。"本年累计"栏数据，应为年度内各月数之和。

19. 本表第6项"其中：纳税检查调整的销售额"栏数据，填写纳税人本期因税务、财政、审计部门检查并按简易征收办法计算调整的销售额。但享受即征即退税收优惠政策的货物及劳务经税务稽查发现偷税的，不得填入"即征即退货物及劳务"部分，而应将本部分销售额在"一般货物及劳务"栏中反映。"一般货物及劳务"的"本月数"栏数据与"即征即退货物及劳务"的"本月数"栏数据之和，应等于《附表一》第13栏的"小计"中的"销售额"数。"本年累计"栏数据，应为年度内各月数之和。

20. 本表第7项"免、抵、退办法出口货物销售额"栏数据，填写纳税人本期执行免、抵、退办法出口货物的销售额（销货退回的销售额用负数表示）。"本年累计"栏数据，应为年度内各月数之和。

21. 本表第8项"免税货物及劳务销售额"栏数据，填写纳税人本期按照税法规定直接免征增值税的货物及劳务的销售额及适用零税率的货物及劳务的销售额（销货退回的销售额用负数表示），但不包括适用免、抵、退办法出口的货物的销售额。"一般货物及劳务"的"本月数"栏数据，应等于《附表一》第18栏的"小计"中的"销售额"数。"本年累计"栏数据，应为年度内各月数之和。

22. 本表第9项"免税货物销售额"栏数据，填写纳税人本期按照税法规定直接免征增值税货物的销售额及适用零税率货物的销售额（销货退回的销售额用负数表示），但不包括适用免、抵、退办法出口货物的销售额。"一般货物及劳务"的"本月数"栏数据，应等于《附表一》第18栏的"免税货物"中的"销售额"数。"本年累计"栏数据，应为年度内各月数之和。

23. 本表第10项"免税劳务销售额"栏数据，填写纳税人本期按照税法规定直接免征增值税劳务的销售额及适用零税率劳务的销售额（销货退回的销售额用负数表示）。"一般货物及劳务"的"本月数"栏数据，应等于《附表一》第18栏的"免税货物"中的"销售额"数。"本年累计"栏数据，应为年度内各月数之和。

24. 本表第11项"销项税额"栏数据，填写纳税人本期按适用税率计征的销项税额。该数据应与"应交税费——应交增值税"明细科目贷方"销项税额"专栏本期发生数一致。"一般货物及劳务"的"本月数"栏数据与"即征即退货物及劳务"的"本月数"栏数据之和，应等于《附表一》第7栏的"小计"中的"销项税额"数。"本年累计"栏数据，应为年度内各月数之和。

25. 本表第12项"进项税额"栏数据，填写纳税人本期申报抵扣的进项税额。该数据应与"应交税费——应交增值税"明细科目借方"进项税额"专栏本期发生数一致。"一般货物及劳务"的"本月数"栏数据与"即征即退货物及劳务"的"本月数"栏数据之和，应等于《附表二》第12栏中的"税额"数。"本年累计"栏数据，应为年度内各月数之和。

26. 本表第13项"上期留抵税额"栏数据，为纳税人前一申报期的"期末留抵税额"减去抵减欠税额后的余额数，该数据应与"应交税费——应交增值税"明细科目借方月初余额一致。

27. 本表第14项"进项税额转出"栏数据，填写纳税人已经抵扣但按税法规定应作进项税转出的进项税额总数，但不包括销售折扣、折让，进货退出等应负数冲减当期进项税额的数额。该数据应与"应交税费——应交增值税"明细科目贷方"进项税额转出"专栏本期发生数一致。"一般货物及劳务"的"本月数"栏数据与"即征即退货物及劳务"的"本月数"栏数据之和，应等于《附表二》第13栏中的"税额"数。"本年累计"栏数据，应为年度内各月数之和。

28. 本表第15项"免、抵、退货物应退税额"栏数据，填写退税机关按照出口货物免、抵、退办法审批的应退税额。"本年累计"栏数据，应为年度内各月数之和。

29. 本表第16项"按适用税率计算的纳税检查应补缴税额"栏数据，填写纳税人本期因税务、财政、审计部门检查按适用税率计算的纳税检查应补缴税额。"本年累计"栏数据，应为年度内各月数之和。

30. 本表第17项"应抵扣税额合计"栏数据，填写纳税人本期应抵扣进项税额的合计数。

31. 本表第18项"实际抵扣税额"栏数据，填写纳税人本期实际抵扣的进项税额。"本年累计"栏数据，应为年度内各月数之和。

32. 本表第19项"按适用税率计算的应纳税额"栏数据，填写纳税人本期按适用税率计算并应缴纳的增值税额。

"本年累计"栏数据，应为年度内各月数之和。

33. 本表第20项"期末留抵税额"栏数据，为纳税人在本期销项税额中尚未抵扣完，留待下期继续抵扣的进项税额。该数据应与"应交税费——应交增值税"明细科目借方月末余额一致。

34. 本表第21项"按简易征收办法计算的应纳税额"栏数据，填写纳税人本期按简易征收办法计算并应缴纳的增值税额，但不包括按简易征收办法计算的纳税检查应补缴税款。"一般货物及劳务"的"本月数"栏数据与"即征即退货物及劳务"的"本月数"栏数据之和，应等于《附表一》第12栏的"小计"中的"应纳税额"数。"本年累计"栏数据，应为年度内各月数之和。

35. 本表第22项"按简易征收办法计算的纳税检查应补缴税额"栏数据，填写纳税人本期因税务、财政、审计部门检查并按简易征收办法计算的纳税检查应补缴税额。"一般货物及劳务"的"本月数"栏数据与"即征即退货物及劳务"的"本月数"栏数据之和，应等于《附表一》第13栏的"小计"中的"应纳税额"数。"本年累计"栏数据，应为年度内各月数之和。

36. 本表第23项"应纳税额减征额"栏数据，填写纳税人本期按照税法规定减征的增值税应纳税额。"本年累计"栏数据，应为年度内各月数之和。

37. 本表第24项"应纳税额合计"栏数据，填写纳税人本期应缴增值税的合计数。"本年累计"栏数据，应为年度内各月数之和。

38. 本表第25项"期初未缴税额（多缴为负数）"栏数据，为纳税人前一个申报期的"期末未缴税额（多缴为负数）"减去抵减欠税额后的余额数。

39. 本表第26项"实收出口开具专用缴款书退税额"栏数据，填写纳税人本期实际收到税务机关退回的，因开具《出口货物税收专用缴款书》而多缴的增值税款。该数据应根据"应交税费——未交增值税"明细科目贷方本期发生额中"收到税务机关退回的多缴增值税款"数据填列。"本年累计"栏数据，为年度内各月数之和。

40. 本表第27项"本期已缴税额"栏数据，是指纳税人本期实际缴纳的增值税额，但不包括本期入库的查补税款。"本年累计"栏数据，为年度内各月数之和。

41. 本表第28项"①分次预缴税额"栏数据，填写纳税人本期分次预缴的增值税额。

42. 本表第29项"②出口开具专用缴款书预缴税额"栏数据，填写纳税人本期销售出口货物而开具专用缴款书向主管税务机关预缴的增值税额。

43. 本表第30项"③本期缴纳上期应纳税额"栏数据，填写纳税人本期上缴上期应缴未缴增值税款，包括缴纳上期按简易征收办法计提的应缴未缴的增值税额。"本年累计"栏数据，为年度内各月数之和。

44. 本表第31项"④本期缴纳欠缴税额"栏数据，填写纳税人本期实际缴纳的增值税欠税额，但不包括缴纳入库的查补增值税额。"本年累计"栏数据，为年度内各月数之和。

45. 本表第32项"期末未交税额（多缴为负数）"栏数据，为纳税人本期期末应缴未缴的增值税额，但不包括纳税检查应缴未缴的税款。"本年累计"栏与"本月数"栏数据相同。

46. 本表第33项"其中：欠缴税额（≥0）"栏数据，为纳税人按照税法规定已形成欠税的数额。

47. 本表第34项"本期应补（退）税额"栏数据，为纳税人本期应纳税额中应补缴或应退回的数额。

48. 本表第35项"即征即退实际退税额"栏数据，填写纳税人本期因符合增值税即征即退优惠政策规定，而实际收到的税务机关返还的增值税额。"本年累计"栏数据，为年度内各月数之和。

49. 本表第36项"期初未缴查补税额"栏数据，为纳税人前一申报期的"期末未缴查补税额"。该数据与本表第25项"期初未缴税额（多缴为负数）"栏数据，应与"应交税费——未交增值税"明细科目期初余额一致。"本年累计"栏数据应填写纳税人上年度末的"期末未缴查补税额"数。

50. 本表第37项"本期入库查补税额"栏数据，填写纳税人本期因税务、财政、审计部门检查而实际入库的增值税款，包括：①按适用税率计算并实际缴纳的查补增值税款；②按简易征收办法计算并实际缴纳的查补增值税款。"本年累计"栏数据，为年度内各月数之和。

51. 本表第38项"期末未缴查补税额"栏数据，为纳税人纳税检查本期期末应缴未缴的增值税额。该数据与本表第32项"期末未缴税额（多缴为负数）"栏数据之和，应与"应交税费——未交增值税"明细科目期初余额一致。"本年累计"栏与"本月数"栏数据相同。

表3-2 增值税纳税申报表附列资料（表一）

（本期销售情况明细）

税款所属时间： 年 月

纳税人名称：（公章）　　　　填表日期： 年 月 日　　　金额单位：元（列至角分）

项目	栏次	应税货物						应税劳务			小计		
		17%税率			13%税率								
		份数	销售额	销项税	份数	销售额	销项税	份数	销售额	销项税	份数	销售额	销项税
一、按适用税率征收增值税货物及劳务的销售额和销项税额明细													
防伪税控系统开具的增值税专用发票	1	4	558 500	94 945							4	558 500	94 945

（续表）

项目	栏次	应税货物 17%税率			应税货物 13%税率			应税劳务			小计		
		份数	销售额	销项税	份数	销售额	销项税	份数	销售额	销项税	份数	销售额	销项税
非防伪税控系统开具的增值税专用发票	2												
开具普通发票	3	1	25 000	4 250				1	9 401.71	1 598.29	3	34 401.71	5 848.29
未开具发票	4	—	268 100	45 577							—	268 100	45 577
小计	5＝1＋2＋3＋4	—	851 600	144 772	—			—	9 401.71	1 598.29	—	861 001.71	146 370.29
纳税检查调整	6												
合计	7＝5＋6	—	851 600	144 772				—	9 401.71	1 598.29	—	861 001.71	146 370.29

二、简易征收办法征收增值税货物的销售额和应纳税额明细

项目	栏次	6%征收率			4%征收率			小计		
		份数	销售额	应纳税额	份数	销售额	应纳税额	份数	销售额	应纳税额
防伪税控系统开具的增值税专用发票	8									
非防伪税控系统开具的增值税专用发票	9									
开具普通发票	10				1	24 461.54	978.46	1	24 461.54	978.46
未开具发票	11				—			—		
小计	12＝8＋9＋10＋11				—	24 461.54	978.46		24 461.54	978.46
纳税检查调整	13									
合计	14＝12＋13				—	24 461.54	978.46		24 461.54	978.46

三、免征增值税货物及劳务销售额明细

项目	栏次	免税货物			免税劳务			小计		
		份数	销售额	税额	份数	销售额	税额	份数	销售额	税额
防伪税控系统开具的增值税专用发票	15									
开具普通发票	16	1	55 000					1	55 000	—
未开具发票	17									
合计	18＝15＋16＋17	—	55 000						55 000	

《增值税纳税申报表附列资料（表一）》填表说明：

1. 本表"税款所属时间"是指纳税人申报的增值税应纳税额的所属时间，应填写具体的起止年、月。

2. 本表"填表日期"指纳税人填写本表的具体日期。

3. 本表"纳税人名称"栏，应加盖纳税人单位公章。

4. 本表"一、按适用税率征收增值税货物及劳务的销售额和销项税额明细"和"二、简易征收办法征收增值税货物的销售额和应纳税额明细"部分中的"防伪税控系统开具的增值税专用发票""非防伪税控系统开具的增值税专用发票""开具普通发票""未开具发票"各栏数据均应包括销售退回或折让、视同销售货物、价外费用的销售额和销项税额，但不包括免税货物及劳务的销售额，适用零税率货物及劳务的销售额和出口执行免、抵、退办法的销售额以及税务、财政、审计部门检查并调整的销售额、销项税额或应纳税额。

5. 本表"一、按适用税率征收增值税货物及劳务的销售额和销项税额明细"和"二、简易征收办法征收增值税货物的销售额和应纳税额明细"部分中的"纳税检查调整"栏数据应填写纳税人本期因税务、财政、审计部门检查计算调整的应税货物、应税劳务的销售额、销项税额或应纳税额。

6. 本表"三、免征增值税货物及劳务销售额明细"部分中的"防伪税控系统开具的增值税专用发票"栏数据，填写本期因销售免税货物而使用防伪税控系统开具的增值税专用发票的份数、销售额和税额，包括国有粮食收储企业销售的免税粮食、政府储备食用植物油等。

表 3－3　增值税纳税申报表附列资料（表二）

（本期进项税额明细）

税款所属时间：　　　年　　月

纳税人名称：（公章）　　　　填表日期：　　　年　　月　　日　　　金额单位：元（列至角分）

一、申报抵扣的进项税额				
项　　目	栏次	份数	金额	税额
（一）认证相符的防伪税控增值税专用发票	1	3	948 000	161 160
其中：本期认证相符且本期申报抵扣	2	3	948 000	161 160
前期认证相符且本期申报抵扣	3			
（二）非防伪税控增值税专用发票及其他扣税凭证	4	3	152 260	18 218.20
其中：17%税率	5			
13%税率或扣除率	6	1	126 000	16 380
10%扣除率	7			
7%扣除率	8	2	26 260	1 838.20
6%征收率	9			
4%征收率	10			
（三）期初已征税款	11	—	—	
当期申报抵扣进项税额合计	12	6	1 100 260	179 378.20
二、进项税额转出额				
项　　目	栏次		税额	
本期进项税转出额	13		19 194.50	
其中：免税货物用	14			
非应税项目用	15		14 280	
非正常损失	16		4 914.5	
按简易征收办法征税货物用	17			
项目	栏次		税额	
免抵退税办法出口货物不得抵扣进项税额	18			
纳税检查调减进项税额	19			
未经认证已抵扣的进项税额	20			
红字专用发票通知单注明的进项税额	21			
三、待抵扣进项税额				
项　　目	栏次	份数	金额	税额
（一）认证相符的防伪税控增值税专用发票	22	—	—	—
期初已认证相符但未申报抵扣	23			
本期已认证相符且本期未申报抵扣	24			

（续表）

项　目	栏次	份数	金额	税额
期末已认证相符但未申报抵扣	25			
其中：按照税法规定不允许抵扣	26			
（二）非防伪税控增值税专用发票及其他扣税凭证	27			
其中：17% 税率	28			
13% 税率及扣除率	29			
10% 扣除率	30			
7% 扣除率	31			
6% 征收率	32			
4% 征收率	33			
其他	34			
四、其他				
项目	栏次	份数	金额	税额
本期认证相符的全部防伪税控增值税专用发票	35	3	948 000	161 160
期初已征税款挂账额	36	—	—	
期初已征税款余额	37	—	—	
代扣代缴税额	38	—	—	

注：第 1 栏 = 第 2 栏 + 第 3 栏 = 第 23 栏 + 第 35 栏 – 第 25 栏；第 2 栏 = 第 35 栏 – 第 24 栏；第 3 栏 = 第 23 栏 + 第 24 栏 – 第 25 栏；第 4 栏等于第 5 栏至第 10 栏之和；第 12 栏 = 第 1 栏 + 第 4 栏 + 第 11 栏；第 13 栏等于第 14 栏至第 21 栏之和；第 27 栏等于第 28 栏至第 34 栏之和。

《增值税纳税申报表附列资料（表二）》填表说明：

1. 本表"税款所属时间"是指纳税人申报的增值税应纳税额的所属时间。应填写具体的起止年、月。
2. 本表"填表日期"指纳税人填写本表的具体日期。
3. 本表"纳税人名称"栏，应加盖纳税人单位公章。
4. 本表"一、申报抵扣的进项税额"部分各栏数据，分别填写纳税人按税法规定符合抵扣条件，在本期申报抵扣的进项税额情况。

（1）第 1 栏"（一）认证相符的防伪税控增值税专用发票"，填写本期申报抵扣的认证相符的防伪税控增值税专用发票情况，包括认证相符的红字防伪税控增值税专用发票，应等于第 2 栏"本期认证相符且本期申报抵扣"与第 3 栏"前期认证相符且本期申报抵扣"数据之和。

（2）第 2 栏"本期认证相符且本期申报抵扣"，填写本期认证相符本期申报抵扣的防伪税控增值税专用发票情况，应与第 35 栏"本期认证相符的全部防伪税控增值税专用发票"减第 24 栏"本期已认证相符且本期未申报抵扣"后的数据相等。

（3）第 3 栏"前期认证相符且本期申报抵扣"，填写前期认证相符且本期申报抵扣的防伪税控增值税专用发票情况，应与第 23 栏"期初已认证相符但未申报抵扣"加第 24 栏"本期已认证相符且本期未申报抵扣"减第 25 栏"期末已认证相符但未申报抵扣"后的数据相等。

（4）第 4 栏"非防伪税控增值税专用发票及其他扣税凭证"，填写本期申报抵扣的非防伪税控增值税专用发票及其他扣税凭证情况，应等于第 5 栏至第 10 栏之和。

（5）第 11 栏"期初已征税款"，填写按规定比例在本期申报抵扣的初期存货挂账税额。

（6）第 12 栏"当期申报抵扣进项税额合计"应等于第 1 栏、第 4 栏、第 11 栏之和。

5. 本表"二、进项税额转出额"部分填写纳税人已经抵扣但按税法规定应作进项税额转出的明细情况，但不包括销售折扣、折让，进货退出等应负数冲减当期进项税额的情况。

第 13 栏"本期进项税转出额"应等于第 14 栏至第 21 栏之和。

6. 本表"三、待抵扣进项税额"部分各栏数据，分别填写纳税人已经取得，但按税法规定不符合抵扣条件，暂不予在本期申报抵扣的进项税额情况，及按照税法规定不允许抵扣的进项税额情况。

（1）第 23 栏"期初已认证相符但未申报抵扣"，填写以前期认证相符但按照税法规定，暂不予抵扣，结存至本期的防伪税控增值税专用发票，应与上期"期末已认证相符但未申报抵扣"栏数据相等。

（2）第24栏"本期已认证相符且本期未申报抵扣"，填写本期认证相符，但因按照税法规定暂不予抵扣及按照税法规定不允许抵扣，而未申报抵扣的防伪税控增值税专用发票。包括商业企业购进货物未付款、工业企业购进货物未入库、购进固定资产、外贸企业购进供出口的货物、因退货将抵扣联退还销货方等。

（3）第25栏"期末已认证相符但未申报抵扣"，填写截至本期期末，按照税法规定仍暂不予抵扣及按照税法规定不允许抵扣且已认证相符的防伪税控增值税专用发票情况。

（4）第26栏"其中：按照税法规定不允许抵扣"，填写期末已认证相符但未申报抵扣的防伪税控增值税专用发票中，按照税法规定不允许抵扣，而只能作为出口退税凭证或应列入成本、资产等项目的防伪税控增值税专用发票。包括外贸出口企业用于出口而采购货物的防伪税控增值税专用发票、纳税人购买固定资产的防伪税控增值税专用发票、因退货将抵扣联退还销货方的防伪税控增值税专用发票等。

7. 本表"四、其他"栏中"本期认证相符的全部防伪税控增值税专用发票"项指标，应与防伪税控认证子系统中的本期全部认证相符的防伪税控增值税专用发票数据相同。"代扣代缴税额"项指标，填写纳税人根据《中华人民共和国增值税暂行条例实施细则》第三十四条的规定扣缴的增值税额。

表3－4　固定资产进项税额抵扣情况表

纳税人识别号：　　　　　　　　　　　　　　　纳税人名称（公章）：

填表日期：　　年　月　日　　　　　　　　　　金额单位：元（列至角分）

项　　目	当期申报抵扣的固定资产进项税额	当期申报抵扣的固定资产进项税额累计
增值税专用发票		
海关进口增值税专用缴款书		
合　　计		

注：本表一式二份，一份纳税人留存，一份主管税务机关留存

5. 重点披露信息

由于增值税核算指标较多，账务处理复杂，增值税结果无论对企业的财务状况还是经营成果都有重要影响，属于重要性信息，应当在资产负债表和利润表中重点披露。应该重点披露以下信息：

（1）在资产负债表中应分别列示应交未交增值税和待抵扣进项税额的信息。由于待抵扣进项税额是企业资金的占用，在未抵扣前应作为一项资产负债表中单独列示；应交未交增值税则反映月末转出的本月应交增值税负债，应与待抵扣进项税额分开列示。

（2）在利润表中应反映增值税费用信息。即将不能抵扣的已直接或间接计入产品销售成本的进项税额，在利润表中单独作为一项增值税费用列示，尤其是应详细列示未按规定取得或保管增值税专用发票、销售方开具的增值税专用发票不符合有关要求的情况，以真实反映企业的正常获利能力。

（3）在应交增值税明细表中应全面反映当期各种销项税额、当期抵扣的各种进项税额、上期留抵的进项税额、出口退税额、上期未交税额、当期已交税额、期末未交税额或留待下期抵扣等信息。

（4）在有关会计报表附注中还应披露按税法规定不能抵扣而计入固定资产或其他项目成本的进项税额、当期由于会计确认与税法确认的时间不同而暂时未抵扣的进项税额、当期

由于会计收入与税法收入的口径不同而确认的销项税额等重要信息。

3.3.3 小规模纳税人的纳税申报

增值税小规模纳税人按简易征税管理办法计算纳税，申报表格式具体如表3-5所示。

1. 模拟业务

【例3-8】 M市××公司2012年1~6月累计销售收入60 000元，7月份发生如下业务：

（1）销售应税货物10 000元、销售免税货物5 000元。

（2）销售固定资产4 000元（按3%减半征收）。

2. 填列增值税小规模纳税人纳税申报表（见表3-5）

表3-5 增值税纳税申报表（适用小规模纳税人）

纳税人识别号： 3 3 0 2 1 2 2 0 1 2 3 4 5 6 7 □ □ □ □ □

纳税人名称（公章）：　　　　　　　　　　　　　　　　　金额单位：元（列至角分）

税款所属期：2012年7月1日至2012年7月31日　　　　填表日期：2012年8月5日

	项　目	栏次	本期数	本年累计
一、计税依据	应征增值税货物及劳务不含税销售额	1	10 000	70 000
	其中：税务机关代开的增值税专用发票不含税销售额	2		
	税控器具开具的普通发票不含税销售额	3		
	销售使用过的应税固定资产不含税销售额	4	4 000	4 000
	其中：税控器具开具的普通发票不含税销售额	5	5 000	5 000
	（三）免税货物及劳务销售额	6		
	其中：税控器具开具的普通发票销售额	7		
	（四）出口免税货物销售额	8		
	其中：税控器具开具的普通发票销售额	9		
二、税款计算	本期应纳税额	10	420	2 220
	本期应纳税额减征额	11	60	60
	应纳税额合计	12 = 10 - 11	360	2 160
	本期预缴税额	13	0	—
	本期应补（退）税额	14 = 12 - 13	360	—

纳税人或代理人声明：此纳税申报表是根据国家税收法律的规定填报的，我确定它是真实的、可靠的、完整的。	如纳税人填报，由纳税人填写以下各栏：	
	办税人员（签章）：	财务负责人（签章）：
	法定代表人（签章）：	联系电话：
	如委托代理人填报，由代理人填写以下各栏：	
	代理人名称：　　　　经办人（签章）：	联系电话：
	代理人（公章）：	

受理人：　　　　　　受理日期：　　年　月　日　　　　受理税务机关（签章）：

本表为A3竖式，一式三份，一份纳税人留存，一份主管税务机关留存、一份征收部门留存。

3.4 增值税的会计核算

3.4..1 账户设置

一般纳税企业应交的增值税，在"应交税费"账户下设置"应交增值税"和"未交增值税"两个明细账户进行核算。

"应交增值税"明细账户的借方发生额，反映企业购进货物或接受应税劳务支付的进项税额、实际已交纳的增值税额和月终转出的当月应交未交的增值税额；贷方发生额，反映企业销售货物或提供应税劳务收取的销项税额、出口企业收到的出口退税以及进项税额转出数和转出多交增值税；期末借方余额，反映企业尚未抵扣的增值税。

"未交增值税"明细账户的借方发生额，反映企业月终转入的多交的增值税；贷方发生额，反映企业月终转入的当月发生的应交未交增值税；期末借方余额反映多交的增值税，贷方余额反映未交的增值税。

为了详细核算企业应纳增值税的计算和解缴、抵扣等情况，企业应在"应交增值税"明细账户下设置"进项税额""已交税金""减免税款""出口抵减内销产品应纳税额""转出未交增值税""销项税额""出口退税""进项税额转出""转出多交增值税"等专栏。

小规模纳税企业，其应纳增值税额，也要通过"应交税费——应交增值税"明细账户核算，只是小规模纳税人不得抵扣进项税额，不需要在"应交税费——应交增值税"账户的借、贷方设置若干专栏。小规模纳税人"应交税费——应交增值税"账户的借方发生额，反映已交的增值税额，贷方发生额，反映应交的增值税额；期末借方余额，反映多交的增值税额；期末贷方余额，反映尚未交纳的增值税额。

3.4.2 进项税额的核算

1. 不得抵扣进项税额的核算

根据规定，增值税一般纳税人未按规定取得并保存增值税扣税凭证，以及购进货物用于非应税项目、免税项目、集体福利或个人消费、非正常损失的进项税额等不得从销项税额中抵扣。因此，对发生上述事项的外购业务，纳税人所支付的增值税额不能在"应交税费——应交增值税（进项税额）"专栏中核算，而是将支付的增值税额计入外购货物或应税劳务的成本之中。即发生上述外购业务时，按所应支付的价款借记"原材料""固定资产"等账户，贷记"银行存款"等账户增加内容。

2. 购进免税农产品的核算

企业购进免税农产品，按购入农产品的买价和规定的扣除率计算的进项税额，借记"应交税费——应交增值税（进项税额）"账户；按买价扣除进项税额后的数额，借记"原材料"等账户，按应付或实际支付的价款，贷记"银行存款""应付账款"等账户。

【例 3-9】 某公司 3 月份购进免税农产品一批，买价为 80 000 元，产品已验收入库，价款尚未支付。则会计处理如下：

购进免税农产品的进项税额 = 80 000 × 13% = 10 400（元）

借：原材料	69 600
应交税费——应交增值税（进项税额）	10 400
贷：应付账款	80 000

3. 接受投资、捐赠转入货物的核算

企业接受投资或捐赠转入的货物，按照专用发票上注明的增值税额，借记"应交税费——应交增值税（进项税额）"账户，按照双方确认的货物价值扣除增值税后的数额，借记"原材料"等账户，按照双方确认的货物价值总额，贷记"实收资本"或"营业外收入"等账户。

【例 3-10】 某公司 5 月份接受某外商投资企业捐赠的材料一批，增值税专用发票上注明价款 50 000 元，增值税额 8 500 元。则会计处理如下：

借：原材料	50 000
应交税费——应交增值税（进项税额）	8 500
贷：营业外收入	58 500

4. 接受应税劳务的核算

企业接受加工、修理修配劳务，按照增值税专用发票上注明的增值税额，借记"应交税费——应交增值税（进项税额）"账户，按照增值税专用发票上注明的加工、修理修配费用，借记"委托加工物资""其他业务成本""制造费用""管理费用"等账户，按应付或实际支付的金额，贷记"银行存款""应付账款"等账户。

【例 3-11】 某公司 4 月份发出材料 40 000 元，委托市机械制造厂加工工具、模具一批，同月收回加工完毕的工具、模具，取得对方开具的增值税专用发票，注明加工费用 15 000 元，增值税额 2 550 元，款项已支付。则会计处理如下：

（1）4 月份发出材料时：

借：委托加工物资	40 000
贷：原材料	40 000

（2）支付加工费及增值税时：

借：委托加工物资　　　　　　　　　　　　　　　　　　　　　　　　　15 000

　　应交税费——应交增值税（进项税额）　　　　　　　　　　　　　　2 550

　　贷：银行存款　　　　　　　　　　　　　　　　　　　　　　　　　17 550

（3）加工完毕，收回工具、模具时：

借：低值易耗品　　　　　　　　　　　　　　　　　　　　　　　　　　55 000

　　贷：委托加工物资　　　　　　　　　　　　　　　　　　　　　　　55 000

5. 运输费用进项税额的核算

企业支付运输费用，取得运费发票，根据运费金额和规定的扣除率计算的进项税额，借记"应交税费——应交增值税（进项税额）"账户，运费金额扣除进项税额后的数额计入购进货物的成本或相关费用，借记"原材料""营业费用"等账户，按应付或实际支付的运费金额，贷记"应付账款""银行存款"等账户。

【例3-12】　××公司6月份购进原材料一批，专用发票上注明价款60 000元，增值税额10 200元，另支付运费、装卸费、保险费等共计1 200元，其中运费1 000元，材料已验收入库，货款未付。则会计处理如下：

运费允许抵扣的进项税额=1 000×7%=70（元）

借：原材料　　　　　　　　　　　　　　　　　　　　　　　　　　　　61 130

　　应交税费——应交增值税（进项税额）　　　　　　　　　　　　　10 270

　　贷：应付账款　　　　　　　　　　　　　　　　　　　　　　　　　70 200

　　　　银行存款　　　　　　　　　　　　　　　　　　　　　　　　　1 200

6. 进口货物的核算

企业进口货物，按照海关提供的完税凭证上注明的增值税额，借记"应交税费——应交增值税（进项税额）"账户，按照进口货物应计入采购成本的金额，借记"原材料""物资采购"等账户，按应付或实际支付的金额，贷记"应付账款""银行存款"等账户。

【例3-13】　××公司7月份进口材料一批，海关核定的到岸价格为1 000 000元，应缴纳进口关税300 000元，材料已验收入库，货款和税款均以银行存款支付。则会计处理如下：

应纳增值税额=（1 000 000+300 000）×17%=221 000（元）

借：原材料　　　　　　　　　　　　　　　　　　　　　　　　　　　1 300 000

　　应交税费——应交增值税（进项税额）　　　　　　　　　　　　　221 000

　　贷：银行存款　　　　　　　　　　　　　　　　　　　　　　　　1 521 000

外购货物在购进过程中发生非正常损失的，其进项税额不得抵扣。应将损失货物的价值连同相应的进项税额一并转入"待处理财产损益"账户。

【例3-14】　××公司9月份购进包装物2 000个，每个不含税单价为5元，10月份实际验收入库 1 500 个，该包装物的定额损耗率为 10%，包装物已验收入库，已取得增值税专用发票并货款已付。则会计处理如下：

全部进项税额 = 2 000 × 5 × 17% = 1 700（元）

超定额损耗的部分属于非正常损失，其进项税额不得抵扣。

不得抵扣的进项税额 =（2 000 - 1 500 - 2 000 × 10%）× 5 × 17% = 255（元）

借：待处理财产损益——待处理流动资产损益   1 755
　　原材料   8 500
　　应交税费——应交增值税（进项税额）   1 445
　　贷：银行存款   11 700

7. 购进货物转变用途的核算

企业外购的货物在购入时目的是为了生产产品，则企业支付的增值税必然已计入"进项税额"。在生产过程中，如果企业将外购货物改变用途，用于其他方面，则应于结转成本的同时将相应的增值税额从"进项税额"中转出。

（1）用于非应税项目、免税项目、集体福利或个人消费的购进货物或应税劳务。企业将购进的货物转变用途，借记"在建工程""应付福利费"等账户，按领用货物的成本贷记"原材料"账户，按应转出的增值税额贷记"应交税金——应交增值税（进项税额转出）"账户。

【例 3 - 15】　××公司 8 月份在建工程领用材料一批，材料实际成本为 20 000 元。则会计处理如下：

借：在建工程   23 400
　　贷：原材料   20 000
　　　　应交税费——应交增值税（进项税额转出）   3 400

（2）**非正常损失的购进货物，非正常损失的在产品、库存商品所耗用的购进货物或应税劳务，其进项税额不得抵扣。**

【例 3 - 16】　××公司 9 月份由于保管不善发生仓库被盗，经清查发现丢失免税农产品 9 000 元，库存商品 80 000 元，已知公司当期总生产成本为 420 000 元，其中耗用外购材料、低值易耗品等总计 300 000 元。

分析：

损失免税农产品应转出进项税额 = 9 000 ÷（1 - 13%）× 13% = 1 344.83（元）

损失库存商品所耗用外购货物的购进额 = 80 000 ×（300 000 ÷ 420 000）= 57 143（元）

应转出进项税额 = 57 143 × 17% = 9 714（元）

会计分录为：

借：待处理财产损益——待处理流动资产　　　　　　　　　　　　　100 058.83

　　贷：库存商品　　　　　　　　　　　　　　　　　　　　　　　　　80 000

　　　　原材料　　　　　　　　　　　　　　　　　　　　　　　　　　9 000

　　　　应交税费——应交增值税（进项税额转出）　　　　　　　　　　11 058.83

3.4.3　销项税额的核算

1. 一般销售业务的核算

企业销售货物或提供应税劳务，按照实现的销售收入和按规定收取的增值税额，借记"应收账款""应收票据""银行存款"等账户，按照实现的销售收入，贷记"主营业务收入""其他业务收入"等账户，按照规定收取的增值税额，贷记"应交税费——应交增值税（销项税额）"账户。

【例3-17】　××公司3月份销售自产A产品一批，开具的增值税专用发票上注明价款670 000元，增值税额113 900元，另支付运费3 000元。货物已经发出，货款以银行存款收讫。则会计处理如下：

（1）销售货物确认收入时：

借：银行存款　　　　　　　　　　　　　　　　　　　　　　　　783 900

　　贷：主营业务收入　　　　　　　　　　　　　　　　　　　　　670 000

　　　　应交税费——应交增值税（销项税额）　　　　　　　　　　113 900

（2）支付运费时：

借：销售费用　　　　　　　　　　　　　　　　　　　　　　　　　2 790

　　应交税费——应交增值税（进项税额）　　　　　　　　　　　　　210

　　贷：银行存款　　　　　　　　　　　　　　　　　　　　　　　3 000

2. 预收货款方式销售货物的核算

纳税人采取预收货款方式销售货物，纳税义务发生时间为货物发出的当天。因此，纳税人在收到预收款项时，借记"银行存款"账户，贷记"预收账款"账户；在发出产品时，确认收入和补收货款，借记"预收账款""银行存款"等账户，贷记"主营业务收入""应交税费——应交增值税（销项税额）"账户；同时结转成本。

【例3-18】　××公司以预收账款方式销售C产品一批，8月份收到预收货款90 000元；12月5日发出C产品，实际成本85 000元，不含税售价100 000元，增值税额17 000元，当日收到对方补付的货款。则会计处理如下：

（1）8月收到预收货款时：

借：银行存款　　　　　　　　　　　　　　　　　　　　　　90 000

　　贷：预收账款　　　　　　　　　　　　　　　　　　　　　90 000

（2）12月5日发出产品，补收货款时：

借：预收账款　　　　　　　　　　　　　　　　　　　　　　90 000

　　银行存款　　　　　　　　　　　　　　　　　　　　　　27 000

　　贷：主营业务收入　　　　　　　　　　　　　　　　　　100 000

　　　　应交税费——应交增值税（销项税额）　　　　　　　17 000

（3）结转成本时：

借：主营业务成本　　　　　　　　　　　　　　　　　　　　85 000

　　贷：库存商品　　　　　　　　　　　　　　　　　　　　85 000

3. 视同销售行为的核算

（1）委托代销货物的核算。纳税人将货物交付他人代销，是指以支付手续费等经济利益为条件；而将自己的货物交付他人代为销售的行为。将货物交付他人代销，其纳税义务发生时间为收到代销清单的当天。

【例3-19】　甲公司5月初发出A产品500件，实际成本为500元/件，委托某商场代销。代销合同规定，A产品不含税售价为650元/件，每件产品支付代销费用30元，月末该商场将A产品全部销售，并转来代销清单和手续费结算发票。则甲公司会计处理如下：

（1）5月初发出代销商品时：

借：委托代销商品　　　　　　　　　　　　　　　　　　　250 000

　　贷：库存商品　　　　　　　　　　　　　　　　　　　250 000

（2）收到该商场转来的代销清单，确认收入时：

借：应收账款　　　　　　　　　　　　　　　　　　　　　380 250

　　贷：主营业务收入　　　　　　　　　　　　　　　　　325 000

　　　　应交税费——应交增值税（销项税额）　　　　　　　55 250

借：主营业务成本　　　　　　　　　　　　　　　　　　　250 000

　　贷：委托代销商品　　　　　　　　　　　　　　　　　250 000

（3）支付手续费时：

借：销售费用　　　　　　　　　　　　　　　　　　　　　15 000

　　贷：应收账款　　　　　　　　　　　　　　　　　　　15 000

（2）用于非应税项目或集体福利、个人消费货物的核算。纳税人将自产或委托加工的货物用于非应税项目或集体福利、个人消费，除了用于发放职工实物工资外，会计制度规定一律不反映应税货物的销售收入和销售成本。

【例3-20】 某公司11月份领用B产品一批，用于本公司的厂房建设，该批产品实际成本15 000元，不含税售价23 000元。则公司会计处理如下：

B产品销项税额=23 000×17%=3 910（元）

借：在建工程   18 910

　　贷：库存商品——B产品   15 000

　　　　应交税费——应交增值税（销项税额）   3 910

【例3-21】 某电器有限公司，将一批账面成本为100 000元，含税售价为175 500元的家用电器作为实物工资向职工发放。该业务应如何进行账务处理？

分析：

销项税额=175 500÷（1+17%）=25 500（元）

借：应付职工薪酬   175 500

　　贷：主营业务收入   150 000

　　　　应交税费——应交增值税（销项税额）   25 500

借：主营业务成本   100 000

　　贷：库存商品   100 000

（3）用于对外投资、无偿赠送他人的核算。纳税人将自产、委托加工或购买的货物作为投资，提供给其他单位或个体经营者，以及无偿赠送他人的，应视同销售计算销项税额。

【例3-22】 某公司12月份特制D产品一批，作为礼物赠送给自己的长期客户。该批产品无同类产品的销售价格，已知该批产品实际成本8 000元，成本利润率为10%。则会计处理如下：

组成计税价格=8 000×（1+10%）=8 800（元）

增值税销项税额=8 800×17%=1 496（元）

借：营业外支出   9 496

　　贷：库存商品   8 000

　　　　应交税费——应交增值税（销项税额）   1 496

4. 特殊销售行为的核算

（1）应税货物用于非货币性交易时的核算。《企业会计准则第7号——非货币性资产交换》规定，认定涉及少量货币性资产的交换为非货币性资产交换，通常以补价占整个资产交换金额的比例是否低于25%作为判断依据，否则视为货币性资产交换。

【例3-23】 某公司12月份以自产C产品换取原材料一批，原材料已验收入库，取得的专用发票上注明价款76 000元，增值税额12 920元，发出C产品不含税价款65 000元，增值税额 11 050 元，另支付差价款 12 870 元。则会计处理如下：

借：原材料 76 000

应交税费——应交增值税（进项税额） 12 920

贷：主营业务收入 65 000

应交税费——应交增值税（销项税额） 11 050

银行存款 12 870

（2）折扣方式销售货物的核算。销售折扣是指企业在赊销或商业信用情况下，为推销产（商）品或及时收回货款，由销货方给予购货方的让利优惠。主要表现为商业折扣和现金折扣两种形式。

商业折扣是指企业可以从货品价目单上规定的价格中扣除一定的数额，即销货方视客户购买数量之多少而给予对方的价格优惠。根据有关规定，如果销售额和折扣额在同一张发票上分别注明的，可按折扣后的余额作为销售额计算增值税。如果将折扣额另开发票，不论其在财务上如何处理，均不得从销售额中扣减折扣额。即商业折扣在交易发生时已经确定，购销双方均不反映折扣额，双方均按扣减折扣额后的余额计价入账。会计处理同一般销售业务。

现金折扣是指债权人为鼓励债务人在规定的期限内付款，而向债务人提供的债务扣除。一般用符号"折扣/付款期限"表示。它是在商品销售后发生，企业在确认销售收入时不能确认相关的现金折扣。我国按总价法计价。

【例 3-24】　某公司 9 月份销售 A 产品 800 件，价目表中标明不含税售价为 650 元/件，因购买数量较大给予 10%的商业折扣，折扣额与销售额在同一张发票上注明，货款尚未收到。则会计处理如下：

借：应收账款 547 560

贷：主营业务收入 468 000

应交税费——应交增值税（销项税额） 79 560

【例 3-25】　依上例，规定现金折扣条件为 2/10、N/30，其他不变。

（1）10 日内收到货款时：

借：银行存款 536 608.8

财务费用 10 951.2

贷：应收账款 547 560

（2）10 日后收到货款时，则：

借：银行存款 547 560

贷：应收账款 547 560

（3）销货退回与折让的核算。根据有关规定，纳税人发生销货退回时，不论是属于本年度还是以前年度销售的，都应冲减本期的销售收入。发生的销售折让，也作为主营业务收入的抵减项目处理。即企业在销售实现时，按销售金额确认收入和计算销项税额，在发生销售折让时，红字冲减销售收入和销项税额。即借记"主营业务收入"（或贷记红字登记）账户，"应交税费——应交增值税（销项税额）"（或贷方红字登记）账户，同时贷记"银行存款""应收账款"（或借记红字登记）等账户。

【例3-26】 由于产品质量问题，××公司同意给予对方20%的销售折让。

（1）在对方未付款并且未作账务处理时，对方单位应将该发票联和税款抵扣联主动退还销货方。销货方收回后重开专用发票，同时会计处理如下：

借：主营业务收入	93 600
应交税费——应交增值税（销项税额）	15 912
贷：应收账款	109 512

（2）在对方单位已付款（或未付款但已作账务处理）时，因发票联和税款抵扣联无法退还，××公司在收到证明单后，依据折让金额开具红字发票，同时会计处理如下：

借：主营业务收入	93 600
应交税费——应交增值税（销项税额）	15 912
贷：银行存款	109 512

（4）"以旧换新"方式销售货物的核算。一般纳税人采取以旧换新方式销售应税货物的，除了金银首饰可以按实际收取的不含税价款作为计税销售额外，其他的以旧换新销售业务，必须以新货物的同期正常销售价格确定计税销售额，不得扣减旧货物的回收价。

【例3-27】 某商场采用以旧换新方式销售电冰箱，电冰箱零售价格为3 510元，同品牌的旧冰箱回收价为180元，顾客交付新旧电冰箱差价3 330元，可得到一台新冰箱。某月按此方式销售冰箱2台。

销售税额 = 3 510 ÷ （1 + 17%） × 17% × 2 = 1 020 （元）

借：银行存款	6 660
原材料	360
贷：主营业务收入	6 000
应交税费 ——应交增值税（销项税额）	1 020

3.4.4 未交增值税和已交增值税的核算

月份终了，企业应将当月发生的应交未交增值税额自"应交税费——应交增值税"科目转入"未交增值税"明细科目，借记"应交税费——应交增值税（转出未交增值税）"科目，贷记"应交税费——未交增值税"科目。将本月多交的增值税自"应交税费——应交增值税"科目转入"未交增值税"明细科目，借记"应交税费——未交增值税"科目，贷记"应交税费——应交增值税（转出多交增值税）"科目。

企业应区别上交上月或以前月份应交未交增值税与上交当月应交增值税，进行不同的处理。当月上交本月增值税时，应借记"应交税费——应交增值税（已交税金）"科目，贷记"银行存款"科目。当月上交上月或以前月份应交未交的增值税，借记"应交税费——未交增值税"科目，贷记"银行存款"科目。

【例3-28】 某企业5月10日上交4月份未交增值税85 400元；月底上交当月应交增值税15 000元，本月尚有76 000元应交增值税未交。

（1）上交上月未交增值税时：

借：应交税费——未交增值税   85 400

    贷：银行存款   85 400

（2）上交当月应交增值税时：

借：应交税费——应交增值税（已交税金）   15 000

    贷：银行存款   15 000

（3）将当月应交未交增值税转账时：

借：应交税费——应交增值税（转出未交增值税）   76 000

    贷：应交税费——未交增值税   76 000

◎ 本章小结

增值税是以商品（含应税劳务）在流转过程中产生的增值额作为计税依据而征收的一种流转税。我国将增值税纳税人按生产经营规模大小和会计核算是否健全划分为一般纳税人和小规模纳税人。

在我国境内从事销售货物或者提供加工、修理修配劳务以及进口货物和提供应税服务的单位和个人，为增值税的纳税人，应当依法缴纳增值税。

混合销售行为，是指一项销售行为同时既涉及货物，又涉及非应税劳务的行为。非应税劳务，是指属于应缴营业税的劳务，如提供交通运输、建筑、金融保险、邮电通信、文化体育、娱乐以及服务等劳务，混合销售行为的特点是销售货物与提供非应税劳务是由同一纳税人实现的，价款是同时从一个购买方取得的。

兼营应税劳务与非应税劳务，又称兼营行为，是指纳税人的经营范围兼有销售货物和提供非应税劳务两类经营项目，并且这种经营业务并不发生在同一项业务中。

销售额是指纳税人销售货物或提供应税劳务时向购买方收取的全部价款和价外费用。需要注意的是，计算销项税额的销售额必须是不含增值税的销售额；价外费用在计算销项税额时要包含在销售额内。价外费用包括价外向购买方收取的手续费、补贴、基金、集资费、返还利润、奖励费、违约金、滞纳金、延期付款利息、赔偿金、代收款项、包装费、包装物租金、储备费、优质费、运输装卸费等。

小规模纳税人和一般纳税人在应纳税额的计算方面的区别：一是小规模纳税人不享受税款抵扣；二是小规模纳税人按征收率计税；三是小规模纳税人不使用增值税专用发票。

一般纳税企业应交的增值税，在"应交税费"账户下设置"应交增值税"和"未交增值税"两个明细账户进行核算。

"应交增值税"明细账户的借方发生额，反映企业购进货物或接受应税劳务支付的进项税额、实际已交纳的增值税额和月终转出的当月应交未交的增值税额；贷方发生额，反映企业销售货物或提供应税劳务收取的销项税额、出口企业收到的出口退税以及进项税额转出数和转出多交增值税；期末借方余额，反映企业尚未抵扣的增值税。

"未交增值税"明细账户的借方发生额，反映企业月终转入的多交的增值税；贷方发生额，反映企业月终转入的当月发生的应交未交增值税；期末借方余额反映多交的增值税，贷方余额反映未交的增值税。

⚠ 关键名词

增值税一般纳税人　视同销售　混合销售和兼营行为　增值税应纳税额核算和会计核算

📖 练习题

一、单项选择题（请扫描二维码，在线测试本章学习效果）

1. 根据增值税法律制度的规定，下列关于增值税纳税义务发生时间的表述中，正确的有（　　　）。

A. 将委托加工的货物无偿赠送他人的，为货物移送的当天

B. 采取直接收款方式销售货物的，为货物发出的当天

C. 委托他人销售货物的，为受托方售出货物的当天

D. 进口货物，为报关进口的当天

2. 根据增值税法律制度的规定，纳税人采取托收承付和委托银行收款方式销售货物的，其纳税义务的发生时间为（　　　）。

A. 货物发出的当天

B. 合同约定的收款日期的当天

C. 收到销货款的当天

D. 发出货物并办妥托收手续的当天

3. 某小型工业企业为增值税小规模纳税人。2016 年 3 月取得销售收入 16.48 万元（含增值税）；购进原材料一批，支付货款 2.12 万元（含增值税）。已知该企业适用的增值税征收率为 3%，该企业当月应缴纳的增值税税额为（　　　）。

    A. 0.48   B. 0.36   C. 0.31   D. 0.25

4. 根据增值税法律制度的规定，增值税一般纳税人的下列行为中涉及的进项税额，不得从销项税额中抵扣的是（　　　）。

    A. 食品厂将自产月饼发给职工作为中秋节福利

    B. 商场将购进服装发给职工用于运动会入场式

    C. 电脑生产企业将自产的电脑分配给投资者

    D. 纺织厂将自产的窗帘用于职工活动中心

选择题
即测即评

5. 下列行为属于视同销售货物，不征收增值税的有（　　　）。

    A. 某商店为厂家代销服装

    B. 某批发部门将外购的部分饮料用于个人消费

    C. 某企业将自产的化妆品无偿赠送客户

    D. 某企业将委托加工的用于职工福利

6. 根据增值税法律制度的规定，下列关于小规模纳税人销售自己使用过的固定资产计征增值税适用征收率的表述中，正确的是（　　　）。

    A. 按 2% 的征收率征收

    B. 按 3% 的征收率征收

    C. 按 4% 的征收率减半征收

    D. 按 6% 的征收率减半征收

7. 甲公司为增值税一般纳税人，本月采用以旧换新的方式销售冰箱 50 台，冰箱每台售价 2 000 元，同时收到旧冰箱 50 台，每台折价 200 元，实际收到销售款 9 万元，已知甲公司适用的增值税税率为 17%，则甲公司本月销售冰箱的增值税销项税额为（　　　）元。

    A. 13 077   B. 14 530   C. 15 300   D. 17 000

8. 下列业务中免征增值税的是（　　　）。

    A. 农业生产者销售自产农业产品   B. 粮油商店销售外购粮食

    C. 销售图书、报纸、杂志   D. 出口货物

9. 根据增值税法律制度的规定，下列各项中，增值税一般纳税人应当开具增值税专用发票的是（　　　）。

    A. 销售不动产   B. 向个人消费者销售消费品

    C. 旅行社提供服务   D. 收到代销货物清单

10. 下列情形不需要缴纳增值税的是（　　　）。

　　A. 某会计师事务所提供鉴证服务

　　B. 某机场提供停机坪管理服务

　　C. 某广告公司提供广告策划服务

　　D. 某企业出租厂房

11. 北京某广告公司已认定为增值税一般纳税人。2016 年 12 月，该公司取得广告制作费 800 万元（含税），支付给山西某媒体的广告发布费为 400 万元（不含税），取得增值税专用发票。此外，当期该广告公司可抵扣的进项税额为 15 万元，则当月该广告公司需缴纳的增值税为（　　　）元。

　　A. 30. 28 万　　　　　　B. 7. 64 万　　　　　　C. 6. 28 万　　　　　　D. 43. 11 万

二、多项选择题（请扫描二维码，在线测试本章学习效果）

1. 甲公司发生的下列业务中，应按"销售货物"申报缴纳增值税的是（　　　）。

　　A. 销售小汽车内部装饰品　　　　B. 销售小汽车零配件

　　C. 提供汽车维修服务　　　　　　D. 销售进口小汽车

2. 根据增值税法律制度的规定，下列各项中，属于增值税一般纳税人是（　　　）。

　　A. 年应税销售额为 60 万元从事货物生产的个体经营者

　　B. 年应税销售额为 70 万元的从事货物生产的企业

　　C. 年应税销售额为 90 万元的从事货物批发的自然人

　　D. 年应税销售额 400 万元从事物流辅助服务的企业

3. 根据增值税法律制度的规定，下列项目中其进项税额不得抵扣的有（　　　）。

　　A. 用于非应税项目的购进货物和应税劳务

　　B. 用于免税项目的购进货物和应税劳务

　　C. 用于集体福利或者个人消费的购进货物和应税劳务

　　D. 非正常损失购进货物的进项税额

4. 根据增值税法律制度的规定，下列各项中不得领购开具增值税专用发票的是（　　　）。

　　A. 会计核算不健全，不能向税务机关准确提供增值税销项税额、进项税额、应纳税额数据及其他有关增值税税务资料的

　　B. 有《税收征管法》规定的税收违法行为，拒不接受税务机关处理的

　　C. 虚开增值税专用发票，经税务机关责令限期改正而仍未改正的

　　D. 未按规定接受税务机关检查，经税务机关责令限期改正而仍未改正的

5. 根据增值税的有关规定，不能认定为增值税一般纳税人的有（　　　）。

　　A. 个体经营者以外的个人　　　　B. 非企业性单位

C. 不经常发生应税行为的企业　　　　D. 从事货物生产的小规模企业

6. 以下情形不能享受增值税免税优惠政策的是（　　　）。

A. 培训学校提供的教育服务

B. 人民银行对金融机构的贷款的利息收入

C. 个人转让书籍

D. 代理报关业务

7. 根据增值税法律制度的规定，企业发生的下列行为中，属于视同销售货物的有（　　　）。

A. 将购进的货物用于个人消费

B. 将本企业生产的货物分配给投资者

C. 将委托加工的货物用于集体福利

D. 将购进的货物作为投资提供给其他单位

8. 一般纳税人销售货物，适用于17%税率的是（　　　）。

A. 销售图书　　　　B. 销售机器　　　　C. 销售化妆品　　　　D. 销售化肥

9. 下列各项业务，不得开具增值税专用发票的是（　　　）。

A. 销售免税货物　　　　　　　　B. 出口货物

C. 将货物用于非应税项目　　　　D. 将货物销售给消费者

10. 增值税规定，对销售除（　　　）以外的其他酒类产品而收取的包装物押金，无论是否返还、会计上如何核算，均应并入当期销售额计征增值税。

A. 啤酒　　　　B. 黄酒　　　　C. 白酒　　　　D. 药酒

11. 下列各项中，按照金融服务缴纳增值税的有（　　　）。

A. 融资性售后回租　　　　B. 邮政储蓄服务

C. 不动产融资租赁　　　　D. 货物期货交割

12. 甲公司发生了下列业务，相应的进项税额不得从销项税额中抵扣的有（　　　）。

A. 接受乙公司提供的客运服务

B. 接受丙公司为本公司食堂提供的餐饮服务

C. 购进发放给职工食用的水果一批

D. 接受丁公司的技术指导，用于对外提供技术开发

判断题
即测即评

三、判断题（请扫描二维码，在线测试本章学习效果）

1. 按规定，年销售额未超过小规模纳税人标准的企业，一律按小规模纳税人对待。（　　）

2. 增值税一般纳税人将外购货物作为福利发放给职工的，应视同销售计征增值税。（　　）

3. 纳税人采取折扣方式销售货物，销售额和折扣额不在同一张发票上分别注明的，可按折扣后销售额征收增值税。
（　　）

4. 个人取得的包装物押金一律并入销售额征收销项税。 （　　）

5. 小规模纳税人如符合规定条件，需开具专用发票的，可由当地税务所代开增值税专用发票。 （　　）

6. 纳税人到外市县销售货物或提供应税劳务，未持有外出经营活动税务管理证明的，应回到当地主管税务机关申报缴纳增值税。 （　　）

7. 非固定业户销售货物或提供应税劳务，应当向机构所在地主管税务机关申报缴纳增值税。 （　　）

四、实训题（请扫描二维码，查看实训题答案）

1. 某制造业公司（增值税一般纳税人）2016 年 4 月份发生以下经济业务：

（1）4 月 1 日向农业生产者收购用于生产加工的免税农产品一批，已经验收入库，经税务机关批准的收购凭证上注明的价款为 500 000 元，款项已付。

（2）4 月 2 日采取交款提货结算方式向 A 商场销售电视机 500 台，同期同类产品不含税售价每台 3 000 元，由于商场购买的数量多，按照协议规定，厂家给予商场售价 5% 的优惠，开具增值税专用发票，不含税售价 2 850 元/台，货款全部以银行存款收讫；4 月 5 日，向 B 家电商场销售彩电 200 台，为了尽快收回货款，提供现金折扣为 4/10、2/20、n/30。本月 23 日，全部收回货款，按规定给予优惠。

（3）4 月 2 日购进生产原料一批，已入库，取得的增值税专用发票上注明的价税分别为 1 000 000 元、17 000 元，运杂费（取得发票）共 25 000 元，其中运费和建设基金 20 000 元，款项用银行存款支付。

（4）4 月 5 日购入工程物资一批，增值税专用发票上注明的价款为 100 000 元，税款是 17 000 元，款项尚未支付。

（5）4 月 6 日采取以旧换新方式，从消费者个人手中收购旧电视机，销售新型号电视机 10 台，开出普通发票 10 张，收到货款 31 100 元，并注明已扣除旧电视机折价 4 000 元。

（6）4 月 8 日进口货物一批，已验收入库，关税完税价格 850 000 元，进口关税税率 10%，增值税税率 17%，货款与税款已用银行存款支付，并取得海关的完税凭证。

（7）4 月 9 日采取还本销售方式销售电视机给消费者 20 台，协议规定，每台不含税售价 4 000 元，五年后厂家将全部货款退还给购买方。共开出普通发票 20 张，合计金额是 93 600 元。

（8）4 月 15 日以 20 台电视机向 C 单位等价换取原材料，电视机成本价每台 1800 元，不含税销售单价 3 000 元。双方均按规定开具增值税发票。

（9）4 月 15 日向废旧物资回收经营单位购入免税废旧物资一批，已验收入库，开具的由税务机关监制的普通发票上注明的金额为 100 000 元，款项尚未支付。

（10）4月20日用银行存款支付委托加工单位加工部分产品元器件的加工费和辅助材料费20 000元和加工劳务的增值税税款（委托加工发出的原材料成本100 000元，委托加工材料的增值税税率17%），取得了受托加工方开具的增值税专用发票。

（11）4月24日，向D商场销售电视机300台，不含税销售单价3 000元，商场在对外销售时，发现有5台商品存在严重质量问题，商场提出将这5台电视机作退货处理，并将当地主管税务机关开具的"进货退出或索取折让证明单"送交厂家。该厂将5台电视机收回，并按规定给商场开具了红字专用发票。

（12）4月25日采购消费品一批，增值税专用发票上注明的价款20 000元，税款3 400元，作为节日礼物发放给本企业职工。

要求：根据以上资料计算企业本月应缴增值税，填写《增值税纳税申报表》及其他三张附表。

2. 某企业是增值税一般纳税人，适用一般税率17%，2016年1月有关生产经营业务如下：

（1）销售甲产品给某大商场，开具增值税专用发票，取得不含税销售额160万元；另外，开具货物运输业增值税专用发票，取得销售甲产品的送货运输费收入11.7万元。

（2）销售乙产品，开具普通发票，取得含税销售额58.5万元。

（3）将试制的一批应税新产品用于无偿赠送，成本价为40万元，成本利润率为10%，该新产品无同类产品市场销售价格。

（4）销售使用过的进口摩托车5辆，开具普通发票，每辆取得含税销售额1.04万元；每辆摩托车的原值每辆0.9万元。

（5）购进货物取得增值税专用发票，注明支付的货款120万元、进项税额20.4万元，货物验收入库；另外，支付购货的运输费用6万元，取得运输公司开具的货物运输业增值税专用发票。

（6）向农业生产者购进免税农产品玉米一批，支付收购价60万元，支付给运输单位的运费10万元，取得相关的合法票据，农产品验收入库。本月下旬将购进的农产品的20%用于本企业职工福利。

计算该企业2016年1月应纳增值税税额。

实训题
查看答案

第 4 章

消费税会计

学习目标

通过本章的学习，能正确界定消费税纳税人和扣缴义务人；熟悉消费税征税范围、税目税率；能正确计算消费税税额；熟悉消费税纳税申报；掌握消费税相关业务的会计处理。

问题导入

世界各国为什么对卷烟课征重税?

对卷烟课征重税是世界各国的通行做法。各国政府之所以对卷烟课以重税，主要是基于以下三个方面的原因：

其一，维护消费者的身体健康。各国政府为了减轻居民身体健康受损程度，纷纷对烟草制品采取"寓禁于征"的高税政策，试图通过加大企业和消费者的成本付出来控制烟草制品的产销量，从而达到维护消费者身体健康的社会性目标。

其二，增加政府经济收入。各国政府为了达到获取更多财政收入的经济性目标而对烟草制品征收重税。

其三，矫正烟草消费的外部负效果，最大限度地减少向周围环境排放烟雾、污染空气，以及引发意外火灾。

4.1　消费税概述及税额计算

消费税是对我国境内从事生产、委托加工和进口应税消费品的单位和个人，就其应税消费品的销售额或销售量征收的一种税。消费税是一种中央调节税，它是在增值税征收的基础上对某些消费品的销售额或销售数量再征收一次的流转税。现行消费税法的基本规范是2008 年 11 月 15 号国务院颁布的《中华人民共和国消费税暂行条例》以及 2008 年 12 月 15

号财政部、国家税务总局 51 号令发布的《中华人民共和国消费税暂行条例实施细则》。

4.1.1 消费税基本要素

1. 消费税的纳税人、扣缴义务人

（1）消费税的纳税人。凡在我国境内生产、委托加工和进口应税消费品的单位和个人，都是消费税的纳税义务人。

单位是指国有企业、集体企业、私有企业、股份制企业、外商投资企业和外国企业、其他企业和行政单位、事业单位、军事单位、社会团体及其他单位，注意包括外资企业在内。个人是指个体经营者及其他个人。在我国境内是指应税消费品的起运地或所在地在中华人民共和国境内。

消费税的纳税人按经营方式划分，有以下几种情况：

① 从事生产应税消费品的单位和个人，以生产者为纳税人，负责缴纳消费税。但对在我国境内生产的金银首饰，则以从事零售业务的单位和个人为纳税人。

② 从事委托加工应税消费品的，以委托的单位和个人为纳税人，由受托方在向委托方交货时代收代缴税款。

③ 从事进口应税消费品的，以进口的单位和个人为纳税人，在报送进口时由海关代征。

（2）消费税的扣缴义务人。消费税税法规定，委托加工的应税消费品，由受托方向委托方交货时代收代缴税款。这一规定明确了受托加工应税消费品的单位为消费税代收代缴义务人的法律地位，以及必须履行的代收代缴消费税税款的义务。

但是，不是所有受托方都可以代收代缴税款，对纳税人委托个体经营者加工的，应税消费税由委托方缴纳。这主要是考虑到个体经营者一般财务核算不健全，征收难度较大。目前在税收管理上普遍实行定期定额的管理办法，因此，国家税务总局有关文件规定，对纳税人为依托个体经营者加工的应税消费品，一律以委托方收回后在委托方所在地缴纳消费税。

2. 消费税征收对象

消费税的征税对象是在我国境内生产、委托加工和进口的应税消费品。具体包括用于销售和提供劳务所生产的应税消费品（包括纳税人用于换取生产资料和消费资料，投资入股和抵偿债务以及继续用于连续生产应税消费品以外的其他方面的应税消费品）；委托加工的应税消费品；进口的应税消费品以及零售环节［仅限于只有金银首饰（含镶嵌首饰）、钻石及钻石饰品］具体内容如表 4 – 1 所示。

表4-1 消费税征收对象

名称	具 体 内 容
消费税征税对象	第一类，一些过度消费会对人类健康、社会秩序、生态环境等方面造成危害的特殊产品，如烟、酒及酒精、鞭炮、焰火等
	第二类，奢侈品、非生活必需品，如贵重首饰及珠宝玉石、化妆品等
	第三类，高能耗及高档消费品，如摩托车、小汽车等
	第四类，不可再生的石油类消费品，主要是成品油，如汽油、柴油等
	第五类，具有一定财政意义的消费品，如汽车、轮胎等

4.1.2 消费税税目、税率

1. 消费税的税目

税目是征税范围的具体化，现行消费税法确定消费税共有烟、酒、化妆品等15个税目，有的税目还包括若干子目，采用的是列举加概括的方法。现行消费税税法中15个税目如下。

（1）烟。凡是以烟叶为原料加工生产的产品，不论使用何种辅料，均属于本税目的征收范围，包括卷烟、雪茄烟和烟丝。

（2）酒。酒类包括粮食白酒、薯类白酒、黄酒、啤酒和其他酒。

（3）化妆品。本税目包括各类美容、修饰类化妆品、高档护肤类化妆品和成套化妆品。

注意：高档护肤、护发品外其他类型的护肤、护发品不在征收范围内。舞台、戏剧、影视演员化妆用的上妆油、卸装油、油彩，不在征收范围内。

（4）贵重首饰及珠宝玉石。与金、银、钻石相关的首饰和饰品在零售环节纳税，税率5%；其他与金、银、钻石相关的贵重首饰及珠宝玉石在生产（出厂）、进口、委托加工环节纳税，税率为10%。

对出国人员免税商店销售的金银首饰征收消费税。

（5）鞭炮、焰火。本税目包括各种鞭炮、焰火。体育上用的发令纸、鞭炮药引线，不按本税目征收。

（6）成品油。本税目包括汽油、柴油、石脑油、溶剂油、航空煤油、润滑油、燃料油7个子目。

（7）摩托车。摩托车包括轻便摩托车和摩托车两种。对最大设计车速不超过50km/h，发动机气缸总工作容量不超过50ml的三轮摩托车不征收消费税。

（8）小汽车。2006年消费税税目调整后，取消了原小汽车税目下的小轿车、越野车、小客车子目。在小汽车税目下分设了乘用车、中轻型商用客车子目。电动汽车不属于本税目征收范围。

（9）高尔夫球及球具。高尔夫球及球具是指从事高尔夫球运动所需的各种装备，包括高尔夫球、高尔夫球杆及高尔夫球包（袋）等。

（10）高档手表。高档手表是指销售价格（不含增值税）每只在 10 000 元（含）以上的各类手表。

（11）游艇。本税目征收范围包括艇身长度 8 米（含）小于 90 米（含），内置发动机，可以在水上移动，一般为私人购置，主要用于水上运动和休闲娱乐等非牟利活动的各类机动艇。

（12）木制一次性筷子。本税目征收范围包括各种规格的木制一次性筷子。未经打磨、倒角的木制一次性筷子也属于本税目征税范围。

（13）实木地板。实木地板是指以木材为原料，经锯割、干燥、刨光、截断、开榫、涂漆等工序加工而成的块状或条状的地面装饰材料。未经涂饰的素板属于本税目征税范围。

（14）电池。电池是一种将化学能、光能等直接转换为电能的装置，一般由电极、电解质、容器、极端，通常还有隔离层组成的基本功能单元，以及用一个或多个基本功能单元装配成的电池组。范围包括：原电池、蓄电池、燃料电池、太阳能电池和其他电池。

（15）涂料。是指涂于物体表面能形成具有保护、装饰或特殊性能的固态涂膜的一类液体或固体材料之总称。

2. 消费税的税率

消费税的税率具有比例税率和定额税率两种基本形式，以适应不同应税消费品的实际情况。

我国目前实行的消费税，其税率结构的差异较大，从价征收的消费税税率从 3% 至 56% 共分 10 档。

消费税税目、税率表如表 4 - 2 所示。

表 4 - 2　消费税税目税率表

税　　　　目		税　　率
一、烟		
1. 卷烟		
（1）甲类卷烟		56% 加 0.003 元/支
（2）乙类卷烟		36% 加 0.003 元/支
（3）批发环节		5% ~ 11%，并按 0.005 元/支
2. 雪茄烟		36%
3. 烟丝		30%

（续表）

税　　　　目	税　　率
二、酒及酒精	
1. 白酒	20% 加 0.5 元/500 克（或 500 毫升）
2. 黄酒	240 元/吨
3. 啤酒	
（1）甲类啤酒	250 元/吨
（2）乙类啤酒	220 元/吨
4. 其他酒	10%
三、化妆品	30%
四、贵重首饰及珠宝玉石	
1. 金银首饰、铂金首饰和钻石及钻石饰品	5%
2. 其他贵重首饰和珠宝玉石	10%
五、鞭炮、焰火	15%
六、成品油	
1. 汽油	1.52 元/升
2. 柴油	1.2 元/升
3. 航空煤油	1.2 元/升
4. 石脑油	1.52 元/升
5. 溶剂油	1.52 元/升
6. 润滑油	1.52 元/升
7. 燃料油	1.2 元/升
七、摩托车	
1. 气缸容量 250 毫升的	3%
2. 气缸容量在 250 毫升（不含）以上的	10%
八、小汽车	
1. 乘坐用车	
（1）气缸容量（排气量，下同）在 1.0 升（含 1.0 升）以下的	1%
（2）气缸容量在 1.0 升以上至 1.5 升（含 1.5 升）的	3%
（3）气缸容量在 1.5 升以上至 2.0 升（含 2.0 升）的	5%
（4）气缸容量在 2.0 升以上至 2.5 升（含 2.5 升）的	9%
（5）气缸容量在 2.5 升以上至 3.0 升（含 3.0 升）的	12%
（6）气缸容量在 3.0 升以上至 4.0 升（含 4.0 升）的	25%
（7）气缸容量在 4.0 升以上的	40%
2. 中轻型商用客车	5%

（续表）

税　目		税　率
九、高尔夫球及球具		10%
十、高档手表		20%
十一、游艇		10%
十二、木制一次性筷子		5%
十三、实木地板		5%
十四、涂料		4%
十五、电池		4%

由上表可以看出：卷烟和白酒实行的是复合税率，黄酒、啤酒及成品油实行的是定额税率，其他税目或子目均实行的是比例税率。

纳税人兼营不同税率的应税消费品，应当分别核算不同税率应税消费品的销售额、销售数量。未分别核算销售额、销售数量，或者将不同税率的应税消费品组成成套消费品销售的，从高适用税率。这样做的目的在于促进企业加强核算，准确提供税务数据。

4.1.3　消费税计算

根据现行消费税法，消费税应纳税额的计算分为从价定率、从量定额以及从价定率和从量定额复合计税三类。计算方法如表 4 - 3 所示：

表 4 - 3　应纳税额计算方法

名　称	具体内容	公　式
应纳税额计算方法	从价定率	应纳税额 = 销售额 × 比例税率
	从量定额	应纳税额 = 销售数量 × 定额税率
	从价定率和从量定额混合	应纳税额 = 销售额 × 比例税率 + 销售数量 × 定额税率

1. 从价定率计算

现行消费税税目、税率表中绝大部分税目是用比例税率计算的，即从价定率计算应纳税额。

实行从价定率征收的消费税的计税依据是应税消费品的销售额，即组成计税价格。按照消费品的取得方式及用途，应税消费品从价定率计算可分以下几种类型。

（1）企业销售自产应税消费品。企业销售应税消费品，应按其实际销售额计算纳税。这里所说的销售额是指纳税人销售应税消费品向购买方所收取的全部价款和价外费用，但不包括应向购货方收取的增值税税款。如果纳税人应税消费品的销售额中未扣除增值税税款或者因不得开具增值税专用发票而发生价款和增值税税款合并收取的，在计算消费税时，应当

换算为不含增值税税款的销售额。其换算公式为

$$应税消费品的销售额 = 含增值税销售额 \div （1 + 增值税税率或征收率）$$

上面所说的"价外费用"，是指价外收取的基金、集资费、返还利润、补贴、违约金（延期付款利息）和手续费、包装费、储备费、优质费、运输装卸费、代收款项、代垫款项以及其他各种性质的价外收费。但下列款项不包括在内：

① 同时符合以下条件的代垫运输费用：承运部门的运费发票开具给购货方的；纳税人将该项发票转交给购货方的。

② 同时符合以下条件代为收取的政府性基金或者行政事业性收费：由国务院或者财政部批准设立的政府性基金，由国务院或者省级人民政府及其财政、价格主管部门批准设立的行政事业性收费；收取时开具省级以上财政部门印制的财政票据；所收款项全额上缴财政。

其他价外费用，无论是否属于纳税人的收入，均应并入销售额计算征税。

实行从价定率办法计算应纳税额的应税消费品连同包装销售的，无论包装是否单独计价，也不论在会计上如何核算，均应并入应税消费品的销售额中征收消费税。如果包装物不作价随同产品销售，而是收取押金，则此项押金不应并入应税消费品的销售额中征税。但对因逾期未收回的包装物不再退还的和已收取一年以上的押金，应并入应税消费品的销售额，按照应税消费品的适用税率征收消费税。

对既作价随同应税消费品销售，又另外收取押金的包装物的押金，凡纳税人在规定的期限内不予退还的，均应并入应税消费品的销售额，按照应税消费品的适用税率征收消费税。

（2）企业自产自用应税消费品。纳税人通过自设非独立核算门市部销售的自产应税消费品，应当按照门市部对外销售额征收消费税。

纳税人用于换取生产资料和消费资料、投资入股和抵偿债务等方面的应税消费品，应当以纳税人同类应税消费品的最高销售价格作为计税依据计算消费税。

按规定，外购已税消费品作为原料生产的应税消费品准予扣除外购应税消费品已缴的消费税税款；按照规定，以委托加工方式收回的已税消费品为原料生产的应税消费品准予从应纳税额中扣除做原料的消费品中已纳消费税税款，以避免重复征税。

其中已纳消费税税款是指外购时已交消费税税款或委托加工的应税消费品由受托方代收代缴的消费税。

此外，纳税人销售的应税消费品，如果是以外汇结算销售价款的，可以按照结算的当天或者当月1日的国家外汇牌价（原则上为中间价）折合成人民币计算应纳税额，纳税人应事先确定折合率，确定后一年内不得变更。

纳税人自产自用的应税消费品，属于前述"用于其他方面"按规定应当纳税的，按照

纳税人生产的同类消费品的销售价格计算纳税。

这里所说的"同类消费品的销售价格"是指纳税人或代收代缴义务人当月销售的同类消费品的销售价格；如果当月同类消费品各期销售价格高低不同，应按销售数量加权平均计算。但销售的应税消费品有下列情况之一者，不得列入加权平均计算：①销售价格明显偏低又无正当理由的；②无销售价格的。

如果当月无销售或当月未完结，应按照同类消费品上月或最近月份的销售价格计算纳税；如果没有同类消费品销售价格的，按照组成计税价格计算纳税。组成计税价格的计算公式为

$$组成计税价格 = （成本 + 利润）÷ （1 - 消费税税率）$$

公式中的"成本"是指应税消费品的产品生产成本。公式中的"利润"是指根据应税消费品的全国平均成本利润率计算的利润。应税消费品全国平均成本利润率由国家税务总局确定。

1993 年 12 月 28 日与 2006 年 3 月，国家税务总局颁发的《消费税若干具体问题的规定》，确定应税消费品全国平均成本利润率（见表 4-4）。

表 4-4　全国消费税平均成本利润率

货物名称	利润率（%）	货物名称	利润率（%）
1. 甲类卷烟	10	11. 贵重首饰及珠宝玉石	6
2. 乙类卷烟	5	12. 汽车轮胎	5
3. 雪茄烟	5	13. 摩托车	6
4. 烟丝	5	14. 高尔夫球及球具	10
5. 粮食白酒	10	15. 高档手表	20
6. 薯类白酒	5	16. 游艇	10
7. 其他酒	5	17. 木制一次性筷子	5
8. 酒精	5	18. 实木地板	5
9. 化妆品	5	19. 乘用车	8
10. 鞭炮、焰火	5	20. 中轻型商用客车	5

（3）委托加工的应税消费品。委托加工的应税消费品，按照受托方同类消费品的销售价格计算纳税；没有同类消费品销售价格的，按照组成计税价格计算纳税。组成计税价格的计算公式为

$$组成计税价格 = （材料成本 + 加工费）÷ （1 - 消费税税率）$$

该公式中的"材料成本"，是指委托方所提供加工材料的实际成本。

委托加工应税消费品的纳税人，必须在委托加工合同上如实注明（或以其他方式提供）材料成本，凡未提供材料成本的，受托方所在地主管税务机关有权核定其材料成本。

该公式中的"加工费"，是指受托方加工应税消费品向委托方所收取的全部费用（包括代垫辅助材料的实际成本）。

消费者个人委托加工的金银首饰及珠宝玉石，按加工费征收消费税。

（4）进口的应税消费品。进口的实行从价定率办法征收消费税的应税消费品，按照组成计税价格计算纳税。组成计税价格计算公式为

$$组成计税价格 = （关税完税价格 + 关税） ÷ （1 - 消费税税率）$$

该公式中的"关税完税价格"，是指海关核定的关税完税价格。

此外，税法规定，如果纳税人应税消费品的计税价格明显偏低又无正当理由的，由主管税务机关核定其计税价格。应税消费品的计税价格的核定权限具体规定为：①卷烟和粮食白酒的计税价格由国家税务总局核定；②其他应税消费品的计税价格由国家税务总局所属税务分局核定；③进口的应税消费品的计税价格由海关核定。

2. 从量定额计税

根据现行消费税税法，在应税消费品中，只有酒和酒精税目中的黄酒、啤酒子目以及成品油税目中的全部子目是完全以从量定额的方式计算应纳税额。

实行从量定额征收办法的消费税的计税依据是应税消费品数量。

（1）应税消费品数量的确定。应税消费品数量是指纳税人生产、加工和进口的应税消费品数量。具体为：

① 销售应税消费品的，为应税消费品的销售数量。

② 自产自用应税消费品的，为应税消费品的移送使用数量。

③ 委托加工应税消费品的，为纳税人收回的应税消费品数量。

④ 进口的应税消费品，为海关核定的应税消费品进口征税数量。

（2）计税单位的换算标准。《消费税暂行条例》规定，黄酒、啤酒以吨为税额单位；成品油以升为税额单位。但是，考虑到在实际销售过程中，一些纳税人会遇到吨和升两个计量单位之间的换算问题，为满足及时、准确计算应纳税额的需要，给出吨与升两个计税单位的换算标准，如表4-5所示。

表4-5　计量单位换算标准

啤酒	1 吨 = 988 升	黄酒	1 吨 = 962 升
汽油	1 吨 = 1 388 升	柴油	1 吨 = 1 176 升
石脑油	1 吨 = 1 385 升	溶剂油	1 吨 = 1 282 升
润滑油	1 吨 = 1 126 升	燃料油	1 吨 = 1 015 升
航空煤油	1 吨 = 1 246 升		

3. 从价定率和从量定额复合计税

自 2001 年 5 月、6 月起，分别对酒、烟采用从价与从量复合征收消费税的计税方法。由于从量计征以应税消费品的数量为计税依据，与应税消费品价格的高低没有关系，因此，计算应税消费品的组成计税价格时，暂不考虑从量计征的消费税税额。

现行消费税的征收范围中，只有卷烟、粮食白酒、薯类白酒这三个子目采用复合计税方法。其基本计算公式为

应纳税额＝应税销售数量×适用单位税额＋应税销售额或组成计税价格×适用税率

生产销售卷烟、粮食白酒、薯类白酒的从量定额计税依据为实际销售数量。进口、委托加工、自产自用卷烟、粮食白酒、薯类白酒从量定额计税依据分别为海关核定的进口征税数量、委托方收回数量、移送使用数量。

4. 计税依据的特殊规定

卷烟从价定率计税办法的计税依据为调拨价格或核定价格。纳税人通过自设非独立核算门市部销售的自产应税消费品，应当按照门市部对外销售额或销售数量征收消费税。纳税人用于换取生产资料和消费资料、投资入股和抵偿债务等方面的应税消费品，应当以纳税人同类应税消费品的最高销售价格为依据计算消费税。

5. 消费税已纳税额的扣除

（1）以外购已税消费品生产的应税消费品，在计税时按生产当期领用数量计算准予扣除的外购应税消费品已纳的消费税税额。

以上"外购已税消费品"的买价，是指购货发票上注明的销售额，不包括增值税款。允许扣除已纳税款的应税消费品只限于从工业企业购进的应税消费品和进口环节已缴纳消费税的应税消费品，对从境内商业企业购进应税消费品的已纳税款一律不得扣除。对于在零售环节缴纳消费税的金银首饰（含镶嵌首饰）、钻石及钻石饰品已纳消费税不得扣除。

在消费税 14 个税目中，除酒及酒精、成品油（石脑油、润滑油除外）、小汽车、高档手表、游艇五个税目外，其余税目有扣税规定。

（2）出口应税消费品实行先征后退办法，其退税额的计算如下：

① 从价定率征税消费品应退税额的计算

应退消费税税额＝出口应税消费品金额（或销售退货额）×适用税率

② 从量定额征税消费品应退税额的计算

应退消费税税额＝出口应税消费品的数量（或销货退回数量）×单位税额

【例 4 - 1】　某酒厂（一般纳税人）2012 年 6 月销售啤酒 20 吨，每吨不含税的销售价

格为 2 900 元，若另外每吨还收取包装物押金 100 元，归还期限为 4 个月。

解： 2012 年 6 月销售啤酒的销项税额 = 20×2 900×17% = 9 860（元）（啤酒包装物押金不交增值税）

根据包含包装物押金的出厂价格 = 2 900+100/1.17 = 2 985.47（元）

就是说，啤酒的包装物押金本身不交消费税，但包装物押金（不含增值税）会影响啤酒的使用税额的确认。所以啤酒适用税额为每吨 220 元，即应纳消费税税额 = 20×220 = 4 400（元）

【例 4 – 2】 某卷烟厂 2012 年 4 月份委托 A 烟丝加工厂加工一批烟丝，卷烟厂提供的烟叶在委托合同注明成本为 80 000 元。烟丝加工完，卷烟厂提货时，加工厂开具专用发票上注明收取加工费为 10 000 元，A 烟丝加工厂没有同类消费品价格。烟丝的消费税税率为 30%。计算消费税额。

解： A 厂应代扣代缴的消费税税额 = 〔(80 000+10 000)/(1–30%)〕×30%
= 38 571.43（元）

【例 4 – 3】 某啤酒厂 2011 年 10 月销售啤酒 3 000 吨，每吨出厂不含税价格为 4 000 元。请计算该厂当月应纳消费税税额。

解： 该厂啤酒每吨出厂价为 4 000 元，按照税法规定适用啤酒税额每吨为 250 元。

应纳消费税税额 = 3 000×250 = 750 000（元）

【例 4 – 4】 某炼油公司 7 月份销售汽油 2 400 吨、柴油 1 900 吨。请计算该厂当月应纳消费税税额。

解： 根据税法规定，适用税额：汽油为 0.2 元/升，柴油为 0.1 元/升；计税单位的换算标准为：汽油每吨 = 1 388 升，柴油每吨 = 1 176 升。

公司的销售量是以吨为单位，应先将销量换算为升，然后再计算其应纳消费税税额。

销售汽油应纳消费税税额 = 2 400×1 388×0.2 = 666 240（元）

销售柴油应纳消费税税额 = 1 900×1 176×0.1 = 223 440（元）

该厂当月应纳消费税税额 = 666 240+223 440 = 889 680（元）

【例 4 – 5】 某公司进口化妆品一批，经海关核定完税价格为 200 000 元，关税税额为 25 000 元，该化妆品消费税税率为 30%，计算该公司应纳的消费税。

解： 组成计税价格 = (200 000+25 000)÷(1–30%) = 321 428.57（元）

应纳消费税税额 = 321 428.57×30% = 96 428.57（元）

【例 4 – 6】 某贸易公司进口洋酒一批，经海关核定的关税完税价格为 200 000 元，已纳进口关税 200 000 元。这批酒共 2 万箱，每箱 6 瓶，每瓶 500 克。计算其应纳消费税额。

解： 根据消费税税目税率表，对白酒（包括进口洋酒）采用从量与从价混合计征的

方式纳税，其适用消费税率为 20%，每斤单位税额为 0.5 元。所以

进口洋酒的组成计税价格 =（200 000 + 200 000）÷（1 - 20%）= 500 000（元）

应纳消费税税额 = 500 000 × 20% + 20 000 × 6 × 0.5 = 160 000（元）

【例 4 - 7】 某酒厂以粮食白酒 100 000 箱（每箱 120 元，每箱 6 瓶，每瓶 500 克）换取建筑材料，满足工厂扩建需要。

解： 计算应纳消费税税额如下：

100 000 × 120 × 20% + 100 000 × 6 × 0.5 = 2 700 000（元）

4.2 消费税纳税申报

4.2.1 消费税纳税基本规定

1. 纳税义务发生时间

与增值税的规定基本一致，主要的区别是委托加工纳税义务发生时间为**纳税人提货的当天**。

2. 纳税期限

消费税纳税期限为 1 日、3 日、5 日、10 日、15 日、1 个月或 1 个季度。纳税人具体纳税期限由主管税务机关根据纳税人应纳税额的大小分别核定；不能按固定期限纳税的，也可以按次纳税。纳税人以 1 个月或 1 个季度为一期纳税的，自期满之日起 15 日内申报纳税；以 1 日、3 日、5 日、10 日、15 日为一期的，自期满之日起 5 日内预缴税款，于次月 1 日起 15 日内申报纳税并结清上月应纳税款。纳税人进口货物应当自海关填发税款缴纳书之日起 15 日内缴纳税款。

3. 纳税地点

纳税人销售的应税消费品，以及自产自用的消费品，除国家另有规定外，应向纳税人核算地主管税务机关申报纳税。

纳税人到外县（市）销售或委托外县（市）代销自产应税消费品的，于应税消费品销售后，向其机构所在地或居住地主管税务机关申报纳税。纳税人总机构与分支机构不在同一县（市）的，应当分别在各自机构所在地的主管税务机关申报纳税，经批准，也可由总机构汇总向总机构所在地主管税务机关申报纳税。委托个人加工的应税消费品，由委托方向其机构所在地或居住地主管税务机关申报纳税。除此之外，由受托方向所在地主管税务机关代收代缴。进口货物应当由进口人或其代理人向报关地海关申报纳税。

自 2016 年 4 月 8 日起，海淘实行新税制，跨境电商零售进口商品不再按物品征收行邮税，而是改按货物征收"关税 + 进口环节增值税、消费税"的综合课税，同时取消进口环

节增值税、消费税的 50 元免征税额。

4.2.2　消费税纳税申报程序

1. 消费税纳税申报应报送的资料

为了在全国范围内统一、规范消费税纳税申报资料，加强消费税管理的基础工作，国家税务总局制定了《烟类应税消费品消费税纳税申报表》、《酒及酒精消费税纳税申报表》、《成品油消费税纳税申报表》、《小汽车消费税纳税申报表》、《其他应税消费品消费税纳税申报表》，自 2008 年 4 月份办理税款所属期为 3 月份的消费税纳税申报时启用。

2. 模拟业务

【例 4-8】　××公司 2016 年 5 月份发生如下经济业务（假定销售产品不结转成本）

（1）5 月 4 日将自己生产的 20 吨啤酒销售给某商店，收取押金 300 元/吨，价款及押金均已收到；另外将 10 吨让客户及顾客免费品尝。该啤酒出厂价为 2 800 元/吨，成本 2 000 元/吨。

（2）5 月 10 日袋包装销售粮食白酒 20 吨，单价 7 050 元，价款 141 000 元，含包装物价款 25 000 元；同时从购货方取得价外补贴 24 000 元。5 月 20 日用自产粮食白酒 10 吨抵偿某农场大米款 70 000 元，不足或多余部分不再结算。该粮食白酒每吨本月售价在 5 500 至 6 500 之间浮动，平均售价为 6 000 元。粮食白酒的比例税率为 20%，定额税率为 0.5 元/千克。

（3）5 月 12 日向某超市销售用上月外购烟丝生产的甲类卷烟 20 个标准箱，调拨价 60 元，共计 300 000 元（购入烟丝支付含增值税价款为 81 900 元，烟丝的消费税税率为 30%），采用托收承付结算方式，货已发出并办妥托收手续。该类卷烟的消费税比例税率为 45%，定额税率为 150 元/标准箱。

（4）5 月 16 日将一批自产的化妆品用作职工福利，这批化妆品的成本为 10 000 元。假设该类化妆品不存在同类消费品销售价格，其消费税税率为 30%，应税化妆品全国平均利润为 5%。

（5）5 月 24 日从国外购进成套化妆品，关税完税价格 60 000 美元，关税税率为 50%，假定当日美元对人民币的汇率为 1:6.50，货款全部以银行存款付清。

25 日提供一批生产化妆品的材料 80 000 元给某化妆品生产公司，委托其加工一批化妆品，受托方已代垫辅助材料 4 000 元（款已付）。本月应支付的加工费为 15 000 元（不含税）。受托方同类消费品的销售价格为 135 000 元。27 日××集团公司以银行存款付清全部款项。28 日收回已加工完成的化妆品，支付给运输单位的销货运输费用 8 000 元，取得普通发票。30 日该化妆品全部用于销售，其售价为 145 000 元，款已收到。

3. 编制纳税申报表工作记录

业务 1： 销售啤酒收取的包装物押金不征收增值税，但确定啤酒消费税单位税额时，需要考虑包装物押金。啤酒的出厂价（含押金）= 2 800 + 300 ÷（1 + 17%）= 3 056.4 元，大于 3 000 元，故啤酒的定额税率为 250 元/吨；10 吨让客户及顾客免费品尝的啤酒所缴的消费税、增值税均计入销售费用。

业务 2：对销售除啤酒、黄酒外的其他酒类产品而收取的包装物押金，无论是否返还以及会计上如何核算，均应并入当期销售额征收增值税和消费税。因此，销售白酒收取的包装物押金并入销售额计税。以应税消费品抵债时，计算销项税额用平均价，但计算消费税时，要用最高销售价格。

业务 3：按税法规定，用外购已税烟丝生产的卷烟销售时，准予扣除外购的烟丝已缴纳的消费税税额。

业务 4：按税法规定，该视同销售行为不存在同类消费品销售价格，要按组成计税价格计算销项税和消费税。

业务 5：纳税人进口应税消费品时，关税和海关代征的进口环节消费税均计入应税消费品成本，海关代征的进口环节增值税根据不同用途处理。

业务 6：委托加工物资时，加工物资收回直接销售时受托方直接代扣代缴的消费税，计入委托加工成本。进项税额由加工费和运费两项构成。

应纳税额计算

业务 1：销项税额 = 56 000 × 17% + 28 000 × 17% = 9 520 + 4 760 = 14 280（元）

消费税 = 20 × 250 + 10 × 220 = 5 000 + 2 200 = 7 200（元）

业务 2：销项税额 =（141 000 + 24 000）× 17% + 60 000 × 17%

= 28 050 + 10 200 = 38 250（元）

消费税 =（141 000 + 24 000）× 20% + 6 500 × 10 × 20% +（20 + 10）× 2 000 × 0.5

= 76 000（元）

业务 3：销项税额 = 300 000 × 17% = 51 000（元）

消费税 = 300 000 × 45% + 20 × 150 − 70 000 × 30%

= 138 000 − 21 000 = 117 000（元）

业务 4：销项税额 =［10 000 ×（1 + 5%）÷（1 − 30%）］× 17%

= 15 000 × 17% = 2 550（元）

消费税 = 15 000 × 30% = 4500（元）

业务 5：海关代征增值税额 =［（60 000 + 60 000 × 50%）÷（1 − 30%）× 8.2］× 17%

= 1 054 285.71 × 17% = 179 228.57（元）

海关代征的消费税 = 1 054 285.71 × 30% = 316 285.71（元）

关税 = 60 000 × 50% × 8.2 = 246 000（元）

共计支付进口税金 = 179 228. 57 + 316 285. 71 + 246 000 = 741 514. 28（元）

业务 6：进项税额 = 15 000 × 17% + 8 000 × 7% = 2 550 + 560 = 3 110（元）

销项税额 = 14 5000 × 17% = 24 650（元）

受托方代扣代缴的消费税 = 135 000 × 30% = 40 500（元）

4. 填写消费税纳税申报表（见表 4 - 6 ～ 表 4 - 10，有关的附表及相应的填报说明因为篇幅的原因在这里没有附）

表 4 - 6 烟类应税消费品消费税纳税申报表

税款所属期：2016 年 05 月 01 日至 2016 年 05 月 31 日

纳税人名称（公章）：　　　　　纳税人识别号：□□□□□□□□□□□□□□□□□□□□

单位：（卷烟）万支、（雪茄烟）支、（烟丝）千克；金额

填表日期：2016 年 06 月 05 日　　　　　　　　　　　单位：元（列至角分）

项目／应税消费品名称	适用税率		销售数量	销售额	应纳税额
	定额税率	比例税率			
卷 烟	30 元/万支	45%		300 000	135 000
卷 烟	150 元/标准箱	—	20		3 000
卷 烟	30 元/万支	30%			
雪茄烟	—	25%			
烟 丝	—	30%			
合 计	—	—	—	—	—

本期准予扣除税额：70 000 × 30% = 21 000

声　明

此纳税申报表是根据国家税收法律的规定填报的，我确定它是真实的、可靠的、完整的。

经办人（签章）：

财务负责人（签章）：

联系电话：

本期减（免）税额：

期初未缴税额：

本期缴纳前期应纳税额：

（如果你已委托代理人申报，请填写）

授权声明

为代理一切税务事宜，现授权 _____（地址）_____ 为本纳税人的代理申报人，任何与本申报表有关的往来文件，都可寄予此人。

本期预缴税额：

本期应补（退）税额：

期末未缴税额：117 000

授权人签章：

以下由税务机关填写：

受理人（签章）：　　　　受理日期：　　年　月　日　　　　受理税务机关（章）：

表 4 - 7　酒及酒精消费税纳税申报表

税款所属期：2016 年 05 月 01 日至 2016 年 05 月 31 日

纳税人名称（公章）：　　　　　纳税人识别号：

填表日期：2016 年 06 月 05 日　　　　　　　　　　　　金额单位：元（列至角分）

项　　目 应税消费品名称	适用税率		销售数量	销售额	应纳税额
	定额税率	比例税率			
粮食白酒	0.5 元/斤	20%	60 000	165 000 + 65 000 = 230 000	30 000 + 46 000 = 76 000
薯类白酒	0.5 元/斤	20%			
啤　酒	250 元/吨	—	20		5 000
啤　酒	220 元/吨	—	10		2 200
黄　酒	240 元/吨	—			
其他酒	—	10%			
酒　精	—	5%			
合　计	—	—	—	—	—

本期准予扣除税额：	**声　明** 此纳税申报表是根据国家税收法律的规定填报的，我确定它是真实的、可靠的、完整的。
本期减（免）税额：	经办人（签章）： 财务负责人（签章）： 联系电话：
期初未缴税额：	
本期缴纳前期应纳税额：	（如果你已委托代理人申报，请填写） **授权声明**
本期预缴税额：	为代理一切税务事宜，现授权_____（地址）_____为本纳税人的代理申报人，任何与本申报表有关的往来文件，都可寄予此人。
本期应补（退）税额：	
期末未缴税额：83 200	授权人签章：

以下由税务机关填写：

受理人（签章）：　　　　　受理日期：　　年　月　日　　　　　受理税务机关（章）：

表 4-8 成品油消费税纳税申报表

税款所属期：2016 年 05 月 01 日至 2016 年 05 月 31 日

纳税人名称（公章）： 　　　纳税人识别号：□□□□□□□□□□□□□□□□□□

填表日期： 年 月 日 　　　　　　　　　　　　金额单位：元（列至角分）

项 目 应税消费品名称	适用税率（元/升）	销售数量	应纳税额
含铅汽油	1.4		
无铅汽油	1		
柴油	0.8		
石脑油	1		
溶剂油	1		
润滑油	1		
燃料油	0.8		
航空煤油	0.8		—
合计	—	—	—

本期减（免）税额：		声 明
期初留抵税额：		此纳税申报表是根据国家税收法律的规
本期准予扣除税额：		定填报的，我确定它是真实的、可靠
本期应抵扣税额：		的、完整的。
期初未缴税额：		经办人（签章）：
期末留抵税额：		财务负责人（签章）：
本期实际抵扣税额：		联系电话：
本期缴纳前期应纳税额：		（如果你已委托代理人申报，请填写）
		授权声明
本期预缴税额：		为代理一切税务事宜，现授权_____
		（地址）_____ 为本纳税人的代理申报
本期应补（退）税额：		人，任何与本申报表有关的往来文件，
		都可寄予此人。
期末未缴税额：		授权人（签章）：

以下由税务机关填写

受理人（签字）： 　　受理日期： 年 月 日 　　受理税务机关（公章）：

表4-9 小汽车消费税纳税申报表

税款所属期：2016 年 05 月 01 日至 2016 年 05 月 31 日

纳税人名称（公章）： 纳税人识别号：

填表日期： 年 月 日

金额单位：元（列至角分）

项目 应税消费品名称	适用税率	销售数量	销售额	应纳税额
气缸容量≤1.0升	1%			
1.0升＜气缸容量≤1.5升	3%			
1.5升＜气缸容量≤2.0升	5%			
2.0升＜气缸容量≤2.5升	9%			
2.5升＜气缸容量≤3.0升	12%			
3.0升＜气缸容量≤4.0升	25%			
气缸容量＞4.0升	40%			
中轻型商用客车	5%			
合计	—	—	—	

本期准予扣除税额：	**声　明** 此纳税申报表是根据国家税收法律的规定填报的，我确定它是真实的、可靠的、完整的。
本期减（免）税额：	经办人（签章）： 财务负责人（签章）： 联系电话：
期初未缴税额：	
本期缴纳前期应纳税额：	（如果你已委托代理人申报，请填写） **授权声明**
本期预缴税额：	为代理一切税务事宜，现授权_____ （地址）_____为本纳税人的代理申报
本期应补（退）税额：	人，任何与本申报表有关的往来文件，都可寄予此人。
期末未缴税额：	授权人签章：

以下由税务机关填写：

受理人（签章）： 受理日期： 年 月 日 受理税务机关（章）：

表4-10 其他应税消费品消费税纳税申报表

税款所属期：2016年05月01日至2016年05月31日

纳税人名称（公章）： 纳税人识别号： □□□□□□□□□□□□□□□□□□

填表日期： 年 月 日 金额单位：元（列至角分）

项 目 应税消费品名称	适用税率	销售数量	销售额	应纳税额
化妆品	30%		15 000	4 500
成套化妆品	30%		1 054 285.71	316 285.71
加工化妆品	30%		135 000	40 500
合 计	—	—	—	—

本期准予扣除税额	声 明 此纳税申报表是根据国家税收法律的规定填报的，我确定它是真实的、可靠的、完整的。
本期减（免）税额：	经办人（签章）： 财务负责人（签章）：
期初未缴税额：	联系电话：
本期缴纳前期应纳税额：	（如果你已委托代理人申报，请填写） 授权声明
本期预缴税额：	为代理一切税务事宜，现授权_____ （地址）_____为本纳税人的代理申报
本期应补（退）税额：	人，任何与本申报表有关的往来文件，都可寄予此人。
期末未缴税额：361 285.71	授权人签章：

以下由税务机关填写：

受理人（签章）： 受理日期： 年 月 日 受理税务机关（章）：

5. 消费税披露

消费税是在对所有货物普遍征收增值税的基础上，选择特定的消费品为征收对象。其特点是一物一税，相对于增值税来说，不具有普遍性，按照会计重要性原则，不需对应纳消费税单独列报，仅在资产负债表中与其他税金一起列示在"应交税费"项目中。

4.3 消费税的会计核算

4.3.1 账户设置

按规定需要交纳消费税的企业，应在"应交税费"总账户下，设"应交消费税"明细账户进行核算。该明细账户一般为三栏式，借方登记实际缴纳的消费税额，期末借方余额表示多交的或待扣的消费税额；贷方登记按规定应缴纳的消费税额，期末贷方余额表示尚未缴纳的消费税。

消费税的会计核算，根据具体应税消费品的取得方式及用途不同具有不同的处理模式。

4.3.2 销售自制应税消费品的会计核算

纳税人销售自制应税消费品，在销售实现时，应当按应缴消费税税额借记"营业税金及附加"账户，贷记"应交税费——应交消费税"账户。同时还需作与销售收入和应缴增值税有关的账务处理。

缴纳消费税的企业，"营业税金及附加"账户借方核算应由消费品负担的消费税税额。期末，应将"营业税金及附加"账户余额转入"本年利润"账户，结转后"营业税金及附加"账户应无余额。

【例4-9】 某工厂所设门市部某日对外零售应税消费品全部销售额为46 800元（含增值税）。增值税税率为17%，应缴增值税6 800元，消费税率为10%，应缴消费税4 000元，销售收入已全部存入银行，则会计分录为：

借：银行存款　　　　　　　　　　　　　　　　　　　46 800
　　贷：主营业务收入　　　　　　　　　　　　　　　　40 000
　　　　应交税费——应交增值税（销项税额）　　　　　 6 800
借：营业税金及附加　　　　　　　　　　　　　　　　 4 000
　　贷：应交税费——应交消费税　　　　　　　　　　　 4 000

4.3.3 视同销售自制应税消费品的会计核算

对税法规定的视同销售的会计处理有两种情形：一种是确认收入。例如，企业将自产、委托加工的货物，用于对外捐赠、对外投资、分配给股东、作为职工集体福利发放、本单位个人消费等。另一种是不确认收入，只需按成本结转，例如，企业将自产、委托加工的货物，用于在建工程、非应税项目等。

【例4 - 10】 某厂将自产的应税消费品投资到另一企业，并为后者开具增值税专用发票，价款40 000元，增值税6 800元，价税合计46 800元。消费税税率为5%，应纳消费税额为2 000元。若成本为30 000万元，则会计分录为：

借：长期股权投资 46 800
　　贷：主营业务收入 40 000
　　　　应交税费——应交增值税（销项税额） 6 800
借：主营业务成本 30 000
　　贷：库存商品 30 000
借：营业税金及附加 2 000
　　贷：应交税费——应交消费税 2 000

【例4 - 11】 某化妆品公司为增值税一般纳税人，2012年7月将自产化妆品一批作为福利发给本公司职工。该批化妆品的成本为2 500元，市场不含增值税售价为3 000元。试确定当月该批化妆品应纳消费税额并编制相关会计分录。

根据现行消费税税法规定，化妆品适用税率为30%。应纳消费税税额为：

$$3\ 000 \times 30\% = 900（元）$$

应编制的会计分录为：

借：应付职工薪酬 3 510
　　贷：主营业务收入 3 000
　　　　应交税费——应交增值税（销项税额） 510
借：主营业务成本 2 500
　　贷：库存商品 2 500
借：营业税金及附加 3 910
　　贷：应交税费——应交消费税 900

【例4 - 12】 某汽车公司为增值税一般纳税人，2012年5月将自产中轻型商用客车一辆交本公司营业部使用。该客车单位成本为14 000元，市场不含增值税售价为17 000元，该车气缸容量为3.5升。计算当月该客车应交消费税税额并作相应会计分录。

根据现行消费税税法规定，该客车适用税率为15%。应纳消费税税额为：

$$170\ 000 \times 15\% = 25\ 500（元）$$

应编制的会计分录为：

借：固定资产 194 400
　　贷：库存商品 140 000

应交税费——应交增值税（销项税额）	28 900
——应交消费税	25 500

4.3.4　委托加工应税消费品的会计核算

对于委托加工的应税消费品，由受托方在委托方提货时代扣代缴税款（除受托加工或翻新改制金银首饰按规定由受托方缴纳消费税外）。如受托方将加工收回的消费品用于连续生产应税消费品的，所纳消费税款按规定可予抵扣；若委托方收回应税消费品后，直接用于销售，则应将代扣代缴的消费税计入委托加工的应税消费品成本，不再征收消费税。

【例4－13】　某企业委托外单位加工材料（非金银首饰），原材料价款20万元，加工费用5万元，由受托方代收代缴的消费税0.5万元（不考虑增值税），材料已经加工完毕验收入库，加工费用尚未支付。假定该企业材料采用实际成本法核算。

根据该项经济业务，委托方应作如下账务处理：

（1）如果委托方收回加工后的材料用于继续生产应税消费品，委托方的会计处理如下：

借：委托加工物资	200 000
贷：原材料	200 000
借：委托加工物资	50 000
应交税费——应交消费税	5 000
贷：原材料	55 000
借：原材料	250 000
贷：委托加工物资	250 000

（2）如果委托方收回加工后的材料直接用于销售，委托方的账务处理如下：

借：委托加工物资	200 000
贷：原材料	200 000
借：委托加工物资	55 000
贷：应付账款	55 000
借：原材料	255 000
贷：委托加工物资	255 000

4.3.5　进出口应税消费品的会计核算

1. 进口应税消费品的会计核算

对于进口的应税消费品，应凭海关提供的完税凭证中所列消费税额，将其计入该项进口消费品成本，借记"固定资产""商品采购""材料采购"等科目，贷记"银行存款"等科目，不需通过"应交税费"科目。

【例4-14】 某公司进口汽车轮胎一批，关税完税价格5 000万元，关税税率为80%，请进行会计账务处理。汽车轮胎为应税消费品，进口应计征消费税，消费税税率为10%。同时，货物进口也应计征增值税。

本例计算如下：

应纳关税税额＝5 000×80%＝4 000（万元）

组成计税价格＝（5 000＋4 000）÷（1－10%）＝10 000（万元）

增值税进项税额＝10 000×17%＝1 700（万元）

应纳消费税税额＝10 000×10%＝1 000（万元）

则会计分录如下：

（1）进口商品支付货款时：

借：材料采购 50 000 000

　　贷：银行存款 50 000 000

（2）办好报关手续，支付有关税款时：

借：材料采购（关税＋消费税） 50 000 000

　　应交税费——应交增值税（进项税额） 17 000 000

　　贷：银行存款 67 000 000

（3）收到货物时：

借：库存商品——进口商品 100 000 000

　　贷：材料采购——进口商品采购 100 000 000

2. 出口应税消费品的会计处理

除了国家限制出口的应税消费品外，出口的应税消费品免征消费税。

免征消费税的出口应税消费品分别按不同情况进行账务处理：属于生产企业直接出口或通过外贸出口应税消费品，按规定直接予以免税的，可以不计算应交消费税；属于委托外贸企业代理出口应税消费品的生产企业，应在计算消费税时，按应交消费税额，借记"应收账款"科目，贷记"应交税费——应交消费税"科目。应税消费品出口收到外贸企业退回的税金时，借记"银行存款"科目，贷记"应收账款"科目。发生退关、退货而补交已退的消费税，作相反的会计分录。

⊙ 本章小结

消费税是对我国境内从事生产、委托加工和进口应税消费品的单位和个人，就其应税消费品的销售额或销售量征收的一种税。消费税是一种中央调节税，它是在增值税征收的基础上对某些消费品的销售额或销售数量再征收一次的流转税。

消费税的征税对象是在我国境内生产、委托加工和进口的应税消费品。具体包括用于销售和提供劳务所生产的应税消费品（包括纳税人用于换取生产资料和消费资料，投资入股和抵偿债务以及继续用于连续生产应税消费品以外的其他方面的应税消费品）；委托加工的应税消费品；进口的应税消费品以及零售环节。

税目是征税范围的具体化，现行消费税法确定消费税共有烟、酒、化妆品等 15 个税目，有的税目还包括若干子目，采用的是列举加概括的方法。

根据现行消费税法，消费税应纳税额的计算分为从价定率、从量定额以及从价定率和从量定额复合计税三类。

按规定需要交纳消费税的企业，应在"应交税费"总账户下，设"应交消费税"明细账户进行核算。该明细账户一般为三栏式，借方登记实际缴纳的消费税额，期末借方余额表示多交的或待扣的消费税额；贷方登记按规定应缴纳的消费税额，期末贷方余额表示尚未缴纳的消费税。

消费税的会计核算，根据具体应税消费品的取得方式及用途不同具有不同的处理模式。

纳税人销售自制应税消费品，在销售实现时，应当按应缴消费税税额借记"营业税金及附加"账户，贷记"应交税费——应交消费税"账户。同时须作与销售收入和应缴增值税有关的账务处理。

对于进口的应税消费品，应凭海关提供的完税凭证中所列消费税额，将其计入该项进口消费品成本，借记"固定资产""商品采购""材料采购"等科目，贷记"银行存款"等科目，不需通过"应交税费"科目。

⚠ 关键名词

消费税征税范围　纳税环节　消费税应纳税额核算　消费税会计核算

📖 练习题

一、单项选择题（请扫描二维码，在线测试本章学习效果）

1. 除卷烟外，下列环节中，不会发生消费税纳税行为的是（　　）。

　　A. 生产销售环节　　　　B. 批发环节　　　　C. 进口环节　　　　D. 零售环节

2. 现行消费税的计税依据是（　　）。

　　A. 含消费税不含增值税的销售额

　　B. 不含消费税不含增值税的销售额

　　C. 不含消费税含增值税的销售额

D. 含消费税且含增值税的销售额

3. 下列单位经营的应税消费品，不需交纳消费税的有（　　　）。

A. 酒厂自产白酒用于广告样品

B. 化妆品专卖店销售化妆品

C. 商场销售金银首饰

D. 汽车制造厂公益性捐赠的自产小汽车

4. 下列情况缴纳消费税的是（　　　）。

A. 委托加工的应税消费品（受托方已代收代缴消费税），委托方收回后直接销售的

B. 有出口经营权的生产性企业性企业生产应税消费品用于直接出口的

C. 自制应税消费品用于连续生产应税消费品

D. 自制应税消费品用于继续生产非应税消费品

5. 下列各种行为，应缴纳消费税的是（　　　）。

A. 烟草公司销售香烟　　　　　　　B. 炼油厂生产销售的汽油、柴油

C. 汽车加油站销售的汽油、柴油　　D. 汽车制造厂生产销售的卡车

6. 下列产品按量定额征收消费税的是（　　　）。

A. 白酒　　　B. 啤酒　　　C. 酒精　　　D. 药酒

7. 下列各项中，符合消费税法有关应按当期生产领用数量计算准予扣除外购的应税消费品已纳消费税税款规定的是（　　　）。

A. 外购已税白酒生产的药酒

B. 外购已税化妆品生产的化妆品

C. 外购已税白酒生产的巧克力

D. 外购已税珠宝玉石生产的金银镶嵌首饰

8. 甲企业委托乙企业加工应税消费品，是指（　　　）。

A. 甲发料，乙加工

B. 甲委托乙购买原材料，乙加工

C. 甲发订单，乙提供原材料并按甲的要求加工

D. 甲将资金给乙，乙以甲的名义购料并加工

选择题
即测即评

9. 委托加工收回的应税消费品（受托方已代收代缴消费税）由委托方收回后直接出售的，应缴纳的税金是（　　　）。

A. 消费税　　　B. 增值税　　　C. 消费税和增值税　　　D. 什么税都不交

10. 纳税人将应税消费品与非应税消费品以及适用税率不同的应税消费品组成成套消费品销售的，在计算消费税应纳税额时，采用的税率是（　　　）。

　　A. 应税消费品的平均税率　　　　　　　B. 应税消费品的最高税率

　　C. 应税消费品的最低税率　　　　　　　D. 应税消费品的各自不同税率

二、多项选择题（请扫描二维码，在线测试本章学习效果）

1. 下列各项中，应当征收消费税的是（　　　）。

　　A. 用于本企业连续生产应税消费品的应税消费品

　　B. 用于鼓励代理商销售业绩的应税消费品

　　C. 用于捐助国家指定的慈善机构的应税消费品

　　D. 自产应税消费品直接对外销售

2. 下列属于消费税纳税人的有（　　　）。

　　A. 销售白酒的商场　　　　　　　　　　B. 委托加工应税消费品的单位和个人

　　C. 生产销售应税消费品的单位和个人　　D. 受托加工应税消费品的单位和个人

3. 某酒厂为增值税一般纳税人，该企业销售自产啤酒收取的包装物押金处理正确的是（　　　）。

　　A. 逾期一年以上的并入销售额缴纳增值税

　　B. 逾期一年以上的并入销售额缴纳消费税

　　C. 无论是否返还均并入销售额缴纳增值税

　　D. 无论是否逾期均不并入销售额缴纳消费税

4. 按现行消费税规定，纳税人自产自用的应税消费品，如果用于（　　　）。

　　A. 连续生产应税消费品的，不纳税　　　B. 连续生产应税消费品的，纳税

　　C. 连续生产非应税消费品的，纳税　　　D. 连续生产非应税消费品的，不纳税

5. 按现行消费税规定，下列关于消费税计税数量的说法中，不正确的是（　　　）。

　　A. 销售应税消费品的，为应税消费品的销售数量

　　B. 自产自用应税消费品，不征税，不必核定计税数量

　　C. 进口的应税消费品，为纳税人报关进口的数量

　　D. 委托加工应税消费品的，为委托方提供原材料数量

6. 某烟草公司进口一批甲类卷烟，报关时应在海关缴纳的税金有（　　　）。

　　A. 增值税　　　B. 消费税　　　C. 营业税　　　D. 关税

7. 下列各项，应以纳税人同类应税消费品的最高销售价格为依据计算消费税的有（　　　）。

　　A. 用于抵债的应税消费品　　　　　　　B. 用于馈赠的应税消费品

　　C. 用于换取消费资料的应税消费品　　　D. 用于对外投资入股的应税消费品

8. 纳税人自产自用的下列应税消费品，应同时缴纳消费税和增值税的是（　　　）。

　　A. 连续生产非应税消费品的　　　　　　B. 连续生产应税消费品的

　　C. 非独立核算门市部销售　　　　　　　D. 用于对外投资

三、判断题（请扫描二维码，在线测试本章学习效果）

1. 对应税消费品征收消费税后，不再征收增值税。　　　　　　　　　　（　　）

2. 当货物为应税消费品时，在其流转的各环节征收增值税的同时也应对其征收消费税。

（　　）

3. 纳税人自产自用的消费品，均应于移送使用时缴纳消费税。　　　　　（　　）

4. 纳税人用外购的已税珠宝玉石生产的改在零售环节征收消费税的金银首饰，在计算应交消费税时，一律不得扣除外购珠宝玉石的已纳税款。　　　　　　　　（　　）

5. 各类酒类生产企业生产销售酒而收取的包装物押金，无论是否逾期，押金均应并入销售额缴纳消费税。　　　　　　　　　　　　　　　　　　　　　　　（　　）

6. 某汽车制造厂销售自产小汽车计算应纳消费税时，准予按生产领用数量扣除外购汽车轮胎已纳消费税额。　　　　　　　　　　　　　　　　　　　　　　（　　）

7. 企业把自己生产的应税消费品以福利或奖励的形式发给本单位职工，由于没有生产销售额，不必计入销售额，因而无须纳税。　　　　　　　　　　　　　　（　　）

四、实训题（请扫描二维码，查看实训题答案）

1. 某公司为增值税一般纳税人，2016 年 12 月发生下列经济业务：

（1）购进甲材料专用发票上注明价款 5 万元，同时支付运杂费 1.2 万元，其中运费 1 万元。

（2）当月生产应税消费品领用甲材料 6 万元，在建工程领用甲材料 1 万元。

（3）销售应税消费品一批，开具的专用发票上注明的价格为 4 万元，并代垫运杂费 1.5 万元，同时收到金额为 4.68 万的银行汇票一张（消费税率为 5%）。

要求：编制有关消费税会计分录。

2. A 酒厂 2016 年 3 月发生下列经济业务：

（1）购买一批酒精，取得专用发票上注明的价款为 10 万元。

（2）将购进的酒精发往 B 酒厂，委托 B 酒厂加工白酒，支付加工费 4 万元，共收回加工好的白酒 50 000 斤。

（3）将收回的白酒直接出售，取得不含税售价 18 万元。

要求：分别编制 A、B 两厂的消费税会计分录。

判断题
即测即评

实训题
查看答案

第 5 章
关税及会计核算

⊙ 学习目标

了解关税税制基本要素，掌握关税纳税人、征税范围、计税依据、使用税率、计算方法；熟悉关税纳税申报；掌握进出口关税应纳税额会计核算。

⊙ 问题导入

你认为关境和国境一致吗？

关境是海关执法时常用的术语，也是海关执法的地域性范畴。关境（Customs Frontier；Customs Boundary），又称"税境"或"海关境域"，是一国关税领域的界限。在关境之内，适用同一海关法或实行同一关税制度。

一般情况下，一国的关境与国境是一致的，即关境等同于国境；但在特殊情况下，关境可能大于或小于国境。国境是指一个国家行使全部国际主权的国家空间，包括领陆、领海、领空。第二次世界大战后，关税同盟和自由区、自由港大量出现，国境等于关境的原则被突破，国家政治国境和关境有时不完全一致。例如在几个国家结成关税同盟时，其关境是几个国境之和，关境便大于国境；而一国设立自由港、自由贸易区或其他特区，其关境便小于国境。

在我国，海关的关境是除单独关境以外的中华人民共和国全部领域。目前，我国法律已明确的单独关境有香港特别行政区、澳门特别行政区和台澎金马关税区。因此，我国关境是小于国境的。简言之，中国现行关境是适用《中华人民共和国海关法》的中华人民共和国行政管辖区域，不包括香港、澳门和台澎金马三个单独关境地区。

5.1 关税概述

5.1.1 关税相关的概念

1. 关税

关税是海关依法对进出一国关境的货物或物品征收的一种税。所谓关境，又称"海关领域"或"关税领域"，是国家《海关法》全面实施的领域。海关在征收进出口货物及物品关税的同时，还代征进口增值税和消费税。

关税起源很早。中世纪以前，各国征收关税的目的主要是促进和保护国内经济的发展、增加国家财政收入。随着资本主义经济的发展，国家的其他税源日益增加，关税收入在财政收入中所占比例日趋减少，更主要的是，各国日益广泛地利用高关税和非关税手段限制外国产品输入，保护本国资本对国内生产和国内市场的垄断，因此，收入关税逐渐被保护关税所代替。目前，仅有少数发展中国家还征收收入关税。

现在，关税收入在各国财政收入中的比重不断降低，而且，随着关税谈判和非关税保护手段的发展，关税的保护功能也在不断弱化，关税的功能主要表现在调节国际经济贸易关系方面。

关税的征收机关是海关，这是关税和我国现存其他税收种类的不同之处。

我国目前关税法律制度主要包括全国人大常务委员会于1987年1月22日通过、于2000年7月8日修正的《海关法》，国务院于2003年11月颁布的《中华人民共和国进出口关税条例》（以下简称《进出口关税条例》），以及经国务院关税税则委员会审定并报国务院批准，由海关总署印发的《海关进出口税则》、《中华人民共和国海关入境旅客行李物品和个人邮递物品征收进口税办法》等。

2. 关境和国境

在世界海关组织主持编写出版的《国际海关术语汇编》中，关境的定义为："关境一词系指一个国家的海关法得以全部实施的区域。"这是目前最常使用的关境定义。

关境是一个国家的海关法适用的空间。理论上其适用的范围通常应与国家主权行使范围，即国家领土相一致，即关境等于国境。

国境是国家的领土范围，包括领陆、领水和领空，它是立体的，关境也应该是立体的。

特殊原因的存在使国境与关境可能不一致，不一致的情况具体有关境大于国境和关境小于国境两类。

（1）关境大于国境。在几个国家结成关税同盟后，各成员国组成一个共同的关境，关境内实施统一的关税法令和统一的对外税则。这种情况下，共同关境大于其成员国的各自国境。

导致一国关境大于其国境的，还有某些国家由于地理、历史或海关管理方面的原因，相互签订条约，将其中一国领土的全部或部分划入了另一国关境。

（2）关境小于国境。对于这种情况，通行的观点是：有些国家在国境内设立了保税区、保税仓库、自由港、自由贸易区等特区的国家或地区，其关境就会小于其国境。例如，中国香港特别行政区全境均为自由港区。

自由港区是否是关境外地区，取决于各国的海关法或关税法的明确规定。凡该国法律未明确规定为关境外的自由区，应认为是关境内地区。我国的保税区显然应当属于我国关境内地区。历史的原因使我国的港、澳、台地区目前都有其自己的海关法或相应的法律，而《中华人民共和国海关法》在这三个地区不能适用。这也使我国的关境小于国境。

3. 货物和物品

货物和货品都是关税的征收对象。

凡是对外贸易进出口的商品，都被称为货物；凡是入境旅客以携带等方式进出境的个人自用品，都被称为物品。

5.1.2 关税的分类

依据不同的标准，关税可以划分为不同的种类。

1. 按征收对象进行分类

按征收对象进行分类，可将关税分为进口关税、出口关税和过境关税。

（1）进口关税。进口关税是指海关对进口货物和物品所征收的关税。进口税通常在外国货物进入关境或国境时征收，或在外国货物从保税仓库提出运往国内市场时征收。现今，世界各国的关税主要是征收进口税。征收进口税的目的在于保护本国市场和增加财政收入。

（2）出口关税。出口关税是指海关对出口的货物和物品所征收的关税。为降低出口货物的成本，提高本国货物在国际市场上的竞争能力，世界各国一般少征或不征出口税。但为保护环境和资源，限制本国某些产品或自然资源的输出，或为保护本国生产、本国市场供应和增加财政收入以及某些特定的需要，有些国家也征收出口税。

（3）过境关税。过境关税是指对过境货物所征的关税。过境货物是指由境外启运，通过境内继续运往境外的货物。过境税的前身是使用费，在重商主义时代曾盛行一时，征收过境税主要是为了增加财政收入。

2. 按征税标准分类

按征税标准可以分为从量关税、从价关税、复合关税、选择关税和滑准关税，其中，从量税、从价税是关税的基本计算方法。

（1）从量关税。从量关税是指以征税对象的计量单位（如重量、件数、长度、容积等）为计税标准，按每一个计量单位预先制定的税额为依据计征的关税。

（2）从价关税。从价关税是以征税对象的价格为计税依据，根据税率计征的关税。

（3）复合关税。复合关税是指对一种货物同时按照从价、从量征收两种方式，分别计算出应纳税额，以两个税额之和作为该货物的应纳关税税额的一种关税。

（4）选择关税。选择关税是指对同一种货物在税则中规定有从价、从量两种关税税率，在实行保护贸易政策时按其中征收税额较高的一种作为应纳税额计征标准的关税。另外，为向对方表示友好也可选择税额较少的一种作为标准计征关税。

（5）滑准关税。滑准关税亦称滑动关税或伸缩关税，它是指对某种货物在税则中预先按该商品的价格规定几档关税税率，然后根据进口商品的价格变化而调整的进口关税税率。价格高的进口商品适用较低税率，价格低的进口商品则适用较高税率。

3. 按约束程度分类

（1）自主关税。自主关税又称国定关税。一个国家基于其主权，独立自主制定的并有权修订的关税，包括关税税率及各种法规、条例。国定税率一般高于协定税率，适用于没有签订关税贸易协定的国家。

（2）不自主关税。不自主关税是原殖民地国家被殖民主义者以不平等条约强迫签订和实施的关税。

（3）协定关税。一国与他国通过缔结关税贸易协定而制定的关税税率叫协定关税。协定关税有双边协定税率、多边协定税率和单边协定税率。单边协定税率是一国对他国输入的货物降低税率，为其输入提供方便，而他国并不以降低税率回报的税率制度。

4. 按征税性质分类

按征税性质，关税可分为普通关税、优惠关税、差别关税三种。它们主要适用于进口关税。

（1）普通关税。普通关税又称一般关税，是对与本国没有签署贸易或经济互惠等友好协定的国家原产的货物征收的非优惠性关税。

（2）优惠关税。优惠关税一般是互惠关税，即优惠协定的双方互相给对方优惠关税待遇，但也有单向优惠关税，即只对受惠国给予优惠待遇，而没有反向优惠。优惠关税一般又分为互惠关税、特惠关税、最惠国待遇和普惠制关税。

（3）差别关税。差别关税实际上是保护主义政策的产物，是保护一国产业所采取的特别手段。一般意义上的差别关税主要分为抵销关税（也称反补贴关税）、报复性关税、反倾销关税等。

① 抵销关税（反补贴关税），是指在生产、制造、加工、买卖、输出等过程中接受来自出口国政府、垄断组织或工会的直接或间接的补贴，如果其价格低于进口国同类商品并使其受到重大损害或严重威胁时，进口国依照有关国际条约规定所征收的一种附加关税。它是进口附加关税的一种。

② 报复性关税，顾名思义就是为了报复征收相对国的一种额外关税。

③ 反倾销关税，是指进口国海关发现进口商品构成倾销时，对倾销商品除按海关税则中规定的税率征收一般进口税以外，附加征收的关税。其目的是为了抵制外国倾销，保护国内产业和国内市场。

5. 按照征收目的分类

按照征收目的，可分为收入关税（也叫财政关税）和保护关税等。收入关税是以增加国家财政收入为主要目的而征收的关税；保护关税是以保护国内经济发展为主要目的而征收的关税。目前，各国所使用的关税基本上是保护关税，收入关税已处于次要地位。

5.1.3 关税的特性

关税除了具有税收的一般属性外，还有自身独具的特性。

（1）征税对象仅为进出境的货物和物品。

（2）通常具有保护作用。保护作用主要是指进口关税具有保护作用：抑制外国货品的进口，增强本国产品的竞争能力。注意适度保护，不可过度。

（3）具有涉外性。关税是国际经济谈判和协定经常涉及的重要内容，属于"涉外税收"，但一般不将其列为"国际税收"。征收关税导致税负在进口国与出口国之间的分配关系，只是通过国际市场的供求关系引起的，从性质上看是属于流转税，不是对所得或财产的直接课税，因此，关税不属于国际税收。

（4）征收机关是海关，必须统一征收。

5.1.4 关税税制要素

1. 关税征收范围

除国家规定享受减免税的货物可以免征或减征关税外，所有进口货物和少数出口货物皆属于关税的征收范围，此外，所有进出境物品也属于关税的征收范围。

2. 关税的纳税义务人

关税纳税人，包括进口货物的收货人、出口货物的发货人、进出境物品的所有人。

对于携带进境的物品，推定其携带人为所有人；对分离运输的行李，推定相应的进出境旅客为所有人；对以邮递方式进境的物品，推定其收件人为所有人；以邮递或其他运输方式出境的物品，推定其寄件人或托运人为所有人。

3. 关税的税目和税率

关税的税目和税率由《海关进出口税则》规定。海关进出口税则，又称关税税率表、关税税则或海关税则，是一国政府根据国家关税政策和经济政策，通过一定的立法程序制定公布实施的进出口货物和物品应纳关税的关税税率表。

税率表作为税则主体，包括商品分类目录和税率栏两大部分。商品分类目录是把种类繁多的商品加以综合，按照其不同特点分门别类、分别编号按序排列，并逐号列出该号中应列入的商品名称。税率栏是按商品分类目录逐项制定的税率栏目。

关税税则中，最重要的是税率。关税税率为差别比例税率，可分为进口关税税率、出口关税税率和特别关税税率。

（1）进口关税税率。自 2002 年 1 月 1 日起，我国进口税则设有最惠国税率、协定税率、特惠税率、普通税率、关税配额税率等税率。此外，对进口货物在一定期限内可以实行暂定税率。

不同税率的运用是以进口货物的原产地为标准的。确定进境货物原产地的主要原因之一，是便于正确运用进口税则的各栏税率，对产自不同国家或地区的进口货物适用不同的关税税率。

① 最惠国税率。最惠国税率适用于原产于与我国共同适用最惠国待遇条款的 WTO 成员国或地区的进口货物，或原产于与我国签订有相互给予最惠国待遇条款的双边贸易协定的国家或地区进口的货物，以及原产于我国境内的进口货物。

某国的来自于其最惠国的进口产品享受的关税税率。根据最惠国待遇原则，最惠国税率一般不得高于现在或将来来自于第三国同类产品所享受的关税税率。所谓最惠国待遇原则，是指缔结经济贸易条约协定的一项法律原则，又称无歧视待遇原则，指缔约一方在贸易、航海、关税、公民的法律地位等方面给予缔约国另一方的优惠待遇。

② 协定税率。一国根据其与别国签订的贸易条约或协定而制定的关税税率。协定税率是相对于国定税率而言的，它不仅适用于协定的签订国，且适用于享有最惠国待遇的国家。

③ 特惠税率。特惠税率是双向的，通过国家之间的关税协定来确定，参加协定的各国既是给惠国，同时也是受惠国，税率低于最惠国税率。适用于与我国签订有特殊优惠关税协定的国家或地区的进口货物。

④ 普通税率。进口关税设普通税率和优惠税率。对原产于与中华人民共和国未订有关税互惠协议的国家或者地区的进口货物，按照普通税率征税；对原产于与中华人民共和国订有关税互惠协议的国家或者地区的进口货物，按照优惠税率征税。普通税率比优惠税率高，差别幅度一般也较大。

⑤ 关税配额税率。它是在关税配额内能享受到的关税优惠税率。关税配额是对商品进口的绝对数额不加限制，而对在一定时期内，在规定配额以内的进口商品，给予低税、减税或免税的待遇；对超过配额的进口商品则征收较高的关税。关税配额按商品进口的来源，可分为全球性关税配额和国别关税配额。按征收关税的目的，可分为优惠性关税配额和非优惠性关税配额。前者是对关税配额内进口商品给予大幅度的关税减让，甚至免征，而对超过配额的进口商品按照原来的最惠国税率征收。后者是在关税配额内仍征收原来的进口税，但超过配额的进口商品，则征收极高的附加税或罚款。

⑥ 暂定税率。暂定税率是在海关进出口税则规定的进口优惠税率和出口税率的基础上，对进口的某些重要的工农业生产原材料和机电产品关键部件（但只限于从与中国订有关税互惠协议的国家和地区进口的货物）以及出口的部分资源性产品实施的更为优惠的关税税率。这种税率一般按照年度制定，并且随时可以根据需要恢复按照法定税率征税。

暂定税率优先适用于优惠税率或最惠国税率。现行税则对200多个税目进口商品实行了暂定税率，对小麦、豆油等10种农产品和尿素等3种化肥产品实行关税配额管理。

（2）出口关税税率。我国仅对少数资源性产品及易于杀价、盲目进口、需要规范出口秩序的半制成品征收出口关税，真正征收出口关税的产品目前只有20种，税率也较低。

出口关税税率也有暂定税率。与进口暂定税率一样，出口暂定税率优先适用于出口税则中规定的出口税率。

5.1.5　关税的优惠政策

1. 法定减免
法定减免是指关税税法中明确规定的减免税。

（1）法定性免征关税。

① 关税税额在人民币50元以下的一票货物。

② 无商业价值的广告和货样。

③ 外国政府、国际组织无偿赠送的物资。

④ 进出境运输工具装载的途中必需的燃料、物料和饮食用品。

⑤ 因故退还的我国出口货物，由原发货人或其代理人申报进境，并提供原出口单证，经海关审查核实的；但已征的出口关税，不予退还。

⑥ 因故退还的境外进口货物，由原收货人或其代理人申报出境，并提供原进口单证，经海关审查核实的；但已征的进口关税，不予退还。

⑦ 为境外厂商加工、装配成品和为制造外销产品而进口的原材料、辅料、零件、部件、配套件和包装物料，海关按照实际加工出口的成品数量免征进口关税；或者对进口料、件先

征进口关税，再按照实际加工出口的成品数量予以退税。

（2）法定酌情减征或免征关税。

① 在境外运输途中或者在起卸时，遭受损坏或者损失的。

② 起卸后海关放行前，因不可抗力遭受损坏或者损失的。

③ 海关查验时已经破漏、损坏或者腐烂，经证明不是保管不慎造成的。

④ 中华人民共和国缔结或者参加的国际条约规定减征、免征关税的货物、物品，海关按规定予以减免关税。

⑤ 经海关核准暂时进境或者暂时出境，并在六个月内复运出境或者复运进境的货样、展览品、施工机械、工程车辆、工程船舶、供安装设备时使用的仪器和工具、电视或者电影摄制器械、盛装货物的容器以及剧团服装道具，在货物收发货人向海关缴纳相当于税款的保证金或者提供担保后，准予暂时免纳关税。

⑥ 无代价抵偿的进出口货物的关税征免办法，由海关总署另行规定。

（3）政策性减免税。在法定性减免税之外，根据国家制定并发布的有关进出口货物减免关税的政策办理的减免税，称为政策性减免税，如对科研单位进口的仪器、设备和大专院校进口的教学、科研设备的关税优惠政策，进口残疾人专用物资的关税优惠政策等。以一般贸易方式在上海钻石交易所报关进口的钻石、境外捐赠人无偿向受捐人捐赠的直接用于扶贫、慈善事业的物资，可免缴关税，但前者要照缴进口环节的增值税，而后者不缴。

（4）其他。法律规定减征、免征的其他货物。

2. 特定减免

根据国务院制定的特定减免税办法给予减征或免征关税优惠的主要有以下方面：

（1）经济特区、对外开放区、中外合资经营企业、中外合作经营企业、外资企业等特定地区和特定企业进出口的货物，按国务院有关规定减免税。

（2）其他进出口货品，按国务院有关规定减免税。如为了促进科教事业的发展，大专院校和专门从事科学研究的机构，向外订购的科教用品，属于规定范围以内的，经中央或地方主管部门批准，海关审核，免征进口关税。

3. 临时减免

临时减免是指法定减免和特定减免范围以外的、由海关审批的减免税。

收发货人及其代理人，要求对其进出口货物临时减征或者免征进出口关税的，应当在货物进出口前书面说明理由，并附必要的证明和资料，向所在地海关申请。所在地海关审查属实后，转报海关总署，向海关总署或者海关总署会同财政部按照国务院的规定审查批准。

5.2　关税税额的计算

我国对进出口货物关税征收，主要采用从价计征的办法，以货物的完税价格为依据征收；对非贸易性进口物品，是将关税、海关代征增值税及消费税合并征收，简称"行邮税"。

5.2.1　进出口货物关税的计税依据

关税的计税依据即海关计算关税及代征增值税、消费税时需要用到的完税价格。换句话说，它是指我国海关在从价计税时，据以计算进出口货物和非贸易性物品时应缴关税的价格。根据《进出口关税条例》规定，进口货物应当以海关审查确定的货物在采购地的正常批发价格，加上运抵我国输入地点起卸前的包装费、运费、保险费、手续费等一切费用的到岸价格作为完税价格。如果海关未能确定进口货物在采购地的正常批发价格，应当以申报进口时国内输入地点的同类货物的正常批发价格，减去进口关税和国内税，以及进口后的正常运输、储存及营业费用作为完税价格。出口货物应以海关审定的货物售予境外的离岸价格，扣除出口税后作为完税价格。

国际惯例的完税价格：进口货物以海关审定的正常到岸价格为完税价格；出口货物以海关审定的正常离岸价格扣除出口税为完税价格。

一般进口货物，完税价格中包括货价 C，到达第一口岸前的运费 F 和保险费 I。无法确定实际运保费的，按照同期同行业运费率计算运费，按照（货价 + 运费）×3‰来计算保险费，将计算出的运保费并入完税价格。

如果进口货物的到岸价格经海关审查未能确定的，海关应当依照以下顺序确定完税价格。

（1）从该项进口货物的同一出口国或者地区购进的相同或类似货物的成交价格。

（2）该项进口货物的相同或类似货物在国际市场上的成交价格。

（3）国内市场价格倒扣法。如果使用相同货物成交价格、类似货物成交价格、国际市场价格都无法对进口货物的成交价格进行合理估定，则应采用国内市场价格倒扣法。即以申报进口时国内输入地点的同类货物的正常批发价格，减去进口关税和进口环节代征税以及进口后正常运输、储存、销售费用及利润为完税价格。由于进口后的正常费用和利润，各种货物有所差异，难以准确计算，通常按照到岸价格的20%来确定。其计算公式如下：

① 不征或只征增值税的货物的计算公式

$$完税价格 = 国内市场批发价格 \div （1 + 进口关税税率 + 20\%）$$

② 应缴纳国内增值税、消费税的货物应当扣除国内税，计算出完税价格。计算公式

如下

$$完税价格 = 国内市场批发价格 \div [1 + 进口关税税率 + (1 + 进口关税税率) \times$$
$$消费税税率 \div (1 - 消费税税率) + 20\%]$$

（注：以上两个公式分母中的20%为需从批发价格中减除的费用、利润）

5.2.2 进口货物关税应纳税额的计算

我国对进口商品基本上都实行从价税。从1997年7月1日起，我国对部分产品实行从量税、复合税和滑准税。

1. 从价税计算方法

从价税，是指以进（出）口货物的完税价格为计税依据的一种关税计征方法。其应纳关税税额的计算公式为

$$关税应纳税额 = 应税进（出）口货物数量 \times 单位完税价格 \times 适用税率$$

【例5-1】 某企业海运进口一批货物，海关审定货值折合人民币5 000万元，运费折合人民币20万元，该批货物进口关税税率为5%，计算应纳关税税额。

完税价格 = （5 000 + 20）× （1 + 3‰） = 5 035.06（万元）

应纳关税税额 = 5 035.06 × 5% = 251.75（万元）

【例5-2】 某公司从国外进口一批商品，其CIF价格已无法确定，国内输入地点的同类商品的正常市场批发价格为900 000元，国内消费税税率为8%，该商品的关税税率为15%。要求计算该批商品应纳的关税。

完税价格 = 900 000 ÷ [1 + 15% + （1 + 15%）× 8% ÷ （1 - 8%）+ 20%] = 620 690（元）

应纳进口关税税额 = 620 690 × 15% = 93 103.5（元）

2. 从量税计算方法

从量税，是指以进（出）口货物的数量为计税依据的一种关税计征方法。目前，我国对原油、部分鸡产品、啤酒、胶卷进口分别以重量、容量、面积计征从量税。从量税应纳关税税额的计算公式为

$$关税应纳税额 = 应税进（出）口货物数量 \times 关税单位税额$$

3. 复合税计算方法

复合税，是指对某种进（出）口货物同时使用从价和从量计征的一种关税计征方法。目前，我国对原录像机、放像机、数字照相机和摄录一体机实行复合税。复合税应纳关税税额的计算公式为

$$\text{关税应纳税额} = \text{应税进（出）口货物数量} \times \text{关税单位税额} + \text{应税进（出）口货物数量} \times \text{单位完税价格} \times \text{适用税率}$$

4. 滑准税计算方法

滑准税，是指关税的税率随着进口货物价格的变动而反方向变动的一种税率形式，即价格越高，税率越低，税率为比例税率。因此，对实行滑准税率的进口货物应纳税额的计算方法仍同于从价税的计算方法。目前我国对新闻纸实行滑准税。滑准税应纳关税税额的计算公式为

$$\text{关税应纳税额} = \text{应税进（出）口货物数量} \times \text{单位完税价格} \times \text{滑准税税率}$$

5.2.3 行李和邮递物品进口税的计算

非贸易性进口物品的计税，是将关税、增值税、消费税合并征收，简称"行邮税"。

行邮税是关税、增值税、消费税三个税种的混合体，从价计征，完税价格参照该物品境外正常零售平均价格确定，应在海关放行前缴清税款。

行邮税的税率分为 50%、20%、10% 三个档次：属于 50% 税率的物品为烟、酒；属于 20% 税率的物品包括纺织品及其制成品、摄像机、摄录一体机、数码相机及其他电器用品，以及照相机、自行车、手表、钟表（含配件、附件）、化妆品；属于 10% 税率的物品，包括书报、刊物、教育专用电影片、幻灯片、原版录音带、录像带，金、银及其制品，食品、饮料和其他商品。

5.2.4 出口货物应纳关税的计算

我国真正征收出口关税的商品只有 20 种，税率较低，实行一档比例税率（20% ~40%）。

出口货物的完税价格由海关以该货物向境外销售的成交价格为基础审查确定，并应包括货物运抵我国境内输出地点装载前的运输及其相关费用、保险费，但其中包含的出口关税税额应当扣除。出口货物成交价格中含有支付给国外的佣金，如与货物的离岸价格分列，应予扣除；未分列则不予扣除。售价中含离境口岸之间的运费、保险费的，该运费、保险费可以扣除。

出口货物的成交价格不能确定的，海关依次以下列价格审查确定该货物的完税价格：

（1）同时或者大约同时向同一国家或者地区出口的相同货物的成交价格。

（2）同时或者大约同时向同一国家或者地区出口的类似货物的成交价格。

（3）根据境内生产相同或者类似货物的成本、利润和一般费用（包括直接费用和间接费用）、境内发生的运输及相关费用、保险费计算所得的价格。

（4）按照合理方法估定的价格。

【例 5 – 3】 某丝绸进出口公司出口生丝一批，离岸价格为 550 万元人民币，出口税率为 100%，计算其应纳的出口关税。

$$完税价格 = 550 ÷ （1 + 100\%） = 275 （万元）$$

$$应纳税额 = 275 × 100\% = 275 （万元）$$

5.3　关税的纳税申报

5.3.1　关税纳税地点

海关征收关税时，根据纳税人的申请及进出口货物的具体情况，可以在关境地征收，也可以在主管地征收。

1. 在关境地征收

关境地征收即口岸纳税，不管纳税人的住址在哪里，进出口货品在哪里通关，纳税人即在那里缴纳关税，这是一种常见的方法。

2. 在主管地纳税

主管地纳税亦称集中纳税，纳税人缴纳关税时，经海关办理有关手续，进出口货品即可由纳税人住址所在地的海关（主管地海关）监管其通关，关税也在纳税人住址所在地（主管地）缴纳。这种方式只适合于集装箱运载货物时使用。

进口货物的收发货人或其代理人，应当在海关填发税款缴纳凭证之日起 15 日（法定公休日顺延），向指定银行缴纳税款。逾期缴纳的，除依法追缴外，由海关自到期次日起至缴清税款日止，按时加收欠缴税款的滞纳金。

5.3.2　关税缴纳

进口货物的纳税人应当自运输工具申报进境之日起 14 日内，出口货物的纳税人除海关特准的外，应当在货物运抵海关监管区后，装货的 24 小时以前，向货物的进出境地海关申报。海关根据税则归类和完税价格计算应缴纳的关税和进口环节代征税，并填发税款缴纳书。

纳税义务人应当自海关填发税款缴款书之日起 15 日内，向指定银行缴纳税款。

关税纳税义务人因不可抗力或者在国家税收政策调整的情形下，不能按期缴纳税款的经海关总署批准，可以延期缴纳税款，但最长不得超过 6 个月。

为进一步适应区域经济发展的要求，简化海关手续，提高通关效率，海关总署决定于 2006 年 9 月 1 日起实施跨关区"属地申报，口岸验收"的通关模式。

纳税人缴纳关税时，需填"海关（进出口关税）专用缴款书"（见表5－1）并携带有关单证。"缴款书"一式六联，依次是收据联（此联是国库收到税款签章后退还纳税人作为完税凭证的法律文书，是关税核算的原始凭证）、付款凭证联、收款凭证联、回执联、报查联、存根联。

表5－1　海关进出口关境专用缴款书

收入系统：海关系统

填发日期：　年　月　日　　　　　　　　　　　　　　　　　　　　金额单位：元（列至角分）

收款单位	收入机关			缴款单位（人）		名称	
	科目		预算级次			账号	
	收款国库					开户银行	
税号	货物名称	数量		单位	完税价格	税率%	税款金额
金额人民币（大写）：　万　仟　佰　拾　元　角　分						合计	
申请单位编号			报关单编号			填制单位：	收款国库
合同（批文）号			运输工具（号）			填制人：	（银行）：
缴款期限			提/装货员			复核人：	
						申请专用章：	
							业务公章：
注	一般征税						
	国际代码						

5.4　关税的会计处理

为了核算企业应缴纳的关税，企业应在"应交税费"账户下设置"应交关税"二级账户，并根据进口业务和出口业务，在"应交关税"二级账户下设置"应交进口关税"和"应交出口关税"两个明细账户。

企业应根据进出口业务形式和内容的不同，视具体情况进行会计核算。

5.4.1　进口关税的核算

企业通过外贸企业代理进口或者直接从国外进口原材料，应支付的进口关税，不通过"应交税费"账户核算，而是将其与进口原材料的价款、国外运费、保险费和通关后国内发生的采购费用等一并计入进口原材料的采购成本,借记"材料采购""原材料"等账户。贷记"银行存款""应付账款"等账户。

企业根据同外商签订的加工装配和补偿贸易合同而引进的国外设备,应支付的进口关税借记"在建工程——引进设备工程"账户,贷记"银行存款"账户。

企业自营进口关税的核算:

借:材料采购

　　贷:应交税费——进口关税

如果为代理进口关税业务,则作如下会计分录:

借:应收账款

　　贷:应交税费——进口关税

借:应交税费——进口关税

　　贷:银行存款

借:银行存款

　　贷:应收账款

工业企业进口关税可不通过"应交税费"

购入外汇(如美元)时:

借:银行存款——美元户

　　贷:银行存款——人民币户

对外付汇,支付进口关税、增值税时:

借:材料采购

　　应交税费——应交增值税(进项税额)

　　贷:银行存款——美元户

　　　　银行存款——人民币户

验收入库时:

借:原材料

　　贷:材料采购

【例5-4】 ××公司为一般纳税人,自营进口材料一批,价格50万元,关税税率为10%,款项未付。

按海关审定的完税价计算,应纳进口关税=500 000×10%=50 000(元)

应编制的会计分录如下:

借:材料采购　　　　　　　　　　　　　　　　　　　　　　　　　　550 000

　　应交税费——应交增值税(进项税额)　　　　　　　　　　　　　　93 500

　　　　贷：应交税费——进口关税　　　　　　　　　　　　　　　50 000
　　　　　　应付账款　　　　　　　　　　　　　　　　　　　　593 500
　　以银行存款缴纳进口关税时，作会计分录如下：
　　　　借：应交税费——进口关税　　　　　　　　　　　　　　　50 000
　　　　　　贷：银行存款　　　　　　　　　　　　　　　　　　　50 000

5.4.2　出口关税的核算

1. 商业企业出口关税的核算

（1）自营出口业务关税的核算。企业计算出应缴纳的出口关税时，应借记"营业税金及附加"科目，贷记"应交税费——应交关税"账户。实际缴纳出口关税时，借记"应交税费——应交关税"账户，贷记"银行存款"账户。

（2）代理出口业务关税的核算。代理出口业务是指外贸企业代理其他单位经营出口业务。代理出口业务发生的关税，只是由外贸企业代征代交，最终需要向委托单位收取。代理出口的外贸企业计算出应缴纳的出口关税时，应借记"应收账款"账户，贷记"应交税费——应交关税"账户；实际缴纳税款时，借记"应交税费——应交关税"账户，贷记"银行存款"账户。

【例5－5】　某外贸公司接受××公司委托代理出口A产品一批，按出口完税价格计算应缴纳出口关税68 000元。应编制的会计分录如下：
　　　　借：应收账款——××公司　　　　　　　　　　　　　　　68 000
　　　　　　贷：应交税费——出口关税　　　　　　　　　　　　　68 000
　　以银行存款缴纳税款时：
　　　　借：应交税费——出口关税　　　　　　　　　　　　　　　68 000
　　　　　　贷：银行存款　　　　　　　　　　　　　　　　　　　68 000
　　向××公司收回代征代缴税款时：
　　　　借：银行存款　　　　　　　　　　　　　　　　　　　　　68 000
　　　　　　贷：应收账款　　　　　　　　　　　　　　　　　　　68 000

2. 工业企业出口关税的核算

工业企业出口商品一般都不征收关税。如果必须征收出口关税，应视为企业只要实现了收入就应缴纳的税金，作为抵减收入的一种费用处理，记入"营业税金及附加"科目。

【例5－6】　某有色金属冶炼公司向英国出口锡矿砂，上海港的离岸价格为人民币2 000万元，适用的出口关税税率为20%，关税税款以银行存款付讫。关税的计算及会计处理如下：

（1）出口货物的关税完税价格 = 20 000 000 ÷（1 + 20%）= 16 666 666.67（元）

（2）应交出口关税 = 16 666 666.67 × 20% = 3 333 333.33（元）

借：营业税金及附加　　　　　　　　　　　　　　　　　3 333 333.33

　　贷：应交税费——应交出口关税　　　　　　　　　　　　　　3 333 333.33

（3）缴纳出口关税：

借：应交税费——应交出口关税　　　　　　　　　　　　3 333 333.33

　　贷：银行存款　　　　　　　　　　　　　　　　　　　　　　3 333 333.33

◎ 本章小结

关税是海关依法对进出一国关境的货物或物品征收的一种税。所谓关境，又称"海关领域"或"关税领域"，是国家《海关法》全面实施的领域。海关在征收进出口货物及物品关税的同时，还代征进口增值税和消费税。

关境是一个国家的海关法适用的空间。理论上其适用的范围通常应与国家主权行使范围，即国家领土相一致，即关境等于国境。

国境是国家的领土范围，包括领陆、领水和领空，它是立体的，关境也应该是立体的。

关税纳税人，包括进口货物的收货人、出口货物的发货人、进出境物品的所有人。

关税税率为差别比例税率，可分为进口关税税率、出口关税税率和特别关税税率。

关税的计税依据即海关计算关税及代征增值税、消费税时需要用到的完税价格。换句话说，它是指我国海关在从价计税时，据以计算进出口货物和非贸易性物品时应缴关税的价格。

企业通过外贸企业代理进口或者直接从国外进口原材料，应支付的进口关税，不通过"应交税费"账户核算，而是将其与进口原材料的价款、国外运费、保险费和通关后国内发生的采购费用等一并计入进口原材料的采购成本，借记"材料采购""原材料"等账户。贷记"银行存款""应付账款"等账户。

⚠ 关键名词

关税税率　进出口关税核算　关税申报和会计核算

📖 练习题

一、单项选择题（请扫描二维码，在线测试本章学习效果）

1. 依据关税的有关规定，下列各项中不应计入完税价格的有（　　）。

　　A. 为进口货物支付的包装劳务费

　　B. 为进口货物支付的商标权费用

C. 为进口货物发生的境外考察费

D. 为进口货物发生的境外开发、设计等相关费用

2. 某企业进口机器一台，关税完税价格为 200 万元，假设进口关税税率为 20%，支付国内运输企业的运输费用 0.2 万元（有货票）；本月售出，取得不含税销售额 350 万元，则本月应纳增值税额（　　）万元。

    A. 28.5　　　　B. 40.8　　　　C. 18.686　　　　D. 18.7

3. 出口货物的完税价格应该包括（　　）。

    A. 离境口岸至境外口岸之间的运输费、保险费

    B. 支付给境外的佣金

    C. 工厂至离境口岸之间的运输费、保险费

    D. 出口关税

选择题
即测即评

4. 某单位将一台设备运往国外修理，在按海关规定的期限里运进境时，此项设备的到岸价格为 150 万元，其原出境时同类设备的到岸价格经海关审定为 130 万元，海关审定的该设备正常的修理费和料件费为 30 万元。假设该设备进口关税的税率为 5%，则该设备复运进境时，按关税条例规定应缴纳进口关税（　　）。

    A. 7.5 万元　　　　B. 6.5 万元　　　　C. 1.5 万元　　　　D. 1 万元

5. 进口货物的保险费应计入进口完税价格中，但陆、空、海运进口货物的保险费无法确定时，可按"货价加运费"之和的（　　）计算保险费。

    A. 3‰　　　　B. 3%　　　　C. 1%　　　　D. 20%

二、多项选择题（请扫描二维码，在线测试本章学习效果）

1. 根据关税法律制度的规定，下列各项中，属于关税纳税人的有（　　）。

    A. 进口货物的收货人　　　　B. 出口货物的发货人

    C. 携带物品进境的入境人员　　　　D. 进境邮递物品的收件人

2. 关税按征税标准分类，可以分为（　　）。

    A. 从量税　　　　B. 从价税　　　　C. 复合税　　　　D. 滑准税

3. 关税是对进出境的（　　）征收的一种税。

    A. 货物　　　　B. 物品　　　　C. 无形资产　　　　D. 劳务

4. 进口关税税率设有（　　）。

    A. 普通税率　　　　B. 特惠税率　　　　C. 协定税率　　　　D. 最惠国税率

5. 海关可以使用下列（　　）估定完税价格。

    A. 相同货物成交价格方法　　　　B. 类似货物成交价格方法

    C. 倒扣价格方法　　　　D. 计算价格方法

6. 企业自营进口商品应以 CIF 价格作为完税价格计缴关税，其会计处理为（　　　）。

 A. 借：材料采购   B. 借：应交税费——应交进口关税

   贷：应交税费——应交进口关税   贷：银行存款

 C. 借：材料采购   D. 借：应付账款

   贷：银行存款   贷：应交税费——应交进口关税

三、判断题（请扫描二维码，在线测试本章学习效果）

1. 出口货物的完税价格，是由海关以该货物向境外销售的成交价格为基础审查确定，包括货运至我国境内输出地点装卸前的运输费、保险费，但不包括出口关税。（　　　）

2. 在海关对进出口货物进行完税价格审定时，如海关不接受申报价格，而认为有必要估定完税价格时，可以与进出口货物的纳税义务人进行价格磋商。（　　　）

3. 因故退还的国内出口货物，经海关审查属实，可予免征进口关税，已征收的出口关税准予退还。（　　　）

4. 行邮税的纳税人应在海关放行该物品前缴清税款。（　　　）

5. 行李和邮递物品进口税中包含了进口环节征收的增值税、消费税。（　　　）

四、实训题（请扫描二维码，查看实训题答案）

1. 某公司进口一批汽车轮胎，其关税完税价格 5 000 万元，关税税率为 80%。汽车轮胎是应纳消费税商品，进口时由海关代征增值税和消费税，消费税税率为 3%。请进行会计处理。

2. 某进出口公司从国外进口彩电 1 000 台，经海关审查，无采购地正常批发价格，按国内市场批发价格估定其完税价格。该彩电国内市场批发价格为每台 3 600 元，适用进口关税税率 60%。试计算应纳关税税额并进行会计处理。

3. 某铁合金厂向日本出口一批硅铁，国内港口 FOB 价格折合人民币为 5 600 000 元，硅铁出口关税税率为 10%，关税以支票付讫。计算出口关税税额并作会计分录。

判断题
即测即评

实训题
查看答案

第6章
城建税、教育费附加会计

◎ 学习目标

掌握城建税、教育费附加的概念，应纳税额的计算和会计处理；了解城建税的纳税申报。

◎ 问题导入

教育费附加是税吗？

教育费附加不是税收，是由教育部门专项使用的一种"费"。之所以叫附加是因为它的税基为其他主税，如增值税、消费税、营业税等。旧的会计准则将教育费附加专门放在"其他应交款"账户核算，现在新的准则统一在"应交税费"账户核算。目前主要用于地方教育，由地税局代收。

教育费附加虽然不是税收，不具有税收征收范围的广泛性、统一性，强制性也没有税收强，而且也不适用《税收征管法》，但其和税收有很多相似之处，如都由税务局负责征收，在实质上已经具有税收强制性、无偿性、固定性三大特征。

另外，它的税基和城市维护建设税完全相同。

✎ 6.1 城市维护建设税、教育费附加概述及税额计算

6.1.1 城市维护建设税概述

城市维护建设税（简称城建税，下同），是对从事工商经营，缴纳增值税、消费税的单位和个人，就其实际缴纳的"增值税、消费税"税额为计税依据而征收的一种税。现行的城市维护建设税是以1985年2月8日由国务院发布并于同年实施的《中华人民共和国城市

维护建设税暂行条例》为依据来征收的。

1. 城建税的特点

（1）具有特定目的。税款专款专用，只用于改善城市的公用事业和公共设施的维护和建设。

（2）属于一种附加税。城建税是以"增值税和消费税"税额为计税依据而征收的一种税，本身没有特定、独立的征税对象。

（3）根据城镇规模设计税率。

（4）征收范围较广。

2. 城市维护建设税的纳税人

城建税是指在征税范围内从事工商经营，缴纳增值税、消费税的单位和个人，包括国有企业、集体企业、私营企业、股份制企业、其他企业和行政单位、事业单位、军事单位、社会团体、其他单位，以及个体工商户和其他个人。

3. 城市维护建设税的税率

城建税的税率是指纳税人应缴纳的城建税税额与纳税人实际缴纳的"增值税和消费税"税额之间的比率。城建税在税率设计上，考虑到不同地区维护建设资金的需要，根据谁受益、谁负担，受益不同的原则，实际地区差别比例税率按纳税人所在地的行政区划分。适用税率具体为：

（1）纳税人所在地在城市市区的，税率为7%。

（2）纳税人所在地在县城、建制镇的，税率为5%。

（3）纳税人所在地不在城市市区、县城、建制镇的，税率为1%。

其中：

（1）城市是指经国务院批准设立的市。城市的征税范围为市区和郊区。

（2）县城是指县人民政府所在地。县城的征税范围为县人民政府所在地的城镇。

（3）建制镇是指经省、自治区、直辖市人民政府批准设立的建制镇。建制镇的征税范围为镇人民政府所在地。

纳税人一般应按所在地适用的税率计算纳税，但对下列两种情况，可按缴纳"增值税和消费税"所在地的适用税率计算纳税城建税。

第一种情况是，由受托代征、代扣"增值税和消费税"的单位和个人，其代征代扣的城建税按受托方所在地适用税率。

第二种情况是，流动经营等无固定经营场所和纳税地点的单位和个人，在经营地缴纳"增值税和消费税"的，其城建税的缴纳按经营地适用税率。

对铁道部应纳的城建税，由于铁道部汇总缴纳营业税，难以适用地区差别税率，因此，财政部对此特案规定，其缴纳城建税的税率统一为5%。

4. 城市维护建设税的税收优惠

因城建税具有附加税的性质，所以，原则上不单独减免，只有当"增值税和消费税"发生减免时，城建税才相应减免。城建税的减免可以分为以下几种情况：

（1）城建税随"增值税和消费税"的减免而减免，但对出口产品退还增值税、消费税时，不退还已经缴纳的城市维护建设税。

（2）海关对进口产品征收增值税、消费税时，不同时征收城建税。

（3）为支持三峡建设，对三峡工程建设基金，自2004年1月1日起至2009年12月31日期间，免征城建税和教育费附加。

（4）对个别缴纳城建税确有困难的企业和个人，由市（县）人民政府审批，可以酌情给予减免照顾。

5. 城市维护建设税的纳税地点

纳税人缴纳增值税、消费税的地点即是城建税的纳税地点，但是下列情况除外：

（1）代征代扣"增值税和消费税"的单位和个人，其城建税的纳税地点在代征代扣地。

（2）跨省开采的油田，下属生产单位与核算单位不在一个省内的，其生产的原油，在油井所在地缴纳增值税，其应纳税款由核算单位按照各油井的产量和规定税率，计算汇拨各油井缴纳。各油井应纳的城建税，应由核算单位计算，随同增值税一并汇拨油井所在地，由油井在缴纳增值税的同时，一并缴纳城建税。

（3）对流动经营等无固定纳税地点的单位和个人，应随同"增值税和消费税"在经营地按适用税率缴纳。

6. 城市维护建设税的纳税期限

纳税期限分别与"增值税和消费税"的纳税期限一致。增值税、消费税的纳税期限均分别为1日、3日、5日、10日、15日或者1个月。

6.1.2 城市维护建设税的计税依据及应纳税额的计算

1. 城市维护建设税的计税依据

城建税的计税依据，是指纳税人实际缴纳的增值税、消费税、营业税"增值税和消费税"税额。但需注意以下几点：

（1）违反"增值税和消费税"而加收的滞纳金和罚款，不作为城建税和教育费附加的计税依据（城建税只针对正税税额）。

（2）纳税人在被查补"增值税和消费税"和被处以罚款时，应同时对其偷漏的城建税进行补税和罚款。

（3）城建税以"增值税和消费税"为税基，如果要免征或减征"增值税和消费税"，同时也要免征或减征城建税和教育费附加。

（4）对出口产品退还增值税、消费税的，不退还已缴纳的城建税和教育费附加。

（5）1997年起供货单位向出口企业和外贸企业销售出口产品时以销项减进项为计税依据。

（6）2005年1月1日起，经国家税务局正式审核批准的当期免抵的增值税税额应纳入城建税和教育费附加的计征范围，分别按规定的税（费）率征收城建税和教育费附加。2005年1月1日前，已按免抵的增值税税额征收的城建税和教育费附加不再退还，未征的不再补征应纳税额的计算。

2. 城市维护建设税的计算方法

城建税纳税人应纳税额的大小是由纳税人实际缴纳的"增值税和消费税"税额决定的，其计算公式为

$$应纳税额 = （实际缴纳的增值税 + 实际缴纳的消费税）\times 适用税率$$

【例6-1】 位于城市市区的内资企业××公司2016年2月份应纳消费税50 000元，实纳50 000元，应纳增值税160 000元，实纳150 000元。请计算当月应缴纳的城市维护建设税额。

应纳城市维护建设税 = （50 000 + 150 000）×7% = 14 000（元）

【例6-2】 某一地处县城的内资企业2016年3月份缴纳营业税11 000元和增值税14 000元，另外，进口产品时支付增值税额8 000元，出口商品本月退回增值税5 000元，退回消费税3 000元。请计算该企业当月应缴纳城市维护建设税额。

应纳城市维护建设税 = 14 000×5% = 700（元）

6.1.3 教育费附加

教育费附加是对缴纳增值税、消费税的单位和个人，就其实缴税额为依据征收的一种专项附加费，是正税以外的政府行政收费。

教育费附加对缴纳"增值税和消费税"的单位和个人征收，以其实际缴纳的"增值税和消费税"税额为计费依据，分别与"增值税和消费税"同时缴纳。现行教育费附加的征收率为"增值税和消费税"税额的3%。

教育费附加的减免税规定：海关进口商品征收的增值税、消费税不征收教育费附加；对由于减免"增值税和消费税"而发生退税的，可同时退还已征收的教育费附加。但对出口产品退还增值税、消费税的，不退还已征的教育费附加。

注意，从2010年12月1日起，对外商投资企业、外国企业及外籍个人（以下简称外资

企业）征收城市维护建设税和教育费附加。

【例6－3】 某汽车厂所在地为省会城市，当月实际已纳的增值税100万元，消费税400万元。则：

应纳教育费附加＝（1 000 000＋4 000 000）×3%＝150 000（元）

6.2　城市维护建设税的纳税申报

6.2.1　纳税期限和环节

税法规定城市维护建设税在纳税人缴纳"增值税和消费税"时同时缴纳，所以城市维护建设税的纳税期限与"增值税和消费税"的纳税期限相同。不能按固定期限纳税的，可以按次纳税。

城市维护建设税的纳税环节，实际就是纳税人缴纳"增值税和消费税"的环节。纳税人只要发生"增值税和消费税"的纳税义务，就要在同样的环节，分别计算缴纳城市维护建设税。

6.2.2　纳税地点

城市维护建设税以实际缴纳"增值税和消费税"税额为计税依据，与"增值税和消费税"同时缴纳，所以纳税人缴纳"增值税和消费税"的地点，就是缴纳城市维护建设税的地点。

因纳税地点的复杂性和特殊性，财政部和国家税务总局对城市维护建设税的纳税地点作出了如下规定：

（1）代扣代缴、代收代缴"增值税和消费税"的单位和个人，同时也是城市维护建设税代扣代缴、代收代缴义务人，其城市维护建设税的纳税地点在代扣代缴地。

（2）对流动经营等无固定纳税地点的单位和个人，应随同"增值税和消费税"在经营地按适用税率缴纳。

（3）跨省开采的石油，下属生产单位与核算单位不在一个省内的，其生产的原油，在油井所在地缴纳增值税，其应纳税款由核算单位按照各油井的产量和规定税率，计算汇拨各油井缴纳。所以，各油井应纳的城市维护建设税，应由核算单位计算，随同增值税一并汇拨油井所在地，由油井在缴纳增值税的同时，一并缴纳城市维护建设税。

（4）对管道局输油部分的收入，由取得收入的各管道局于所在地缴纳营业税。所以，其应纳城市维护建设税，也应由取得收入的各管道局于所在地缴纳营业税时一并缴纳。

6.2.3 纳税申报

纳税人应根据实际缴纳"增值税和消费税"的情况，正确计算城市维护建设税，如实填写《城市维护建设税纳税申报表》，及时申报和缴纳城市维护建设税。《城市维护建设税纳税申报表》的格式如表6-1所示。

表6-1 城市维护建设税申报表

填表日期： 年 月 日

纳税人识别号 ☐☐☐☐☐☐☐☐☐☐☐☐☐☐☐☐ 金额单位：元（列至角分）

纳税人名称				税款所属时期		
计税依据	计税金额	税率	应纳税额	实纳税额	欠（退）税额	
1	2	3	4＝2×3	5	6＝4－5	
增值税						
营业税						
消费税						
合 计						
如纳税人填报，由纳税人填写以下各栏		如委托代理人填报，由代理人填写以下各栏				备注
会计主管	经办人	代理人名称		代理人		
		地址		（签单）		
（签单）	（签单）	经办人		电话		
以下由税务机关填写						
收到申报表日期			接收人			

6.3 城建税、教育费附加的会计核算

6.3.1 城市维护建设税的会计核算

核算城市维护建设税，应设置"应交税费——应交城市维护建设税"和"营业税金及附加""固定资产清理"等账户。"应交税费——应交城市维护建设税"账户贷方反映企业应缴纳的城市维护建设税，借方反映企业已缴纳的城市维护建设税，贷方余额反映企业应交未交的城市维护建设税。"营业税金及附加"账户核算企业经营活动发生的营业税、消费税、城市维护建设税、资源税和教育费附加等相关税费。借方登记计算缴纳的税费，贷方登

记期末结转到"本年利润"账户的税费，结转后该账户无余额。但房产税、车船税、土地使用税、印花税在"管理费用"账户核算，不在本账户核算。

计提城市维护建设税时，应借记"营业税全及附加"账户，贷记"应交税费——应交城市维护建设税"账户；缴纳城市维护建设税时，应借记"应交税费——应交城市维护建设税"账户，贷记"银行存款"账户。该账户期末贷方余额反映企业应缴而未缴的城市维护建设税。

【例6-4】 某市区一化妆品企业为增值税一般纳税人，2016年6月发生业务如下：进口原材料缴纳进口增值税5万元，内销化妆品缴纳增值税17万元、消费税30万元，出口化妆品，按规定退回4万元。请问：该企业6月份应缴纳多少城建税？

应纳城市维护建设税税额 = （17＋30）×7% = 3.29（万元）

借：营业税金及附加   32 900

    贷：应交税费——应交城市维护建设税   32 900

6.3.2 教育费附加的会计核算

核算教育费附加，应设置"应交税费——应交教育费附加"账户。计提教育费附加时应借记"营业税金及附加""固定资产清理"等账户，贷记"应交税费——应交教育费附加"账户；缴纳教育费附加时应借记"应交税费——应交教育费附加"账户，贷记"银行存款"账户。该账户期末贷方余额反映应缴而未缴的教育费附加。

⊙ 本章小结

城市维护建设税是对从事工商经营，缴纳增值税、消费税的单位和个人，就其实际缴纳的"增值税、消费税"税额为计税依据而征收的一种税。

核算城市维护建设税，应设置"应交税费——应交城市维护建设税"和"营业税金及附加""固定资产清理"等账户。"应交税费——应交城市维护建设税"账户贷方反映企业应缴纳的城市维护建设税，借方反映企业已缴纳的城市维护建设税，贷方余额反映企业应交未交的城市维护建设税。"营业税金及附加"账户核算企业经营活动发生的消费税、城市维护建设税、资源税和教育费附加等相关税费。借方登记计算缴纳的税费，贷方登记期末结转到"本年利润"账户的税费，结转后该账户无余额。但房产税、车船税、土地使用税、印花税在"管理费用"账户核算，不在本账户核算。

核算教育费附加应设置"应交税费——应交教育费附加"账户。计提教育费附加时应借记"营业税金及附加""固定资产清理"等账户，贷记"应交税费——应交教育费附加"账户；缴纳教育费附加时应借记"应交税费——应交教育费附加"账户，贷记"银行存款"

账户。该账户期末贷方余额反映应缴而未缴的教育费附加。

⚠ 关键名词

城建税 教育费附加应纳税额核算和会计核算

📖 练习题

一、单项选择题（请扫描二维码，在线测试本章学习效果）

选择题
即测即评

1. 某企业位于县城，2016 年 5 月拖欠营业税 100 万元，经查出后补缴了拖欠的营业税，同时加罚滞纳金和罚款合计 20 万元。该企业应纳城建税是（ ）万元。

A. 8 　　B. 4.2 　　C. 5.0 　　D. 6.0

2. 某县城一运输公司 2012 年取得货物运输收入 150 万元、装卸劳务收入 50 万元。该公司 2012 年应缴纳的城市维护建设税是（ ）万元。

A. 0.30 　　B. 0.18 　　C. 0.29 　　D. 0.25

3. 某城市一企业本月实际缴纳的增值税为 20 万元，营业税为 1 万元，后经税务机关检查，其所缴纳营业税属免税项目予以退税，当月应缴纳的城建税是（ ）万元。

A. 1.47 　　B. 1.40 　　C. 1.05 　　D. 1.00

4. 某市一食品加工企业，适用城市维护建设税的税率（ ）

A. 7% 　　B. 5% 　　C. 3% 　　D. 1%

5. 根据规定，能作为纳税人缴纳城市维护建设税的计税依据的是（ ）

A. 增值税 　　B. 罚款 　　C. 违反规定加收的滞纳金 　　D. 企业所得税

二、多项选择题（请扫描二维码，在线测试本章学习效果）

1. 城建税和教育费附加税率是（ ）。

A. 7%，3% 　　B. 5%，3% 　　C. 3%，3% 　　D. 1%，1%

2. 下列项目中，不能作为城建税和教育费附加计税依据的是（ ）。

A. 纳税人缴纳的增值税滞纳金 　　B. 纳税人拖欠的营业税
C. 纳税人少缴消费税被行政处罚的罚款 　　D. 纳税人补缴的营业税

3. 城市维护建设税是国家对缴纳（ ）的单位和个人就其实际缴纳的税额为计税依据而征收的一种税。

A. 增值税 　　B. 关税 　　C. 消费税 　　D. 营业税

4. 下列关于城建税的正确税法是（ ）。

A. 以销售货物的全部价款和价外费用为计税依据

B. 城建税属价内税

    C. 进口货物不征城建税

    D. 出口货物不退城建税

5. 下列各项中，符合城建税规定的是（　　　）。

    A. 只要缴纳"增值税和消费税"，就要缴纳城建税

    B. 因减免"增值税和消费税"而退库的，相应的城建税可以同时退库

    C. 对出口产品退还增值税、消费税，不退还城建税

    D. 海关对进口货物征收增值税、消费税，不征收城建税

三、判断题（请扫描二维码，在线测试本章学习效果）

1. 某县一企业委托市内一家日化厂加工化妆品，则日化厂代收消费税的同时，应按5%的税率代收城建税。（　　　）

2. 对海关进口的产品征收的增值税、消费税，同时也征收教育费附加。（　　　）

3. 城建税的计税依据与教育费附加的计税依据是一致的。（　　　）

4. 纳税人违反"增值税和消费税"有关税法而加收的滞纳金和罚款，作为城建税的计税依据。（　　　）

5. 计提城市维护建设税时，应借记"营业税金及附加"账户，贷记"应交税费——应交城市维护建设税"账户。（　　　）

6. 代扣代缴、代收代缴"两税"的单位和个人，同时也是城市维护建设税代扣代缴、代收代缴义务人，其城市维护建设税的纳税地点在代扣代缴地。（　　　）

7. 城建税以"三税"为税基，如果要免征或减征"三税"，同时也要免征或减征城建税和教育费附加。（　　　）

四、实训题（请扫描二维码，查看实训题答案）

1. 某钢铁厂所在地为省会城市，当月实际已纳增值税为600万元，消费税为850万元。请作该企业有关城建税和教育费附加的账务处理。

2. 上海市某股份制企业某月缴纳增值税3 400元，消费税6 000元。请计算该企业应缴纳的城建税和教育费附加，并做出会计分录。

3. 某县城一加工企业2016年2月因进口半成品缴纳增值税120万元，销售产品收取增值税280万元，本月又出租门面房收到租金30万元。请计算该企业当月应缴纳的城建税和教育费附加。

判断题
即测即评

实训题
查看答案

第 7 章

企业所得税会计

⊙ 学习目标

通过本章学习，要求掌握企业所得税的纳税调整和应税所得额的计算；掌握企业所得税应纳税额的计算及相关抵免规定；熟悉企业所得税的按月（季）度预缴、按年度纳税申报；能熟练进行企业所得税涉税业务的账务处理。

⊙ 问题导入

为什么个人独资企业和合伙企业不用交企业所得税？

一般情况下，企业组织形式分为三类，即公司企业、合伙企业和独资企业。从法律角度讲，公司企业属法人企业，出资者以出资额为限承担有限责任。我国企业所得税属于法人所得税型，只有具备法人资格的纳税人才能缴纳企业所得税，而个人独资企业和合伙企业属于自然人企业，不具备法人资格。所以个人独资企业和合伙企业不能缴纳企业所得税，只能缴纳个人所得税。

7.1 企业所得税概述

企业所得税是对我国境内企业（除个人独资企业和合伙企业外）和其他取得收入的组织的所得征收的一种税，是我国仅次于增值税的第二大税种，是现代市场经济国家普遍开征的重要税种，是市场经济国家参与企业利润分配、正确处理国家与企业分配关系的一个重要税种。

企业所得税以应税所得额为课税对象。现行的所得税法的基本规范是 2007 年 3 月 16 日第十届全国人民代表大会第五次全体会议通过的《中华人民共和国所得税法》和 2007 年 11 月 28 日国务院第 197 次常务会议通过的《中华人民共和国企业所得税法实施条例》，并于 2008 年 1 月 1 日期开始施行。

7.1.1 企业所得税的纳税人

在中华人民共和国境内，企业和其他取得收入的组织（以下统称企业）为企业所得税的纳税人，不包括个人独资企业、合伙企业。

企业所得税的纳税人分为居民企业和非居民企业。居民企业承担无限纳税义务，就来源于中国境内外的全部所得纳税；非居民企业承担有限纳税义务，一般只就来源于中国境内的所得纳税。

1. 居民企业

居民企业是指依法在中国境内成立，或者依照外国（地区）法律成立但实际管理机构在中国境内的企业。包括两类：

（1）依照中国法律、行政法规在中国境内成立的企业、事业单位、社会团体以及其他取得收入的组织。

（2）依照外国（地区）法律成立的企业，但实际管理机构在中国境内的企业和其他取得收入的组织。

居民企业应当就其来源于中国境内、境外的所得缴纳企业所得税。

2. 非居民企业

非居民企业是指依照外国（地区）法律成立且实际管理机构不在中国境内，但在中国境内设立机构、场所的，或者在中国境内未设立机构、场所，但有来源于中国境内所得的企业。

非居民企业在中国境内设立机构、场所的，应当就其所设机构取得的来源于中国境内的所得，以及发生在中国境外但与其所设机构、场所有实际联系的所得，缴纳企业所得税。

非居民企业在中国境内未设立机构、场所的，或者虽设立机构、场所但取得的所得与其所设机构、场所没有实际联系的，应当就其来源于中国境内的所得缴纳企业所得税。

实际联系，是指非居民企业在中国境内设立的机构、场所拥有据以取得所得的股权、债权，以及拥有、管理、控制据以取得所得的财产等。

在香港特别行政区、澳门特别行政区和台湾地区成立的企业，参照适用上述规定。

非居民企业委托营业代理人在中国境内从事生产经营活动的，包括委托单位或者个人经常代其签订合同，或者储存、交付货物等，该营业代理人视为非居民企业在中国境内设立的机构、场所。

✎ **同步训练7-1**

个人独资企业和合伙企业是否属于企业所得税纳税人？

提示：我国法律规定，个人独资企业和合伙企业的出资人对外承担无限责任，企业的财产与出资人的财产密不可分，企业生产经营收入就是出资人的收入。个人独资企业和合伙企业应就其出资人所得缴纳个人所得税，因此，他们属于个人所得税纳税人，不属于企业所得税纳税人。

7.1.2　企业所得税的征收对象

企业所得税的征收对象是纳税义务人取得的来源于中国境内外的所得。来源于中国境内外的所得包括销售货物所得、提供劳务所得、转让财产所得、股息红利等权益性投资所得、利息所得、租金所得、特许权使用费所得、接受捐赠所得和其他所得。具体包括：

（1）销售货物所得，是指企业销售商品、产品、原材料、包装物、低值易耗品以及其他存货取得的所得。

（2）提供劳务所得，是指企业从事建筑安装、修理修配、交通运输、仓储租赁、金融保险、邮电通讯、咨询经纪、文化体育、科学研究、技术服务、教育培训、餐饮住宿、中介代理、卫生保健、社区服务、旅游、娱乐、加工以及其他劳务服务活动取得的所得。

（3）转让财产所得，是指企业转让固定资产、生物资产、无形资产、股权、债权等财产取得的所得。

（4）股息、红利等权益性投资所得，是指企业因权益性投资而从被投资方取得的所得。股息、红利等权益性投资收益，除国务院财政、税务主管部门另有规定外，按照被投资方作出利润分配决定的日期确认收入的实现。

（5）利息所得，是指企业将资金提供给他人使用但不构成权益性投资，或者因他人占用本企业资金取得的所得，包括各类利息所得。利息收入按照合同约定的债务人应付利息的日期确认收入的实现。

（6）租金所得，是指企业提供固定资产、包装物或者其他有形资产的使用权取得的所得。

（7）特许权使用费所得，是指企业提供专利权、非专利技术、商标权、著作权以及其他特许权的使用权取得的所得。

（8）接受捐赠所得，是指企业接受的来自其他企业、组织或者个人无偿给予的资产。

（9）其他所得，是指除上列举外的其他所得，包括企业资产溢余所得、逾期未退包装物押金所得、确实无法偿付的应付款项，已作坏账损失处理后又收回的应收款项、债务重组所得、补贴所得、违约金所得、汇兑收益等，也应当缴纳企业所得税的其他所得。

🖉 同步训练7-2

居民企业负无限纳税义务，非居民企业负有限纳税义务，"有限"与"无限"划分的关键是其所得来源地。

提示：企业所得税法对所得来源地的具体规定如下：销售货物所得为交易活动发生地；提供劳务所得为劳务发生地；不动产转让所得为不动产所在地，动产转让所得为转让动产的企业或机构、场所所在地，权益性投资资产转让所得为被投资企业所在地；股息、红利等权益性投资所得为分配所得的企业所在地；利息、租金、特许权使用费所得为负担支付所得的企业或机构、场所所在地，或负担支付所得的个人住所地；其他所得由国务院财政、税务主管部门确定。

7.1.3 企业所得税的税率

1. 标准税率

居民企业以及在中国境内设立机构、场所且取得的所得与其所设机构、场所有实际联系的非居民企业，应当就其来源于中国境内、境外的所得缴纳企业所得税，适用税率为25%。

非居民企业在中国境内未设立机构、场所的，或者虽设立机构、场所但取得的所得与其所设机构、场所没有实际联系的，应当就其来源于中国境内的所得缴纳企业所得税，适用税率为20%。

2. 优惠税率

（1）符合条件的小型微利企业，减按20%的税率征收企业所得税。小型微利企业的条件如下：①工业企业，年度应纳税所得额不超过30万元，从业人数不超过100人，资产总额不超过3 000万元；②其他企业，年度应纳税所得额不超过30万元，从业人数不超过80人，资产总额不超过1 000万元。

（2）国家需要重点扶持的高新技术企业，减按15%的税率征收企业所得税。

7.2 企业所得税税额计算

7.2.1 应纳税所得额的确定

企业每一纳税年度的收入总额，减除不征税收入、免税收入、各项扣除以及允许弥补的以前年度亏损后的余额，为应纳税所得额。

企业的收入总额包括以货币形式和非货币形式从各种来源取得的收入；纳税人以非货币形式取得的收入，应当按照公允价值确定收入额。公允价值是指按照市场价格确定的价值。

应纳税所得额基本计算公式

$$应纳税所得额 = 纳税年度的收入总额 - 不征税收入 - 免税收入 -$$
$$允许扣除项目 - 允许弥补的以前年度亏损$$

以上公式中的数据均为按税法规定确定的数据，也称直接计算法。如果以会计利润总额为计算基数，还存在另一种计算方法，即间接计算法，计算公式为

$$应纳税所得额 = 会计利润总额 \pm 纳税调整项目金额$$

7.2.2 准予扣除的项目

企业实际发生的与取得收入有关的、合理支出，包括成本、费用、税金、损失和其他支

出，准予在计算应纳税所得额中扣除。

1. 准予扣除项目的基本范围（见表7-1）

表7-1　准予扣除项目的基本范围

名称		具 体 内 容
准予扣除项目的基本范围	成本	是指企业在生产经营活动中发生的销售成本、销货成本、业务支出及其他耗费
	税金	是指企业发生的除企业所得税和允许抵扣的增值税以外的各项税金及其附加
	费用	是指企业在生产经营活动中发生的销售费用、管理费用和财务费用，已经计入成本的有关费用除外
	损失	是指企业在生产经营活动中发生的固定资产和存货的盘亏、毁损、报废损失，转让财产损失，呆账损失，坏账损失，自然灾害等不可抗力因素造成的损失以及其他损失
	其他	是指除成本、费用、税金、损失外，企业在生产经营活动中发生的与生产经营活动有关的、合理的支出

2. 允许部分扣除项目的具体范围和标准（见表7-2）

表7-2　部分扣除项目的具体范围和标准

名称		具 体 内 容
部分扣除项目的具体范围和标准	借款利息支出	非金融企业向金融企业借款的利息支出、金融企业的各项存款利息支出和同业拆借利息支出、企业经批准发行债券的利息支出，准予扣除
		非金融企业向非金融企业借款的利息支出，不超过按照金融企业同期同类贷款利率计算的数额的部分，准予扣除
	公益、救济性的捐赠	企业通过公益性社会团体或者县级以上人民政府及其部门，用于《中华人民共和国公益事业捐赠法》规定的公益事业的捐赠支出，在年度利润总额12%以内的部分，准予扣除
	职工工会经费、福利费、教育经费	纳税人发生的职工工会经费、职工福利费、职工教育经费，不超过工资薪金总额的2%、14%和2.5%的部分，准予扣除。其中，企业发生的职工教育经费支出，超过2.5%的部分，准予在以后纳税年度结转扣除
	工资、薪金支出	企业发生的合理的工资薪金支出，准予扣除
		工资薪金是企业每一纳税年度支付给本企业任职或与其有雇佣关系的员工的所有现金或非现金形式的劳动报酬，包括基本工资、奖金、津贴、补贴、年终加薪、加班工资，以及与任职或者受雇有关的其他支出
	业务招待费	企业发生的与生产经营活动有关的业务招待费支出，按照发生额的60%扣除，但最高不得超过当年销售（营业）收入的5‰

（续表）

名称		具 体 内 容
部分扣除项目的具体范围和标准	社会保险费用	企业依照国务院有关主管部门或者省级人民政府规定的范围和标准为职工缴纳的基本养老保险费、基本医疗保险费、失业保险费、工伤保险费、生育保险费等基本社会保险费和住房公积金，准予扣除
		企业为投资者或者职工支付的补充养老保险费、补充医疗保险费，在国务院财政、税务主管部门规定的范围和标准内，准予扣除
	财产保险、劳动保护支出	纳税人参加财产保险，按照规定缴纳的保险费用准予扣除。企业发生的合理的劳动保护支出，准予扣除
	固定资产租赁费	以经营租赁方式租入固定资产发生的租赁费支出，按照租赁期限均匀扣除
		以融资租赁方式租入固定资产发生的租赁费支出，按照规定构成融资租入固定资产价值的部分应当提取折旧费用，分期扣除
	用于环境、生态保护支出	企业依照法律、行政法规有关规定提取的用于环境保护、生态恢复等方面的专项资金，准予扣除。上述专项资金提取后改变用途的，不得扣除
	广告费和业务宣传费	企业发生的符合条件的广告费和业务宣传费支出，除国务院财政、税务主管部门另有规定外，不超过当年销售（营业）收入15%的部分，准予扣除；超过部分，准予在以后纳税年度结转扣除
	汇兑损益	企业在货币交易中，以及纳税年度终了时将人民币以外的货币性资产、负债按照期末即期人民币汇率中间价折算为人民币时产生的汇兑损失，除已经计入有关资产成本以及与向所有者进行利润分配相关的部分外，准予扣除

3. 不得扣除项目的范围（见表7-3）

表7-3 不得扣除项目的范围

名称	具 体 内 容
不得扣除项目的范围	向投资者支付的股息、红利等权益性投资收益款项
	企业所得税税款
	税收的滞纳金
	罚金和罚款和被没收财物的损失
	超过国家规定允许扣除的公益、救济性捐赠，以及非公益、救济性捐赠
	赞助支出。是指企业发生的与生产经营无关的各种非广告性质支出
	未经核定的准备金支出。是指不符合国务院财政、税务主管部门规定的各项减值准备、风险准备等支出
	与取得收入无关的其他支出

除上表所列项目外，企业除了依照国家有关规定为特殊工种职工支付的人身安全保险费和国务院财政、税务主管部门规定可以扣除的其他商业保险费，企业为投资者或者职工支付的商业保险费，不得扣除。企业之间支付的管理费、企业内营业机构之间支付的租金和特许

权使用费，以及非银行企业内营业机构之间支付的利息，不得扣除。

7.2.3 税收优惠

税收优惠是指国家运用税收政策在税收法律、行政法规中规定对某一部分特定企业和课税对象给予减轻或免除税收负担的一种措施。税法规定的企业所得税的税收优惠方式包括免税、减税、加计扣除、加速折旧、减计收入、税额抵免等。

我国实行"产业优惠为主，区域优惠为辅"的所得税优惠体系。

1. 免税收入

企业的下列收入为免税收入：

（1）国债利息收入。是指企业持有国务院财政部门发行的国债取得的利息收入。

（2）符合条件的居民企业之间的股息、红利等权益性投资收益。是指居民企业直接投资于其他居民企业取得的股息、红利等权益性投资收益。

（3）在中国境内设立机构、场所的非居民企业从居民企业取得的与该机构、场所有实际联系的股息、红利等权益性投资收益。不包括连续持有居民企业公开发行并上市流通的不足12个月的股票取得的投资收益。

（4）符合条件的非营利组织的收入。对非营利组织的营利性活动取得的收入，不予免税。

符合"非营利组织"的条件如下：①依法履行非营利组织登记手续；②从事公益性或者非营利性活动；③取得的收入除用于与该组织有关的、合理的支出外，全部用于登记核定或者章程规定的公益性或者非营利性事业；④财产及其孳息不用于分配；⑤按照登记核定或者章程规定，该组织注销后的剩余财产用于公益性或者非营利性目的，或者由登记管理机关转赠给与该组织性质、宗旨相同的组织，并向社会公告；⑥投入人对投入该组织的财产不保留或者享有任何财产权利；⑦工作人员工资福利开支控制在规定的比例内，不变相分配该组织的财产。

非营利组织的认定管理办法由国务院财政、税务主管部门会同国务院有关部门制定。

2. 免征、减征企业所得税的项目

企业的下列所得，可以免征、减征企业所得税；企业如果从事国家限制和禁止发展的项目，不得享受企业所得税优惠。

（1）从事农、林、牧、渔业项目的所得。

① 企业从事下列项目的所得，免征企业所得税：蔬菜、谷物、薯类、油料、豆类、棉花、麻类、糖料、水果、坚果的种植；农作物新品种的选育；中药材的种植；林木的培育和种植；牲畜、家禽的饲养；林产品的采集；灌溉、农产品初加工、兽医、农技推广、农机作

业和维修等农、林、牧、渔服务业项目；远洋捕捞。

② 企业从事下列项目的所得，减半征收企业所得税：花卉、茶以及其他饮料作物和香料作物的种植；海水养殖、内陆养殖。

（2）从事国家重点扶持的公共基础设施项目投资经营的所得。自项目取得第一笔生产经营收入所属纳税年度起，三免三减半。

（3）从事符合条件的环境保护、节能节水项目的所得。自项目取得第一笔生产经营收入所属纳税年度起，三免三减半。

（4）符合条件的技术转让所得。一个纳税年度内，居民企业转让技术所有权所得不超过 500 万元的部分，免征企业所得税；超过 500 万元的部分，减半征收企业所得税。

（5）符合条件的非居民企业所得。非居民企业在中国境内未设立机构、场所的，或者虽设立机构、场所但取得的所得与其所设机构、场所没有实际联系的，就其来源于中国境内的所得缴纳企业所得税，适用税率为 20%。但就该所得目前减按 10% 的税率征收企业所得税。

下列所得可以免征企业所得税：

① 外国政府向中国政府提供贷款取得的利息所得可以免征企业所得税。

② 国际金融组织向中国政府和居民企业提供优惠贷款取得的利息所得可以免征企业所得税。

③ 经国务院批准的其他所得。

3. 小型微利企业的税收优惠

符合条件的小型微利企业，减按 20% 的税率征收企业所得税。

符合条件的小型微利企业，是指从事国家非限制和禁止行业，并符合下列条件的企业：①工业企业，年度应纳税所得额不超过 30 万元，从业人数不超过 100 人，资产总额不超过 3 000 万元；②其他企业，年度应纳税所得额不超过 30 万元，从业人数不超过 80 人，资产总额不超过 1 000 万元。

4. 国家需要重点扶持的高新技术企业的税收优惠

对被认定为国家需要重点扶持的高新技术企业，减按 15% 的税率征收企业所得税。国家需要重点扶持的高新技术企业，是指拥有核心自主知识产权，并同时符合下列条件的企业：

（1）产品（服务）属于《国家重点支持的高新技术领域》规定的范围。

（2）研究开发费用占销售收入的比例不低于规定比例。

（3）高新技术产品（服务）收入占企业总收入的比例不低于规定比例。

（4）科技人员占企业职工总数的比例不低于规定比例。

（5）高新技术企业认定管理办法规定的其他条件。

5. 民族自治地方企业的税收优惠

民族自治地方的自治机关对本民族自治地方的企业应缴纳的企业所得税中属于地方分享的部分，可以决定减征或者免征。国家限制和禁止行业的企业，不得减征或者免征企业所得税。

6. 企业开发新技术、新产品、新工艺发生的研究开发费用加计扣除

企业为开发新技术、新产品、新工艺发生的研究开发费用，未形成无形资产计入当期损益的，在按照规定据实扣除的基础上，按照研究开发费用的 50% 加计扣除；形成无形资产的，按照无形资产成本的 150% 摊销。

7. 企业安置残疾人员及国家鼓励安置的其他就业人员的税收优惠

企业安置残疾人员的，在按照支付给残疾职工工资据实扣除的基础上，按照支付给上述人员工资的 100% 加计扣除。

8. 创业投资企业从事国家需要重点扶持和鼓励的创业投资的税收优惠

创业投资企业采取股权投资方式投资于未上市中小高新技术企业 2 年以上，并符合一定条件的，可按其对中小高新技术企业投资额的 70% 在股权持有满 2 年的当年抵扣该创业投资企业的应纳税所得额；当年不足抵扣的，可以在以后纳税年度结转抵扣。

9. 资源综合利用税收优惠

所得税优惠的范围按资源分三类：共生、伴生矿产资源；废水（液）、废气、废渣；再生资源。增值税优惠的范围主要是废水（液）、废气、废渣和再生资源。

企业用以上规定的资源生产国家非限制和禁止并符合国家和行业相关标准的产品取得的收入，减按 90% 计入收入总额。

10. 关于购置用于环境保护、节能节水、安全生产等专用设备的税收优惠

企业购置并实际使用规定的环境保护、节能节水、安全生产等专用设备的，该专用设备的投资额的 10% 可以从企业当年的应纳税额中抵免；当年不足抵免的，可以在以后 5 个纳税年度结转抵免。享受企业所得税优惠的企业，应当实际购置并自身实际投入使用规定的专用设备；企业购置上述专用设备在 5 年内转让、出租的，应当停止享受企业所得税优惠，并补缴已经抵免的企业所得税税款。

11. 特殊固定资产的加速折旧

企业拥有并用于生产经营的主要或关键的固定资产，由于以下原因确需加速折旧的，可以缩短折旧年限或者采取加速折旧的方法：由于技术进步，产品更新换代较快的；常年处于强震动、高腐蚀状态的。

企业采取缩短折旧年限方法的，对其购置的新固定资产，最低折旧年限不得低于税法规定的折旧年限的 60%；采取加速折旧方法的，可以采取双倍余额递减或者年数总和法。

7.2.4　计算应纳税额

企业的应纳税所得额乘以适用税率，减除企业所得税税法规定可以减免和抵免的税额后的部分，就是应纳税额。

1. 居民纳税人应纳税额的计算

计算公式

$$应纳税额 = 应纳税所得额 × 适用税率 - 减免税额 - 抵免税额$$

2. 境外所得抵扣税额的计算

境外已纳税额扣除，是避免国际间对同一所得重复征税的一项重要措施，我国税法规定对境外已纳税款实行限额扣除。境外缴纳的所得税税额，是指企业来源于中国境外的所得依照中国境外税收法律以及相关规定应当缴纳并已经实际缴纳的企业所得税性质的税款。抵免限额采用分国不分项的计算原则。

【例 7 – 1】　某企业 2011 年度境内总机构的应纳税所得额为 440 万元。其设在 A 国分支机构应税所得 240 万元，其中生产经营所得 200 万元，该国规定的税率为 40%；利息和特许权使用费所得 40 万元，税率为 20%。设在 B 国分支机构应税所得 120 万元，其中，生产经营所得 80 万元，该国税率为 30%；财产转让所得 40 万元，税率为 10%。两个分支机构在 A、B 两国已分别缴纳 88 万元和 28 万元，假设境外应税所得与我国税法规定计算的应纳税所得额相一致；境外所得均已分别按该国规定的税率缴纳了所得税。计算该企业本年度应纳企业所得税额。

解：

（1）该企业按我国税法计算的境内、境外所得的应纳税额：

应纳税额 = （440 + 240 + 120） × 25% = 200 （万元）

（2）A、B 两国的扣除限额：

A 国扣除限额 = 200 × 240 ÷ （440 + 240 + 120） = 60 （万元）

B 国扣除限额 = 200 × 120 ÷ （440 + 240 + 120） = 30 （万元）

在 A 国缴纳的所得税额为 88 万元高于扣除限额 60 万元，其超过部分结转以后年度；在 B 国缴纳的所得税额为 28 万元低于扣除限额 30 万元，可全额扣除。

（3）在我国应缴纳的所得额：

应纳税额 = 200 - 60 - 28 = 112 （万元）

【例 7 – 2】　某工业企业为居民企业，2011 年发生经营业务如下：全年取得产品销售收入为 5 600 万元，发生产品销售成本 4 000 万元；其他业务收入 800 万元，其他业务成本

660 万元；取得购买国债的利息收入 40 万元；缴纳非增值税销售税金及附加 300 万元；发生的管理费用 760 万元，其中新技术的研究开发费用为 60 万元、业务招待费用 70 万元；发生财务费用 200 万元；取得直接投资其他居民企业的权益性收益 34 万元（已在投资方所在地按 15% 的税率缴纳了所得税）；取得营业外收入 100 万元，发生营业外支出 250 万元（其中含公益捐赠 38 万元）。计算该企业 2011 年应纳的企业所得税。

解：

（1）利润总额 = 5 600 + 800 + 40 + 34 + 100 − 4 000 − 660 − 300 − 760 − 200 − 250 = 404（万元）。

（2）国债利息收入免征企业所得税，应调减所得额 40 万元。

（3）技术开发费调减所得额 = 60 × 50% = 30（万元）。

（4）按实际发生业务招待费的 60% 计算 = 70 × 60% = 42（万元）。

按销售（营业）收入的 5‰ 计算 =（5 600 + 800）× 5‰ = 32（万元）。

按照规定税前扣除限额应为 32 万元，实际应调增应纳税所得额 = 70 − 32 = 38（万元）。

（5）取得直接投资其他居民企业的权益性收益属于免税收入，应调减应纳税所得额 34 万元。

（6）捐赠扣除标准 = 404 × 12% = 48.48（万元）。

实际捐赠额 38 万元小于扣除标准 48.48 万元，可按实捐数扣除，不作纳税调整。

（7）应纳税所得额 = 370 − 40 − 30 + 38 − 34 = 338（万元）

（8）该企业 2011 年应缴纳企业所得税 = 338 × 25% = 84.5（万元）

【例 7 − 3】 某运输企业 2011 年资产总额 700 万元，从业人员 15 人，年度营业收入为 100 万元，各项成本支出为 95 万元，全年发生亏损 9 万元。经主管税务机关核查，该企业支出项目不能准确核算，需要采用核定应税所得率征收方式计算所得税。主管税务机关核定该企业的应税所得率为 10%，所得税税率为 20%。计算该企业 2011 年应纳所得税额。

解： 企业应交所得税额 = 100 × 10% × 20% = 2（万元）

7.3 企业所得税纳税申报

7.3.1 征收方式

企业在每年第一季度应填列《企业所得税征收方式鉴定表》（见表 7 − 4）一式三份，报主管税务机关审核。① ~ ⑤项均合格的，实行纳税人自行申报、税务机关查账方式征收；若①、④、⑤项中有一项不合格或②、③项均不合格，实行定额征收；若②、③项中有一项合格、一项不合格的，实行核定应税所得率办法征收。征收方式确定后，在一个纳税年度内一般不得变更。

表 7 - 4　企业所得税征收方式鉴定表

纳税人识别号					
纳税人名称					
纳税人地址					
经济类型		所属行业		开业日期	
开户银行		账　　号			
邮政编码		联系电话			
上年收入总额			上年成本费用额		
上年应纳税所得额			上年所得税额		
行次	项　　目		纳税人自报情况	主管税务机关审核情况	
1	账簿设置情况				
2	收入总额核算情况				
3	成本费用核算情况				
4	账簿凭证保存情况				
5	纳税义务履行情况				
征 收 方 式：					
纳税人意见：					
纳税人签章：　（公章）				年　　月　　日	
税务机关审批意见：					
经办人签字： 年　　月　　日		科室负责人签字： （公章） 年　　月　　日		主管局长签字： （公章） 年　　月　　日	

7.3.2　纳税期限

　　企业所得税实行按年计算，按月或季预缴，年终汇算清缴，多退少补的征收办法。纳税年度一般为公历年度，即公历 1 月 1 日至 12 月 31 日为一个纳税年度；纳税人在一个纳税年度的中间开业，或由于合并、关闭等原因，使该纳税年度的实际经营期不足 12 个月的，以其实际经营期为一个纳税年度；纳税人破产清算时，以清算期为一个纳税年度。

　　纳税人按月或季度缴的，应当在月份或季度终了后 15 日内，向其所在地主管税务机关报送预缴所得税申报表，预缴税款。企业应当自年度终了之日起 5 个月内，无论盈利或亏损，均应向税务机关报送年度企业所得税纳税申报表、财务会计报告和其他有关资料并汇算清缴，结清应缴应退税款。少预缴的所得税额，应在下一年度内补缴；多预缴的所得税额，在下一年度内抵缴；抵缴后仍有结余，或下一年度发生亏损的，应及时办理退库。

企业在年度中间终止经营活动的，应当自实际经营终止之日起 60 日内，向税务机关办理当期企业所得税汇算清缴。

扣缴义务人每次代扣的税款，应当自代扣之日起 7 日内缴入国库，并向所在地的税务机关报送扣缴企业所得税报告表。

纳税人预缴所得税时，应按纳税期限的实际数预缴。按实际数预缴有困难的，可按上一年度应纳税所得额的 1/12 或 1/4，或经当地税务机关认可的其他方法预缴所得税。预缴方法一经确定，不得随意改变。

企业进行清算时，应当在办理注销工商登记之前，办理所得税申报。企业若在年度中间合并、分立、终止时，应当在停止生产经营之日起 60 日内，向当地税务机关办理当期所得税汇算清缴。

7.3.3 纳税地点

企业所得税由纳税人向其所在地主管税务机关缴纳。居民企业以企业登记注册地为纳税地点；但登记注册地在境外的，以实际管理机构所在地为纳税地点；居民企业在中国境内设立不具有法人资格的营业机构的，应当汇总计算并缴纳企业所得税。

非居民企业在中国境内设立机构、场所的取得的所得以及发生在中国境外但与其所设机构、场所有实际联系的所得，应当以机构、场所所在地为纳税地点；非居民企业在中国境内未设立机构、场所，或者虽设立机构、场所但取得的所得与其所设机构、场所没有实际联系取得的所得，以扣缴义务人所在地为纳税地点；非居民企业在中国境内设立两个或者两个以上机构、场所的，经税务机关审核批准，可以选择由其主要机构、场所汇总缴纳企业所得税。

除国务院另有规定外，企业之间不得合并缴纳企业所得税。

7.3.4 纳税申报

自 2008 年 1 月 1 日起，《中华人民共和国企业所得税法》及其实施条例开始生效，新税法下的企业所得税申报表也作了重大修改，国家税务局先后发布了新企业所得税法体系下的申报表，其中包括：①2008 年 10 月——国税发（2008）101 号文发布《企业所得税年度纳税申报表》；②2008 年 9 月——国税函（2008）801 号文发布《非居民企业所得税申报表》（季度年度）和《扣缴企业所得税报告表》；③2008 年 1 月——国税函（2008）44 号文发布《企业所得税月（季）度预缴纳税申报表》、《企业所得税汇总纳税分支机构所得税分配表》。

1. **企业所得税预缴纳税申报流程**

查账征收企业所得税的居民纳税人及在中国境内设立机构的非居民纳税人在月（季）度预缴

企业所得税时应填制《企业所得税月（季）度预缴纳税申报表（A类）》（见表5-5）；实行核定征收管理办法（包括核定应税所得率和核定税额征收方式）缴纳企业所得税的纳税人在月（季）度申报缴纳企业所得税时应填制《企业所得税月（季）度和年度预缴纳税申报表（B类）》（略）。

（1）企业所得税预缴纳税申报业务资料。

【例7-4】 M市宝康服装有限公司，纳税人识别码330298301011567，主要从事服装的生产与销售，主管机关核定按季预缴企业所得税。2011年第一季度产品销售收入520万元，其他业务收入48万元，产品销售成本450万元，其他业务支出23万元。2011年第二季度产品销售收入773万元，其他业务收入10万元，产品销售成本595万元，其他业务支出5万元。

（2）填写所得税预缴纳税申报表（见表7-5）。

表7-5 中华人民共和国企业所得税月（季）度预缴纳税申报表（A类）

税款所属期间 2011 年 3 月 1 日至 2011 年 6 月 30 日

纳税人识别号：330298301011567

纳税人名称：M市宝康服装有限公司　　　　　　　　　　　金额单位：人民币元（列至角分）

行次	项　　　　　　目	本期金额	累计金额
1	一、据实际利润预缴		
2	营业收入	7 830 000	13 510 000
3	营业成本	6 000 000	10 730 000
4	实际利润总额	1 830 000	2 780 000
5	税率（25%）	25%	25%
6	应纳所得税额（4行×5行）	457 500	695 000
7	减免所得税额		
8	实际已缴所得税额	—	—
9	应补（退）的所得税额（6行-7行-8行）	457 500	695 000
10	二、按照上一纳税年度应纳所得额的平均额预缴		
11	上一纳税年度应纳税所得额	—	—
12	本月（季）应纳税所得额（11行÷12或11行÷4）	—	—
13	税率（25%）	—	—
14	本月（季）应纳所得税额（12行×13行）	—	—
15	三、按照税务机关确定的其他方法预缴		
16	本月（季）确定预缴的所得税额		
17	总分机构纳税人		

（续表）

行次	项 目		本期金额	累计金额
18	总机构	总机构应分摊的所得税额（9行或14行或16行×25%）		
19		中央财政集中分配的所得税额（9行或14行或16行×25%）		
20		分支机构分摊的所得税额（9行或14行或16行×50%）		
21	分支机构	分配比例		
22		分配的所得税额（20行×21行）		
谨声明：此纳税申报表是根据《中华人民共和国企业所得税法》、《中华人民共和国企业所得税法实施条例》和国家有关税收规定填报的，是真实的、可靠的、完整的。				
		法定代表人（签字）： 年 月 日		
纳税人公章： 会计主管： 填表日期： 2011 年 7 月 10 日	代理申报中介机构公章： 经办人： 经办人执业证件号码： 代理申报日期： 年 月 日		主管税务机关受理专用章： 受理人： 受理日期： 年 月 日	

国家税务总局监制

2. 企业所得税查账征收年终纳税申报流程

（1）企业查账征收年终纳税应报送的资料。查账征收企业所得税的纳税人在年度汇算清缴时，无论盈利或亏损，都必须在规定的期限内进行纳税申报，填写企业所得税纳税年度申报表及其有关附表。

企业所得税纳税申报表附表有以下几种：附表一《收入明细表》、附表二《成本费用明细表》、附表三《纳税调整项目明细表》、附表四《企业所得税弥补亏损明细表》、附表五《税收优惠明细表》、附表六《境外所得税抵免计算明细表》、附表七《以公允价值计量资产纳税调整表》、附表八《广告和业务宣传费跨年度纳税调整表》、附表九《资产折旧、摊销纳税调整表》、附表十《资产减值准备项目调整明细表》、附表十一《长期股权投资所得（损失）明细表》。附表一至附表六是主表的附表，附表七至附表十一是附表的附表。

（2）分析企业所得税年终纳税申报业务。

【例7-5】 M市新民股份有限公司（以下简称"公司"）为生产性增值税一般纳税人，增值税税率为17%，其纳税人识别号为330218104789666；营业地址：M市经济开发区光明路16号；法人代表李伟田；开户银行：中国建设银行M市分行开发区分理处；账号：330201584；主管税务机关：M市国家税务局直属分局；拥有在册职工1000人。该公司主要从事机械产品的生产销售，2009年1月1日至2009年12月31日会计资料反映的生产经营情况如下：

（1）销售收入总额 65 000 000 元，销售材料 100 000 元。

（2）出售无形资产收入 200 000 元，处置固定资产收入 100 000 元。

（3）国债利息收入 75 000 元，金融债券利息收入 25 000 元。

（4）公司在 A、B 两国设有分支机构，在 A 国机构的税后所得为 280 000 元，A 国所得税税率为 30%；在 B 国机构的税后所得为 240 000 元，B 国所得税税率为 20%。在 A、B 两国已分别缴纳所得税 120 000 元、60 000 元。假设在 A、B 两国应税所得额的计算与我国税法相同。

（5）产品销售成本 46 000 000 元，材料销售成本 90 000 元。

（6）销售税金及附加 361 855 元。

（7）销售费用 3 200 000 元，其中：产品广告宣传费支出 2 000 000 元，工资支出 300 000元，计提职工福利费 42 000 元，工会经费 6 000 元，职工教育经费 7 500 元

（8）管理费用 3 800 000 元，其中：行政管理人员工资 1 200 000 元，计提的福利费 180 000 元，计提职工工会经费 30 000 元，计提的职工教育经费 30 000 元，业务招待费 500 000 元，新产品研究开发费用 300 000 元。

（9）财务费用 1 100 000 元，其中：年初向建设银行贷款 10 000 000 元，用于生产经营，年利率为 5%；年初向中基公司借款 2 000 000 元，用于生产经营，年利率为 10%；另支付逾期归还银行贷款的罚息 35 000 元。

（10）营业外支出 651 000 元，其中：通过中国红十字会向四川某希望小学捐款 300 000 元，直接向希望小学捐款 200 000 元，缴纳税收滞纳金 26 000 元，支付另一企业合同违约金 60 000 元，水利基金 65 000 元。

（11）将产品用于本厂的基建建设业务，成本 400 000 元，同类产品对外销售价 500 000元。

（12）为了环保和节能节水的需要，2008 年 1 月购进《节能节水专用设备企业所得税优惠目录》所列节能节水专用设备一台，设备投资额 1 800 000 元。

（13）年初"应收账款""应收票据"借方余额 6 000 000 元，年末借方余额 8 000 000 元，年初"坏账准备"贷方余额 180 000 元，本期计提账坏账准备 280 000 元。

（14）2011 年 1 月开始计提折旧的一项固定资产，成本为 6 000 000 万元，使用年限为 10 年，净残值为 0，税法规定可采用双倍余额递减法计提折旧，会计处理按直线法计提折旧。另外，税法规定的使用年限及净残值与会计规定相同。

（15）2008 年发生亏损 658 000 元，2009 年已弥补亏损 495 000 元，上年度末弥补的亏损 163 000 元。

（16）本年度已预缴企业所得税累计为 2 000 000 元。

（3）编制年终纳税申报表工作记录。

承【例7-5】。

① 纳税调整前所得记录如下：

• 营业收入。

营业收入=65 100 000（元）

其中：主营业务收入65 000 000元，其他业务收入100 000元。

• 营业外收入。

营业外收入=300 000（元）

其中：出售无形资产收入200 000元，出售固定资产收益100 000元。

• 投资收益。

投资收益=620 000（元）

其中：国债利息收入75 000元，金融债券利息收入25 000元，企业在A国所得利润280 000元、在B国所得利润240 000元。

• 营业成本。

营业成本=46 090 000（元）

其中：主营业务成本46 000 000元，其他业务成本90 000元。

• 销售（营业）税金及附加。

销售（营业）税金及附加=361 855（元）

• 期间费用。

期间费用合计=8 100 000元

其中：销售费用3 200 000元，管理费用3 800 000元，财务费用1 100 000元。

• 营业外支出。

营业外支出=651 000（元）

其中：捐赠支出300 000+200 000元，滞纳金26 000元，违约金60 000元，水利基金65 000元。

• 资产减值损失。

资产减值支出=280 000（元），其中计提坏账准备280 000元。

• 利润总额。

纳税调整前所得（利润总额）=收入总额合计-销售（营业）成本-销售（成本）税金及附加-期间费用合计=10 537 145（元）

② 纳税调整项目——收入类调整项目记录如下：

• 视同销售收入500 000元，纳税调增。

● 免税收入（国库券收入 75 000），纳税调减。

扣除类调整项目：

● 视同销售成本 400 000 元，纳税调增。

● 职工福利费、职工工会经费、职工教育经费的纳税调整。

纳税人应按合理工资总额分别计算扣除职工福利费、职工工会经费、职工教育经费；纳税人在管理费用列支的三费款超支，在销售费用共列支工资 1 200 000 元，福利费 180 000 元，工会经费 30 000 元：

福利费应调增应纳税所得额 = 180 000 − 1 200 000 × 14% = 12 000（元）

工会经费应调增应纳税所得额 = 30 000 − 1 200 000 × 2% = 6 000（元）

● 利息支出纳税调整额。纳税人在生产、经营期间，向金融机构借款的利息支出，按照实际发生数扣除；向非金融机构借款的利息支出，包括纳税人之间相互拆借的利息支出，按照不高于金融机构同类、同期贷款利率计算的数额以内的部分，准予扣除。

全年利息金额 = 10 000 000 × 5% + 2 000 000 × 10% = 700 000（元）

准予扣除的利息支出 = 10 000 000 × 5% + 2 000 000 × 5% = 600 000（元）

利息支出纳税调整额 = 700 000 − 600 000 = 100 000（元）

● 业务招待费纳税调整额。企业实际发生业务招待费 500 000 元，按企业所得税法规定的 60% 比例计算扣除，可扣除额 500 000 × 60% = 300 000（元）；按 0.5% 比例计算，最高扣除额为 65 000 000 × 0.5% = 325 000（元），准予列支的业务招待费为 300 000 元。

业务招待费纳税调整额 = 500 000 − 300 000 = 200 000（元）

● 广告费和业务宣传费支出纳税调整额。纳税人每一纳税年度发生的广告费和业务费支出，不超过销售（营业）收入 15% 的，可据实扣除；超过标准的部分可无限期向以后纳税年度结转。本例中没有超标。

● 捐赠支出纳税调整。纳税人通过中国红十字会向希望小学捐赠，在计算缴纳企业所得税时准予在利润总额 12% 中扣除。本例中可扣除纳税额 10 537 145 × 1 264 457.40（元），没有超标；直接向希望小学捐赠 200 000 元，不得扣除，应全部调增。

捐赠支出纳税调整额 = 200 000（元）

● 罚款、罚金或滞纳金。各项税收的滞纳金、罚款和罚金不得税前扣除。

罚款、罚金或滞纳金纳税调整额 = 26 000（元）

● 加计扣除。按企业所得税法规定，符合条件的技术开发费用可加计扣除 50%，本例可扣除：

300 000 × 50% = 150 000（元）

技术开发费纳税调减额 = 150 000 元

资产类调整项目：

● 固定资产折旧。2011 年固定资产折旧按税法规定可计提 1 200 000 元，按会计制度计提 600 000 元。

固定资产折旧纳税调减额 = 600 000 （元）。

● 准备金调整项目。采用备抵法计提坏账准备的纳税人，纳税规定计提坏账比例为 5‰，而企业实际计提了 280 000 元。

本期按税法规定计提的坏账准备 = 8 000 000 × 0.5% = 40 000 （元）

坏账准备纳税调整额 = 本期企业增提的坏账准备 − 本期按税法规定计提的坏账准备

$$= 280\ 000 − 40\ 000 = 240\ 000\ （元）$$

③ 纳税调整后应纳税所得。

纳税调整后所得 = 纳税调整前所得 + 纳税调整增加额 − 纳税调整减少额

④ 弥补以前年度亏损。纳税人发生年度亏损的，可以用下一纳税年度的所得弥补；下一纳税年度的所得不足弥补的，可以逐年延续弥补，但是延续弥补期限最长不得超过 5 年。5 年内不论是盈利或亏损，都作为实际弥补期限计算。应弥补以前年度亏损 163 000 元。

⑤ 应纳税所得额。

应纳税所得额 = 纳税调整前所得 + 调整增加 − 调整减少 − 弥补以前年度亏损

$$= 10\ 537\ 145 + （500\ 000 + 400\ 000 + 12\ 000 + 6\ 000 + 100\ 000 + 200\ 000 +$$
$$200\ 000 + 26\ 000） − （75\ 000 + 15\ 000 + 600\ 000） − 163\ 000$$
$$= 11\ 128\ 145\ （元）$$

⑥ 应缴所得税额。

应缴所得税额 = 应纳税所得额 × 所得税税率 = 11 128 145 × 25% = 2 782 036.25 （元）

⑦ 符合节能节水适用设备投资额可抵税额。

环保节能设备抵扣 = 1 800 000 × 10% = 180 000 （元）

⑧ 应补税的境外投资收益的抵免税额。应补税的境外投资收益的抵免税额，即税额扣除。税额扣除是避免国际间对同一所得重复征税的一项重要措施，我国税法实行限额扣除，采用分国（地区）不分项计算，其计算公式为：

境外所得税扣除限额 = 境内、境外所得按税法计算的应纳税总额 × （来源某国外的所得 ÷ 境内、境外所得总额）

纳税人来源于境外的所得在境外实际缴纳的税款，低于按上述公式计算的扣除限额的，可以从应纳税额中按实扣除；超过扣除限额的，其超过部分不得在本年度的应纳税额中扣除，也不得列为费用支出，但可用以后年度税额扣除的余额补扣，补扣期限最长不得超过5年。

- 境内所得应纳所得税额 = 11 128 145 × 25% = 2 782 036.25（元）
- 境外所得换算为含税收入的所得：

A 国：280 000 ÷（1 − 30%）= 400 000（元）

B 国：240 000 ÷（1 − 20%）= 300 000（元）

境外所得应纳所得税额 =（400 000 + 300 000）× 25% = 175 000（元）

抵扣限额：

A 国的抵扣限额 =（11 128 145 + 400 000 + 300 000）× 25% × 400 000/11 828 145
= 100 000（元）

B 国的抵扣限额 =（11 128 145 + 400 000 + 300 000）× 25% × 300 000/11 828 145
= 75 000（元）

在 A 国实际缴纳所得税 120 000 元，高于抵扣限额，只能抵扣 100 000 元，超过限额的 200 000 当年不得抵扣。

在 B 国实际缴纳所得税 60 000 元，低于抵扣限额 75 000 元，可全额抵扣。

境外所得应补缴的所得税额 = 175 000 − 100 000 − 60 000 = 15 000（元）

⑨ 应补（退）的所得税额。

应补（退）的所得税额 = 应缴所得税额 − 已预缴的所得税额 − 抵免税额 + 应补税的境外投资收益的抵免税额 − 环保节能设备抵扣 = 2 782 036.25 − 2 000 000 + 15 000 − 180 000 = 617 036.25（元）

（4）填写企业所得税年度纳税申报表（见表 7 − 6）。

表7-6 中华人民共和国企业所得税年度纳税申报表（A类）

税款所属期间 　　2011年1月1日至2011年12月31日

纳税人名称：M市新民股份有限公司

纳税人识别号：☐☐☐☐☐☐☐☐☐☐☐☐☐☐☐　　　　金额单位：元（列至角分）

类别	行次	项　　目	金　额
利润总额计算	1	一、营业收入（填附表一）	65 100 000.00
	2	减：营业成本（填附表二）	46 090 000.00
	3	营业税金及附加	361 855.00
	4	销售费用（填附表二）	3 200 000.00
	5	管理费用（填附表二）	3 800 000.00
	6	财务费用（填附表二）	1 100 000.00
	7	资产减值损失	280 000.00
	8	加：公允价值变动收益	
	9	投资收益	620 000.00
	10	二、营业利润	10 888 145.00
	11	加：营业外收入（填附表一）	300 000.00
	12	减：营业外支出（填附表二）	651 000.00
	13	三、利润总额（10+11-12）	10 537 145.00
应纳税所得额计算	14	加：纳税调整增加额（填附表三）	1 444 000.00
	15	减：纳税调整减少额（填附表三）	690 000.00
	16	其中：不征税收入	
	17	免税收入	75 000.00
	18	减计收入	
	19	减、免税项目所得	
	20	加计扣除	150 000.00
	21	抵扣应纳税所得额	
	22	加：境外应税所得弥补境内亏损	
	23	纳税调整后所得（13+14-15+22）	11 291 145.00
	24	减：弥补以前年度亏损（填附表四）	163 000.00
	25	应纳税所得额（23-24）	11 128 145.00

（续表）

类别	行次	项　　目	金　额
应纳税额计算	26	税率（25%）	25%
	27	应纳所得税额（25×26）	2 782 036.25
	28	减：减免所得税额（填附表五）	
	29	减：抵免所得税额（填附表五）	180 000.00
	30	应纳税额（27-28-29）	2 602 036.25
	31	加：境外所得应纳所得税额（填附表六）	175 000.00
	32	减：境外所得抵免所得税额（填附表六）	160 000.00
	33	实际应纳所得税额（30+31-32）	2 617 036.25
	34	减：本年累计实际已预缴的所得税额	2 000 000.00
	35	其中：汇总纳税的总机构分摊预缴的税额	
	36	汇总纳税的总机构财政调库预缴的税额	
	37	汇总纳税的总机构所属分支机构分摊的预缴税额	
	38	合并纳税（母子体制）成员企业就地预缴比例	
	39	合并纳税企业就地预缴的所得税额	
	40	本年应补（退）的所得税额（33-34）	617 036.25
附列资料	41	以前年度多缴的所得税额在本年抵减额	
	42	以前年度应缴未缴在本年入库所得税额	

纳税人公章：	代理申报中介机构公章：	主管税务机关受理专用章：
经办人：	经办人执业证件号码：	受理人：
申报日期：2012 年 3 月 30 日	代理申报日期：　　　年　月　日	受理日期：　　　年　月　日

填报说明：

一、适用范围

本表适用于实行查账征收企业所得税的居民纳税人（以下简称纳税人）填报。

二、填报依据及内容

根据《中华人民共和国企业所得税法》及其实施条例、相关税收政策，以及国家统一会计制度（企业会计制度、企业会计准则、小企业会计制度、分行业会计制度、事业单位会计制度和民间非营利组织会计制度）的规定，填报计算纳税人利润总额、应纳税所得额、应纳税额和附列资料等有关项目。

三、有关项目填报说明

（一）表头项目（略）

（二）表体项目（略）

（三）行次说明

1. 第 1 行"营业收入"：填报纳税人主要经营业务和其他经营业务取得的收入总额。本行根据"主营业务收入"和"其他业务收入"科目的数额计算填报。一般工商企业纳税人，通过附表一（1）《收入明细表》计算填报；金融企业纳税人，通过附表一（2）《金融企业收入明细表》计算填报；事业单位、社会团体、民办非企业单位、非营利组织等纳税人，通过附表一（3）《事业单位、社会团体、民办非企业单位收入明细表》计算填报。

2. 第 2 行"营业成本"项目：填报纳税人主要经营业务和其他经营业务发生的成本总额。本行根据"主营业务成本"和"其他业务成本"科目的数额计算填报。一般工商企业纳税人，通过附表二（1）《成本费用明细表》计算填报；金融企业纳税人，通过附表二（2）《金融企业成本费用明细表》计算填报；事业单位、社会团体、民办非企业单位、非营利组织等纳税人，通过附表二（3）《事业单位、社会团体、民办非企业单位支出明细表》计算填报。

3. 第3行"营业税金及附加"：填报纳税人经营活动发生的营业税、消费税、城市维护建设税、资源税、土地增值税和教育费附加等相关税费。本行根据"营业税金及附加"科目的数额计算填报。

4. 第4行"销售费用"：填报纳税人在销售商品和材料、提供劳务的过程中发生的各种费用。本行根据"销售费用"科目的数额计算填报。

5. 第5行"管理费用"：填报纳税人为组织和管理企业生产经营发生的管理费用。本行根据"管理费用"科目的数额计算填报。

6. 第6行"财务费用"：填报纳税人为筹集生产经营所需资金等发生的筹资费用。本行根据"财务费用"科目的数额计算填报。

7. 第7行"资产减值损失"：填报纳税人计提各项资产准备发生的减值损失。本行根据"资产减值损失"科目的数额计算填报。

8. 第8行"公允价值变动收益"：填报纳税人交易性金融资产、交易性金融负债，以及采用公允价值模式计量的投资性房地产、衍生工具、套期保值业务等公允价值变动形成的应计入当期损益的利得或损失。本行根据"公允价值变动损益"科目的数额计算填报。

9. 第9行"投资收益"：填报纳税人以各种方式对外投资确认所取得的收益或发生的损失。本行根据"投资收益"科目的数额计算填报。

10. 第10行"营业利润"：填报纳税人当期的营业利润。根据上述项目计算填列。

11. 第11行"营业外收入"：填报纳税人发生的与其经营活动无直接关系的各项收入。本行根据"营业外收入"科目的数额计算填报。一般工商企业纳税人，通过附表一（1）《收入明细表》相关项目计算填报；金融企业纳税人，通过附表一（2）《金融企业收入明细表》相关项目计算填报；事业单位、社会团体、民办非企业单位、非营利组织等纳税人，通过附表一（3）《事业单位、社会团体、民办非企业单位收入明细表》计算填报。

12. 第12行"营业外支出"：填报纳税人发生的与其经营活动无直接关系的各项支出。本行根据"营业外支出"科目的数额计算填报。一般工商企业纳税人，通过附表二（1）《成本费用明细表》相关项目计算填报；金融企业纳税人，通过附表二（2）《金融企业成本费用明细表》相关项目计算填报；事业单位、社会团体、民办非企业单位、非营利组织等纳税人，通过附表一（3）《事业单位、社会团体、民办非企业单位支出明细表》计算填报。

13. 第13行"利润总额"：填报纳税人当期的利润总额。

14. 第14行"纳税调整增加额"：填报纳税人会计处理与税收规定不一致，进行纳税调整增加的金额。本行通过附表三《纳税调整项目明细表》"调增金额"列计算填报。

15. 第15行"纳税调整减少额"：填报纳税人会计处理与税收规定不一致，进行纳税调整减少的金额。本行通过附表三《纳税调整项目明细表》"调减金额"列计算填报。

16. 第16行"不征税收入"：填报纳税人计入利润总额但属于税收规定不征税的财政拨款、依法收取并纳入财政管理的行政事业性收费、政府性基金以及国务院规定的其他不征税收入。本行通过附表一（3）《事业单位、社会团体、民办非企业单位收入明细表》计算填报。

17. 第17行"免税收入"：填报纳税人计入利润总额但属于税收规定免税的收入或收益，包括国债利息收入；符合条件的居民企业之间的股息、红利等权益性投资收益；从居民企业取得与该机构、场所有实际联系的股息、红利等权益性投资收益；符合条件的非营利组织的收入。本行通过附表五《税收优惠明细表》第1行计算填报。

18. 第18行"减计收入"：填报纳税人以《资源综合利用企业所得税优惠目录》规定的资源作为主要原材料，生产国家非限制和禁止并符合国家和行业相关标准的产品取得收入10%的数额。本行通过附表五《税收优惠明细表》第6行计算填报。

19. 第19行"减、免税项目所得"：填报纳税人按照税收规定减征、免征企业所得税的所得额。本行通过附表五《税收优惠明细表》第14行计算填报。

20. 第20行"加计扣除"：填报纳税人开发新技术、新产品、新工艺发生的研究开发费用，以及安置残疾人员及国家鼓励安置的其他就业人员所支付的工资，符合税收规定条件的准予按照支出额一定比例，在计算应纳税所得额时加计扣除的金额。本行通过附表五《税收优惠明细表》第9行计算填报。

21. 第21行"抵扣应纳税所得额"：填报创业投资企业采取股权投资方式投资于未上市的中小高新技术企业2年以上的，可以按照其投资额的70%在股权持有满2年的当年抵扣该创业投资企业的应纳税所得额。当年不足抵扣的，可以在以后纳税年度结转抵扣。本行通过附表五《税收优惠明细表》第39行计算填报。

22. 第22行"境外应税所得弥补境内亏损"：填报纳税人根据税收规定，境外所得可以弥补境内亏损的数额。

23. 第23行"纳税调整后所得"：填报纳税人经过纳税调整计算后的所得额。

当本表第 23 行 <0 时，即为可结转以后年度弥补的亏损额；如本表第 23 行 >0 时，继续计算应纳税所得额。

24. 第 24 行 "弥补以前年度亏损"：填报纳税人按照税收规定可在税前弥补的以前年度亏损的数额。

本行通过附表四《企业所得税弥补亏损明细表》第 6 行第 10 列填报。但不得超过本表第 23 行 "纳税调整后所得"。

25. 第 25 行 "应纳税所得额"：金额等于本表第 23 行 -24 行。

本行不得为负数。本表第 23 行或者按照上述计次顺序计算结果本行为负数，本行金额填零。

26. 第 26 行 "税率"：填报税法规定的税率 25%。

27. 第 27 行 "应纳所得税额"：金额等于本表第 25 行 ×26 行。

28. 第 28 行 "减免所得税额"：填报纳税人按税收规定实际减免的企业所得税额，包括小型微利企业、国家需要重点扶持的高新技术企业、享受减免优惠过渡政策的企业，其法定税率与实际执行税率的差额，以及其他享受企业所得税减免税的数额。本行通过附表五《税收优惠明细表》第 33 行计算填报。

29. 第 29 行 "抵免所得税额"：填报纳税人购置用于环境保护、节能节水、安全生产等专用设备的投资额，其设备投资额的 10% 可以从企业当年的应纳所得税额中抵免的金额；当年不足抵免的，可以在以后 5 个纳税年度结转抵免。本行通过附表五《税收优惠明细表》第 40 行计算填报。

30. 第 30 行 "应纳税额"：金额等于本表第 27 行 -28 行 -29 行。

31. 第 31 行 "境外所得应纳所得税额"：填报纳税人来源于中国境外的所得，按照企业所得税法及其实施条例以及相关税收规定计算的应纳所得税额。

32. 第 32 行 "境外所得抵免所得税额"：填报纳税人来源于中国境外所得依照中国境外税收法律以及相关规定应缴纳并实际缴纳的企业所得税性质的税款，准予抵免的数额。

企业已在境外缴纳的所得税额，小于抵免限额的，"境外所得抵免所得税额" 按其在境外实际缴纳的所得税额填报；大于抵免限额的，按抵免限额填报，超过抵免限额的部分，可以在以后 5 个年度内，用每年度抵免限额抵免当年应抵税额后的余额进行抵补。

33. 第 33 行 "实际应纳所得税额"：填报纳税人当期的实际应纳所得税额。

34. 第 34 行 "本年累计实际已预缴的所得税额"：填报纳税人按照税收规定本纳税年度已在月（季）度累计预缴的所得税款。

35. 第 35 行 "汇总纳税的总机构分摊预缴的税额"：填报汇总纳税的总机构按照税收规定已在月（季）度在总机构所在地累计预缴的所得税款。

附报《中华人民共和国企业所得税汇总纳税分支机构企业所得税分配表》。

36. 第 36 行 "汇总纳税的总机构财政调库预缴的税额"：填报汇总纳税的总机构按照税收规定已在月（季）度在总机构所在地累计预缴在财政调节专户的所得税款。

附报《中华人民共和国企业所得税汇总纳税分支机构企业所得税分配表》。

37. 第 37 行 "汇总纳税的总机构所属分支机构分摊的预缴税额"：填报汇总纳税的分支机构已在月（季）度在分支机构所在地累计分摊预缴的所得税款。

附报《中华人民共和国企业所得税汇总纳税分支机构企业所得税分配表》。

38. 第 38 行 "合并纳税（母子体制）成员企业就地预缴比例"：填报经国务院批准的实行合并纳税（母子体制）的成员企业按照税收规定就地预缴税款的比例。

39. 第 39 行 "合并纳税企业就地预缴的所得税额"：填报合并纳税的成员企业已在月（季）度累计预缴的所得税款。

40. 第 40 行 "本年应补（退）的所得税额"：填报纳税人当期应补（退）的所得税额。

41. 第 41 行 "以前年度多缴的所得税在本年抵减额"：填报纳税人以前纳税年度汇算清缴多缴的税款尚未办理退税、并在本纳税年度抵缴的所得税额。

42. 第 42 行 "以前年度应缴未缴在本年入库所得税额"：填报纳税人以前纳税年度损益调整税款、上一纳税年度第四季度预缴税款和汇算清缴的税款，在本纳税年度入库所得税额。

四、表内及表间关系（略）

五、企业所得税年度纳税申报表附表（略）

7.4 企业所得税的会计核算

所得税会计是研究如何对按会计制度计算的税前会计利润（或亏损）与按税法计算的应纳税所得（或亏损）之间的差异进行会计处理的会计理论和方法。各国的法律体制和会计体制不同，所得税会计处理方法也各不相同，但从应纳税额与所得税费用关系的处理来看有两种：一种是将应纳税额作为所得税费用；另一种是将应纳税额进行调整后确定所得税费用。前者称为应付税款法，后者称为纳税影响会计法。纳税影响会计法分为递延法和债务法。债务法分为资产负债表债务法和利润表债务法。根据《企业会计准则第18号——所得税》的规定，上市公司应采用资产负债表债务法。

我国所得税会计采用了资产负债表债务法，要求企业从资产负债表出发，通过比较资产负债表上列示的资产、负债，按照会计准则规定确定的账面价值与按照税法规定确定的计税基础，对于两者之间的差异分别应纳税暂时性差异与可抵扣暂时性差异，确认相关的递延所得税负债与递延所得税资产，并在此基础上确定每一会计期间利润表中的所得税费用。

7.4.1 科目设置

1. "所得税费用"账户

该账户属于损益类账户。其核算和监督企业按规定从本期损益中扣除的所得税费用。其借方反映企业计入本期损益的所得税额，贷方反映转入"本年利润"账户的所得税额，期末结转本年利润后，"所得税费用"账户无余额。

2. "应交税费——应交所得税"账户

该账户属于负债类账户。其核算和监督所得税应交、已交情况，货方反映应交所得税，借方反映已交所得税，贷方余额为未交所得税。

3. "递延所得税资产"账户

资产、负债的账面价值与其计税基础不同产生可抵扣暂时性差异的，在估计未来期间能够取得足够的应纳税所得额用以该可抵扣暂时性差异时，应当以很可能取得用来抵扣暂时性差异的应纳税所得额为限，确认相关的递延所得税资产。确认递延所得税资产时，计入"递延所得税资产"账户的借方，转回时计入"递延所得税资产"账户的贷方。

4. "递延所得税负债"账户

应纳税暂时性差异在转回期间将增加未来期间企业的应纳税所得额和应交所得税，导致企业经济利益的流出，从其发生当期来看，构成企业应支付税金的义务，应作为递延所得税负债确认。确认递延所得税负债时，计入"递延所得税负债"的贷方，转回时计入"递延所得税负债"账户的借方。

7.4.2 所得税会计核算的一般程序

采用资产负债表债务法核算所得税时，企业一般应于每一资产负债表日进行所得税的核算。发生特殊交易或事项时，如企业合并，在确认因交易或事项产生的资产、负债时即应确认相关的所得税影响。

计算过程：

采用资产负债表债务法进行所得税会计核算时，企业应于每一资产负债表日按下列程序进行所得税会计核算：

（1）以会计准则为依据确定资产负债表中除递延所得税资产和递延所得税负债以外的其他资产或负债项目的账面价值。

（2）以税法为依据确定资产负债表中有关资产项目与负债项目的计税基础。

（3）比较资产、负债的账面价值与计税基础，对两者之间存在的暂时性差异，根据其性质确定应纳税暂时性差异与可抵扣暂时性差异。

（4）以应纳税暂时性差异确定当期递延所得税负债发生额，以可抵扣暂时性差异确定当期递延所得税资产发生额，同时确定当期递延所得税费用金额。

（5）按税法规定计算确定当期应交所得税金额，同时确定当期所得税费用金额。

（6）综合当期递延所得税费用和当期所得税费用，确定利润表中的所得税费用总额。

7.4.3 会计处理

1. 暂时性差异

暂时性差异，是指资产或负债的账面价值与其计税基础之间的差额。其中，账面价值是指按照企业会计准则规定确定的有关资产、负债在企业的资产负债表中应列示的金额。由于资产、负债的账面价值与其计税基础不同，产生了在未来收回资产或清偿负债的期间内，应纳税所得额增加或减少并导致未来期间应交所得税增加或减少的情况，在这些暂时性差异发生的当期，应当确认相应的递延所得税负债或递延所得税资产。根据暂时性差异对未来期间应税金额影响的不同，可分为应纳税暂时性差异和可抵扣暂时性差异。

（1）应纳税暂时性差异。应纳税暂时性差异，是指在确定未来收回资产或清偿负债期间的应纳税所得额时，将导致产生应税金额的暂时性差异。该差异在未来期间转回时，会增加转回期间的应纳税所得额，即在未来期间不考虑该事项影响的应纳税所得额的基础上，由于该暂时性差异的转回，会进一步增加转回期间的应纳税所得额和应交所得税金额。在该暂时性差异产生当期，应当确认相关的递延所得税负债。

应纳税暂时性差异通常产生于以下情况：

① 资产的账面价值大于其计税基础。

【例 7-6】 交易性金融资产，取得时成本为 100 万元，公允价值变动增加 20 万元，资产的账面价值 120 万元大于其计税基础 100 万元 。

一项资产的账面价值代表的是企业在持续使用及最终出售该项资产时会取得的经济利益的总额，而计税基础代表的是一项资产在未来期间可予税前扣除的总金额。资产的账面价值大于其计税基础，该项资产未来期间产生的经济利益不能全部税前抵扣，两者之间的差额需要交税，意味着企业将于未来期间增加应纳税所得额和应交所得税，产生应纳税暂时性差异。

② 负债的账面价值小于其计税基础。负债的账面价值一般是等于其计税基础。如果出现负债的账面价值小于其计税基础这种情况，因为负债实际上是"负资产"，和资产的账面价值小于其计税基础相反、与资产的账面价值大于其计税基础一样，也会产生应纳税暂时性差异。

（2）可抵扣暂时性差异。可抵扣暂时性差异，是指在确定未来收回资产或清偿负债期间的应纳税所得额时，将产生可抵扣金额的暂时性差异。该差异在未来期间转回时会减少转回期间的应纳税所得额，减少未来期间的应交所得税。在该暂时性差异产生当期，应当确认相关的递延所得税资产。

可抵扣暂时性差异一般产生于以下情况：

① 资产的账面价值小于其计税基础。

【例7-7】 应收账款账面余额为100万元，企业对该应收账款计提了10万元的坏账准备，其账面价值为90万元，资产的账面价值90万元小于其计税基础100万元。

从经济含义来看，资产在未来期间产生的经济利益少，按照税法规定允许税前扣除的金额多，则企业在未来期间可以减少应纳税所得额并减少应交所得税，形成可抵扣暂时性差异。

② 负债的账面价值大于其计税基础。

【例7-8】 预计负债账面余额为100万元，负债的账面价值100万元大于其计税基础=100-100=0万元。

负债产生的暂时性差异实质上是税法规定就该项负债可以在未来期间税前扣除的金额。一项负债的账面价值大于其计税基础，意味着未来期间按照税法规定构成负债的全部或部分金额可以自未来应税经济利益中扣除，减少未来期间的应纳税所得额和应交所得税，产生可抵扣暂时性差异。

2. 递延所得税资产

（1）确认递延所得税资产的一般原则。递延所得税资产的确认应以未来期间可能取得的应纳税所得额为限。在可抵扣暂时性差异转回的未来期间内，企业无法产生足够的应纳税所得额用以抵减可抵扣暂时性差异的影响，使得与递延所得税资产相关的经济利益无法实现的，该部分递延所得税资产不应确认；企业有明确的证据表明其于可抵扣暂时性差异转回的未来期间能够产生足够的应纳税所得额，进而利用可抵扣暂时性差异的，则应以可能取得的应纳税所得额为限，确认相关的递延所得税资产。

考虑到可抵扣暂时性差异转回的期间内可能取得应纳税所得额的限制，因无法取得足够的应纳税所得额而未确认相关的递延所得税资产的，应在会计报表附注中进行披露。

按照税法规定可以结转以后年度的未弥补亏损和税款抵减，应视同可抵扣暂时性差异处理。在预计可利用可弥补亏损或税款抵减的未来期间内能够取得足够的应纳税所得额时，应当以很可能取得的应纳税所得额为限，确认相应的递延所得税资产，同时减少确认当期的所得税费用。

与可抵扣亏损和税款抵减相关的递延所得税资产，其确认条件与可抵扣暂时性差异产生的递延所得税资产相同。

企业合并中，按照会计规定确定的合并中取得各项可辨认资产、负债的入账价值与其计税基础之间形成可抵扣暂时性差异的，应确认相应的递延所得税资产，并调整合并中应予确认的商誉等。

与直接计入所有者权益的交易或事项相关的可抵扣暂时性差异，相应的递延所得税资产应计入所有者权益。例如，因可供出售金融资产公允价值下降而应确认的递延所得税资产。

（2）不确认递延所得税资产的特殊情况。某些情况下，如果企业发生的某项交易或事项不是企业合并，并且交易发生时既不影响会计利润也不影响应纳税所得额，且该项交易中产生的资产、负债的初始确认金额与其计税基础不同，产生可抵扣暂时性差异的，企业会计准则中规定在交易或事项发生时不确认相应的递延所得税资产。

原因是在该种情况下，如果确认递延所得税资产，则需调整资产、负债的入账价值，对实际成本进行调整将有违会计核算中的历史成本原则，影响会计信息的可靠性，因此，企业会计准则中规定不确认相应的递延所得税资产。

【例7-9】 甲企业当期以融资租赁方式租入一项固定资产，该项固定资产在租赁日的公允价值为2 000万元，最低租赁付款额的现值为1 960万元。租赁合同中约定，租赁期内总的付款额为2 200万元。假定不考虑在租入资产过程中发生的相关费用。

企业会计准则规定承租人应当将租赁开始日租赁资产公允价值与最低租赁付款额现值两者中较低者作为租入资产的入账价值，即甲企业该融资租入固定资产的入账价值应为1 960万元。

假定税法规定融资租入资产应当按照租赁合同或协议约定的付款额，以及在取得租赁资产过程中支付的有关费用作为其计税成本，则其计税成本应为2 200万元。

租入资产的入账价值1 960万元与其计税基础2 200万元之间的差额，在取得资产时既不影响会计利润，也不影响应纳税所得额，如果确认相应的所得税影响，直接结果是减记资产的初始计量金额，因此，企业会计准则中规定该种情况下不确认相应的递延所得税资产。

（3）递延所得税资产的计量。

① 适用税率的确定。确认递延所得税资产时，应估计相关可抵扣暂时性差异的转回时间，采用转回期间适用的所得税税率为基础计算确定。无论相关的可抵扣暂时性差异转回期间如何，递延所得税资产均不予折现。

② 递延所得税资产账面价值的复核。资产负债表日，企业应当对递延所得税资产的账

面价值进行复核。如果未来期间很可能无法取得足够的应纳税所得额用以利用递延所得税资产的利益，应当减记递延所得税资产的账面价值。递延所得税资产的账面价值减记以后，继后期间根据新的环境和情况判断能够产生足够的应纳税所得额利用可抵扣暂时性差异，使得递延所得税资产包含的经济利益能够实现的，应相应恢复递延所得税资产的账面价值。

3. 递延所得税负债

（1）递延所得税负债的确认。应纳税暂时性差异在转回期间将增加未来期间企业的应纳税所得额和应交所得税，导致企业经济利益的流出，从其发生当期看，构成企业应支付税金的义务，应作为递延所得税负债确认。

除所得税准则中明确规定可不确认递延所得税负债的情况以外，企业对于所有的应纳税暂时性差异均应确认相关的递延所得税负债。除与直接计入所有者权益的交易或事项以及企业合并中取得资产、负债相关的以外，在确认递延所得税负债的同时，应增加利润表中的所得税费用。

【例7-10】 A企业于2011年12月6日购入某项环保设备，取得成本为500万元，会计上采用年限平均法计提折旧，使用年限为10年，净残值为零，计税时按双倍余额递减法计提折旧，使用年限及净残值与会计相同。A企业适用的所得税税率为25%。假定该企业不存在其他会计与税收处理的差异。

分析：

2012年资产负债表日，该项固定资产按照会计规定计提的折旧额为50万元，计税时允许扣除的折旧额为100万元，则该固定资产的账面价值450万元与其计税基础400万元的差额构成应纳税暂时性差异，企业应确认相关的递延所得税负债。账务处理如下：

借：所得税费用   125 000

贷：递延所得税负债   125 000

（2）不确认递延所得税负债的特殊情况。有些情况下，虽然资产、负债的账面价值与其计税基础不同，产生了应纳税暂时性差异，但出于各方面考虑，所得税准则中规定不确认相应的递延所得税负债，主要包括：

① 商誉的初始确认。非同一控制下的企业合并中，企业合并成本大于合并中取得的被购买方可辨认净资产公允价值份额的差额，按照会计准则规定应确认为商誉。因会计与税收的划分标准不同，会计上作为非同一控制下的企业合并但按照税法规定计税时作为免税合并的情况下，商誉的计税基础为零，其账面价值与计税基础形成应纳税暂时性差异，准则中规定不确认与其相关的递延所得税负债。

② 除企业合并以外的其他交易或事项中，如果该项交易或事项发生时既不影响会计利润，也不影响应纳税所得额，则所产生的资产、负债的初始确认金额与其计税基础不同，形

成应纳税暂时性差异的，交易或事项发生时不确认相应的递延所得税负债。该规定主要是考虑到由于交易发生时既不影响会计利润，也不影响应纳税所得额，确认递延所得税负债的直接结果是增加有关资产的账面价值或是降低所确认负债的账面价值，使得资产、负债在初始确认时，违背历史成本原则，影响会计信息的可靠性。

③ 与子公司、联营企业、合营企业投资等相关的应纳税暂时性差异，一般应确认相应的递延所得税负债，但同时满足以下两个条件的除外：一是投资企业能够控制暂时性差异转回的时间；二是该暂时性差异在可预见的未来很可能不会转回。满足上述条件时，投资企业可以运用自身的影响力决定暂时性差异的转回，如果不希望其转回，则在可预见的未来该项暂时性差异即不会转回，从而无须确认相应的递延所得税负债。

（3）递延所得税负债的计量。所得税准则规定，资产负债表日，对于递延所得税负债，应当根据适用税法规定，按照预期收回该资产或清偿该负债期间的适用税率计量。即递延所得税负债应以相关应纳税暂时性差异转回期间按照税法规定适用的所得税税率计量。无论应纳税暂时性差异的转回期间如何，相关的递延所得税负债不要求折现。

4. 所得税费用的确认和计量

（1）当期所得税。当期所得税，是指企业按照税法规定计算确定的针对当期发生的交易和事项，应交纳给税务部门的所得税金额，即应交所得税，应以适用的税收法规为基础计算确定。即

$$当期所得税 = 当期应交所得税$$

企业在确定当期所得税时，对于当期发生的交易或事项，会计处理与税收处理不同的，应在会计利润的基础上，按照适用税收法规的要求进行调整，计算出当期应纳税所得额，按照应纳税所得额与适用所得税税率计算确定当期应交所得税。

（2）递延所得税。递延所得税，是指按照企业会计准则规定应予确认的递延所得税资产和递延所得税负债在期末应有的金额相对于原已确认金额之间的差额，即递延所得税资产及递延所得税负债的当期发生额，但不包括直接计入所有者权益的交易或事项及企业合并的所得税影响。用公式表示即为

递延所得税 =（递延所得税负债的期末余额 - 递延所得税负债的期初余额）
（递延所得税资产的期末余额 - 递延所得税资产的期初余额）

值得注意的是，如果某项交易或事项按照企业会计准则规定应计入所有者权益，由该交易或事项产生的递延所得税资产或递延所得税负债及其变化亦应计入所有者权益，不构成利润表中的递延所得税费用（或收益）。

（3）所得税费用。计算确定了当期所得税及递延所得税以后，利润表中应予确认的所

得税费用为两者之和, 即

$$所得税费用 = 当期所得税 + 递延所得税$$

计入当期损益的所得税费用或收益不包括企业合并和直接在所有者权益中确认的交易或事项产生的所得税影响。与直接计入所有者权益的交易或者事项相关的当期所得税和递延所得税, 应当计入所有者权益。所得税费用应当在利润表中单独列示。

【例 7-11】 A 公司 2011 年度利润表中利润总额为 3 000 万元, 该公司适用的所得税税率为 25%。递延所得税资产及递延所得税负债不存在期初余额。与所得税核算有关的情况如下:

2011 年发生的有关交易和事项中, 会计处理与税收处理存在差别的有:

(1) 2011 年 1 月开始计提折旧的一项固定资产, 成本为 1 500 万元, 使用年限为 10 年, 净残值为 0。会计处理按双倍余额递减法计提折旧, 税收处理按直线法计提折旧。假定税法规定的使用年限及净残值与会计规定相同。

(2) 向关联企业捐赠现金 500 万元。假定按照税法规定, 企业向关联方的捐赠不允许税前扣除。

(3) 当期取得作为交易性金融资产核算的股票投资成本为 800 万元, 2011 年 12 月 31 日的公允价值为 1 200 万元。税法规定, 以公允价值计量的金融资产持有期间市价变动不计入应纳税所得额。

(4) 违反环保法规定应支付罚款 250 万元。

(5) 期末对持有的存货计提了 75 万元的存货跌价准备。

分析:

(1) 2011 年度当期应交所得税:

应纳税所得额 = 3 000 + 150 + 500 - 400 + 250 + 75 = 3 575 (万元)

应交所得税 = 3 575 × 25% = 893.75 (万元)

(2) 2011 年度递延所得税:

递延所得税资产 = 225 × 25% = 56.25 (万元)

递延所得税负债 = 400 × 25% = 100 (万元)

递延所得税 = 100 - 56.25 = 43.75 (万元)

(3) 利润表中应确认的所得税费用:

所得税费用 = 893.75 + 43.75 = 937.50 (万元)

确认所得税费用的账务处理如下:

借: 所得税费用   9 375 000

	递延所得税资产	562 500
贷：应交税费——应交所得税		8 937 500
递延所得税负债		1 000 000

该公司2011年资产负债表相关项目金额及其计税基础如表7-7所示：

表7-7　2011年资产负债表　　　　　　　　　　单位：万元

| 项 目 | 账面价值 | 计税基础 | 差　　　　　异 | |
			应纳税暂时性差异	可抵扣暂时性差异
存货	2 000	2 075		75
固定资产：				
固定资产原价	1 500	1 500		
减：累计折旧	300	150		
减：固定资产减值准备	0	0		
固定资产账面价值	1 200	1 350		150
交易性金融资产	1 200	800	400	
其他应付款	250	250		
总 计			400	225

【例7-12】　沿用【例7-11】中有关资料，假定A公司2012年当期应交所得税为1 155万元。资产负债表中有关资产、负债的账面价值与其计税基础相关资料如表7-8所示，除所列项目外，其他资产、负债项目不存在会计和税收的差异。

分析：

（1）当期所得税=当期应交所得税=1 155（万元）

（2）递延所得税：

① 期末递延所得税负债　　　　（675×25%）168.75

　　期初递延所得税负债　　　　　　　　　100

　　递延所得税负债减少　　　　　　　　　68.75

② 期末递延所得税资产　　　　（740×25%）185

　　期初递延所得税资产　　　　　　　　　56.25

　　递延所得税资产增加　　　　　　　　　128.75

　　递延所得税=68.75-128.75=-60（万元）（收益）

（3）确认所得税费用。

所得税费用=1 155-60=1 095（万元），确认所得税费用的账务处理如下：

| 借：所得税费用 | 9 575 000 |
| 递延所得税资产 | 1 287 500 |

递延所得税负债 687 500

　　贷：应交税费——应交所得税 11 550 000

表7-8 单位：万元

项 目	账面价值	计税基础	差　　　异	
			应纳税暂时性差异	可抵扣暂时性差异
存货	4 000	4 200		200
固定资产：				
固定资产原价	1 500	1 500		
减：累计折旧	540	300		
减：固定资产减值准备	50	0		
固定资产账面价值	910	1 200		290
交易性金融资产	1 675	1 000	675	
预计负债	250	0		250
总计			675	740

⊙ 本章小结

　　企业所得税以应税所得额为课税对象。在中华人民共和国境内，企业和其他取得收入的组织（以下统称企业）为企业所得税的纳税人，不包括个人独资企业、合伙企业。

　　企业所得税的纳税人分为居民企业和非居民企业。居民企业承担无限纳税义务，就来源于中国境内外的全部所得纳税；非居民企业承担有限纳税义务，一般只就来源于中国境内的所得纳税。

　　企业每一纳税年度的收入总额，减除不征税收入、免税收入、各项扣除以及允许弥补的以前年度亏损后的余额，为应纳税所得额。企业实际发生的与取得收入有关的、合理支出的，包括成本、费用、税金、损失和其他支出等，准予在计算应纳税所得额中扣除。

　　企业所得税实行按年计算，按月或季预缴，年终汇算清缴，多退少补的征收办法。纳税年度一般为公历年度，即公历1月1日至12月31日为一个纳税年度；纳税人在一个纳税年度的中间开业，或由于合并、关闭等原因，使该纳税年度的实际经营期不足12个月的，以其实际经营期为一个纳税年度；纳税人破产清算时，以清算期为一个纳税年度。

　　采用资产负债表债务法进行所得税会计核算时，企业应于每一资产负债表日按下列程序进行所得税会计核算：

　　① 以会计准则为依据确定资产负债表中除递延所得税资产和递延所得税负债以外的其他资产或负债项目的账面价值。

　　② 以税法为依据确定资产负债表中有关资产项目与负债项目的计税基础。

③ 比较资产、负债的账面价值与计税基础，对两者之间存在的暂时性差异，根据其性质确定应纳税暂时性差异与可抵扣暂时性差异。

④ 以应纳税暂时性差异确定当期递延所得税负债发生额，以可抵扣暂时性差异确定当期递延所得税资产发生额，同时确定当期递延所得税费用金额。

⑤ 按税法规定计算确定当期应交所得税金额，同时确定当期所得税费用金额。

⑥ 综合当期递延所得税费用和当期所得税费用，确定利润表中的所得税费用总额。

⚠ 关键名词

企业所得税纳税调整　应税所得额计算　纳税申报　企业所得税会计核算

📖 练习题

一、单项选择题（请扫描二维码，在线测试本章学习效果）

1. 按《企业所得税法》及其实施条例的规定，缴纳企业所得税，月份或者季度终了后要在规定的期限内预缴，年度终了后要在规定的期限内汇算清缴，其预缴、汇算清缴的规定期限分别是（　　）。

  A. 7 日、45 日   B. 10 日、3 个月

  C. 15 日、4 个月   D. 15 日、5 个月

2. 国务院批准的高新技术产业开发区的高新技术企业，企业所得税的税率是（　　）。

  A. 33%   B. 30%   C. 24%   D. 15%

3. 企业事业单位进行技术转让，以及在技术转让过程中发生的与技术转让有关的技术咨询、技术服务、技术培训的所得，年净收入在（　　）的暂免征所得税。

  A. 100 万以上   B. 80 万以上   C. 50 万以上   D. 30 万以下

4. 计算应纳税所得额时，（　　）不计入纳税人的收入总额。

  A. 国库券的利息收入   B. 工程价款结算收入

  C. 固定资产盘盈收入   D. 有价证券转让收入

5. 下列项目中不应计入企业应纳税所得额的收入是（　　）。

  A. 企业逾期未退还的包装物押金   B. 企业出售住房的净收入

  C. 企业代收代缴的消费税   D. 企业接受捐赠的实物资产

6. 计算企业应纳税所得额时，应计入收入总额的项目有（　　）。

  A. 国债利息收入   B. 出口退回的增值税税额

  C. 出口退回的消费税税额   D. 收取的押金

7. 某国有企业 2011 年度实现利润总额 500 万元，其中在营业外支出列支的通过希望工

程的捐款额为 15 万元。该企业当年准予从应纳税所得额中扣除的捐款的数额是 (　　)
万元。

    A. 0. 45　　　　B. 30. 45　　　　C. 15　　　　D. 15. 45

8. 某企业接受捐赠设备一台，价值 30 万元，企业当年将设备出售给另一企业，售价为
35 万元，相关税费及清理费用为 1 万元，则应计入当年应纳税所得额 (　　) 万元。

    A. 30　　　　B. 34　　　　C. 35　　　　D. 4

9. 下列税金中，不可以在计算所得税前扣除的有 (　　)。

    A. 印花税　　　　B. 增值税　　　　C. 营业税　　　　D. 消费税

10. 企业的下列各项支出，在计算应纳税所得额时，准予从收入总额中直接扣除
的是 (　　)。

    A. 对外投资的支出

    B. 转让固定资产发生的费用

    C. 生产经营中因违反国家法律、法规和规章，被执法机关处以的罚款

    D. 以融资租赁方式租入固定资产而发生的租赁费

11. 下列支出允许在税前扣除的是 (　　)。

    A. 广告性质的赞助支出　　　　B. 对有意联营单位的赞助支出

    C. 购置生产设备的支出　　　　D. 税收的滞纳金

12. 企业发生的下列支出，可以在税前扣除的是 (　　)。

    A. 按经济合同规定支付的违约金 (包括银行罚息)、罚款和诉讼费用

    B. 销售货物给购货方的回扣

    C. 提取的存货跌价准备

    D. 已销售给职工个人的住房提取的折旧和发生的维修管理费

13. 企业来源于境外所得，已在境外实际缴纳的所得税税款，在汇总纳税并按规定计算
的扣除限额扣除时，如果境外实际缴纳的税款超过扣除限额，对超过的部分可处理的方
法是 (　　)。

    A. 列为当年费用支出

    B. 从本年度的应纳所得税税额中扣除

    C. 用以后年度税额扣除的余额补扣，补扣期限最长不得超过 5 年

    D. 从以后年度境外所得中扣除

14. 外国企业在中国未设立机构和场所时，根据税法规定，对其取得的来源于中国境内
的所得，应以 (　　) 为纳税义务人。

    A. 实际收益人　　　　　　B. 支付单位

C. 代理人　　　　　　　　　D. 收款单位

二、多项选择题（请扫描二维码，在线测试本章学习效果）

1. 我国居民企业的判定标准有（　　　）。

　　A. 登记注册地标准　　　　　B. 总机构所在地标准

　　C. 实际管理机构地标准　　　　D. 生产经营所在地

2. 以下使用25%税率的企业有（　　　）。

　　A. 在中国境内的居民企业

　　B. 在中国境内设有机构场所，且所得与该机构、场所有关联的非居民企业

　　C. 在中国境内设有机构场所，且所得与该机构、场所没有实际联系的非居民企业

　　D. 在中国境内未设立机构、场所的非居民企业

3. 下列各项中，属于企业所得税税法规定的"其他收入"的有（　　　）。

　　A. 债务重组收入　　　　　　B. 视同销售收入

　　C. 资产溢余收入　　　　　　D. 补贴收入

4. 下列项目中，应计入应纳税所得额的有（　　　）。

　　A. 非金融企业让渡资金使用权的收入

　　B. 因债权人原因确实无法支付的应付款项

　　C. 出口货物退还的增值税

　　D. 将自产货物用于职工福利

5. 根据企业所得税法规定，在计算企业所得税应纳税所得额时，可以计入存货成本的税金包括（　　　）。

　　A. 消费税　　　　　　　　　B. 关税

　　C. 土地增值税　　　　　　　D. 不能从销项税额中抵扣的增值税进项税额

6. 根据企业所得税法的规定，下列各项中，属于企业所得税纳税人的有（　　　）。

　　A. 股份有限公司　　　　　　B. 有限责任公司

　　C. 合伙企业　　　　　　　　D. 个人独资企业

7. 根据企业所得税法的规定，在计算企业所得税应纳税额时，可以扣除的项目有（　　　）。

　　A. 股东大会或董事会费

　　B. 销售部门发生的差旅费、工资、福利费

　　C. 纳税人逾期归还银行存款，银行按规定加收的罚息

　　D. 向投资者支付的股息、红利等权益性投资收益款项

8. 所得税会计应设置的会计账户有（　　　）。

    A. 所得税费用   B. 递延税款

    C. 递延所得税资产   D. 递延所得税负债

9. 下列各事项中，不会导致计税基础和账面价值产生差异的有（   ）。

    A. 存货期末的可变现净值高于成本（以前未计提过跌价准备）

    B. 购买国债确认的利息收入

    C. 固定资产发生的维修支出

    D. 使用寿命不确定的无形资产计提减值准备

10. 下列各情形中，会产生可抵扣暂时性差异的有（   ）。

    A. 资产的账面价值大于计税基础   B. 资产的账面价值小于计税基础

    C. 负债的账面价值大于计税基础   D. 负债的账面价值小于计税基础

三、判断题（请扫描二维码，在线测试本章学习效果）

1. 我国对跨国纳税人所得的征税管辖权，选择了地域管辖权和居民管辖权双重管辖权标准。（   ）

2. 纳税人在纳税年度发生的经营亏损，可以用下一年度的所得弥补；下一年度的所得不足弥补的，可以延续弥补，但是延续弥补期最长不得超过 5 年。（   ）

3. 企业解散或破产后的清算所得，不属于企业所得税的征税范围。（   ）

4. 企业在汇总计算缴纳企业所得税时，其境外营业机构的亏损可以抵减境内营业机构的盈利。（   ）

5. 企业所得税法规定，纳税人发生的全部工资薪金准予据实扣除。（   ）

6. 企业所得税法规定，纳税人采取加速折旧方法的，可以采取双倍余额递减法或者年数总和法。（   ）

7. 负债产生的暂时性差异等于未来期间计税时按照税法规定可予税前扣除的金额。（   ）

8. 企业采用资产负债表法核算所得税，则产生暂时性差异的一定是财务会计报告中列示的资产、负债项目。（   ）

9. 只要产生了可抵扣暂时性差异，企业就应该在期末按适用的税率确认相应的递延所得税资产。（   ）

10. 未弥补亏损不能确认为可抵扣暂时性差异。（   ）

四、实训题（请扫描二维码，查看实训题答案）

1. 宏翔公司为某市一家国家重点扶持的高新技术企业，2015 年境内经营业务资料如下：①销售货物收入 2 000 万元；②销售货物成本 1 100 万元；③销售费用 330 万元（其中，广告费 308 万元），管理费用 380 万元（其中，业务招待费 20 万元、新技术研究开发费 100 万元），财务费用50万元；④销售税金180万元（其中，增值税130万元）；（国库券利息收入60万元；⑤营业外收入50万元（其中，出售无形资产净收益40万元，处置固定资产净收益10万元），营业外支出70万元（其中，增值税130万元）；固国库券利息收入60万元；⑥营业外收入50万元（其中，出售无形资产净收益40万元，处置固定资产净收益10万元），营业外支出70万元（其中，通过公益性社会团体向贫困山区捐款40万元，支付税收滞纳金5万元，其余为处置固定资产净损失）；（今列入成本费用的实发工资总额180万元，支付职工福利费24万、职工教育经费8万元，拨缴职工工会经费4万元；⑦税前未弥补亏损10万元（2014年度）；回公司当年已预缴企业所得税6万元。

宏翔公司在甲、乙两国设有分支机构，甲国分支机构当年税后所得额为56万元，适用税率为30%；乙国分支机构当年税后所得额为48万元，适用税率为20%。在甲、乙两国已分别缴纳所得税24万元、12万元。假设在甲、乙两国应税所得额的计算与我国税法相同。

问题：计算宏翔公司2015年度应纳所得税税额。

2. 甲公司于2005年12月31日购入价值500万元的设备一台，预计使用年限5年，无残值，会计上采用直线法计提折旧；税法允许采用双倍余额递减法计提折旧，预计使用年限和净残值与会计上相同。假定甲企业每年会计利润总额均为1 000万元，适用所得税税率为33%。按照2007年颁布的企业所得税税法规定，应从2008年起将所得税税率改为25%。

要求：

（1）填列有关所得税计算表中的相关数据。

项 目	2006 年	2007 年	2008 年	2009 年	2010 年
账面价值					
计税基础					
期末应纳税暂时性差异					
期末递延所得税负债期末余额					
递延所得税负债本期发生额					

（2）编制各年有关所得税的会计分录，并列示计算过程。

判断题
即测即评

实训题
查看答案

第 8 章

个人所得税会计

学习目标

通过本章学习，要求了解居民纳税人和非居民纳税人的征税范围及扣缴义务人的义务；熟悉个人所得税的应税项目及减免税优惠；掌握个人所得税应纳税额的计算；会进行个人所得税应纳税额的计算及会计核算；会进行个人所得税的代扣代缴。

问题导入

我国个人所得税改革的方向是什么？

我国征收个人所得税原则是：低收入者不纳税，中等收入者适当缴税，高收入者多缴税。目前我国的工薪阶层成了个人所得税的纳税主体，没起到缩小贫富差距的作用。这与我国税收政策选择并不一样。下一步改革个税的方向是由目前的分类税制转向综合和分类相结合的税制，在对部分所得项目实行综合计税的同时，会将纳税人家庭负担，如赡养人口、按揭贷款等情况计入抵扣因素，更体现税收公平。改革进程要视完善立法和加强征管能力情况而定。

8.1 个人所得税概述

8.1.1 个人所得税的概念、产生与发展

个人所得税是以个人（自然人）取得的应税所得为征税对象所征收的税，最早可追溯到 1798 年，至今已有 200 多年的历史。由于个人所得税具有增加财政收入、调节个人收入以缩小社会贫富差距等多项功能，发展较快，是人们公认的良税之一（企业所得税、印花

税等税种也有良税之称），为世界各国普遍采用。目前个人所得税已经成为世界上大多数国家，特别是西方发达国家税制结构中最重要的税种。

我国现行个人所得税法于 2011 年 6 月 30 日通过，自 2011 年 9 月 1 日起施行。

个人所得税作为我国现行税制的主要税种之一，直接关系到国家与国家之间、国家与公民之间利益的分配，其具体政策、法规将随着经济形势的发展，不断补充、修改，日趋完善。

2002 年 1 月 1 日开始，个人所得税收入实行中央与地方按比例分享。

8.1.2　个人所得税的特点

1. 实行分项征收的制度

目前世界各国的个人所得税制一般为混合征收的形式，即不分项目、不分收入类型，一视同仁地进行征收。我国现行的个人所得税采用了分项征收的制度，即将个人取得的收入划分为 11 类，分别适用不同的费用扣除标准和不同的税率及优惠办法。分项征收的制度受到的批评多于表扬，多数税务专家认为我国未来的个人所得税应采用混合征收的形式。

2. 计算和征收比较简便

我国的个人所得税，采用了比例税率和超额累进税率两种计算方法，其适用税率和费用扣除标准都比较简明，便于计算。征收方法实行由支付单位扣缴的源泉征收和个人自行申报纳税两种。这既方便纳税人，也利于税务机关征收管理。

3. 以个人为计税单位

个人所得税在计税时以取得收入的个人为计算单位计算所得税，而不考虑取得收入的个人家庭人口等情况。

4. 计税方式多样

工资、薪金所得按月计税；个体工商户的生产、经营所得和对企事业单位的承包经营、承租经营所得按年计税，分月预缴；其他各项所得均采用按次计税的方法。这主要是针对各项所得核算的不同特点作的规定。

8.1.3　个人所得税纳税义务人与扣缴义务人

1. 纳税人

税法规定，个人所得税的纳税义务人是指在中国境内有住所，或者无住所而在境内居住满 1 年的个人，并从中国境内和境外取得所得的个人，以及在中国境内无住所又不居住或者无住所而在境内居住不满 1 年从中国境内取得所得的个人。

纳税人具体包括：中国公民个人、个体工商业户以及在中国境内有所得的香港和澳门特别行政区、台湾地区同胞和侨胞、外籍个人。

在中国境内实际是指在中国大陆地区，不包括香港和澳门特别行政区、台湾地区。自 2000 年 1 月 1 日起，个人独资企业和合伙企业投资者也为个人所得税的纳税义务人。

我国个人所得税的纳税人按照居民管辖权和非居民管辖权的行使情况可以分为居民纳税人和非居民纳税人。

凡在中国境内有住所或者没有住所而在中国境内居住满 1 年的个人，为我国个人所得税的居民纳税人，其从中国境内外的所得均应在中国缴纳个人所得税。

凡在中国境内没有住所又不居住，或者没有住所而在中国境内居住不满 1 年的个人，为我国个人所得税的非居民纳税人，只就其从中国境内取得的所得缴纳个人所得税。

个人所得税法第一条对我国居民与非居民的内涵作了明确界定。

（1）居民纳税义务人。在中国境内有住所，或者无住所而在中国境内居住满一年的个人，为居民纳税人。居民纳税人，应当负无限纳税义务，即就其从中国境内和境外取得的所得，均应按照税法规定在中国缴纳个人所得税。

所谓在中国境内有住所，是指因户籍、家庭、经济利益关系，而在中国境内习惯性居住。习惯性居住地指一个纳税人因学习、工作、探亲、旅游等原因消除之后，没有理由在其他地方继续居留时，所要回到的地方，而不是指实际居住地或在某一个特定时期内的居住地。一个纳税人因学习、工作、探亲、旅游等原因，原来是在中国境外居住，但是这些原因消除之后，如果必须回到中国境内居住的，则中国为该人的习惯性居住地。即使该纳税人在一个纳税年度甚至连续几个纳税年度，都未在中国境内居住过一天，他仍然是中国居民纳税义务人，应就其来自全球的应纳税所得，向中国缴纳个人所得税。

所谓在境内居住满一年，是指在一个纳税年度（即公历 1 月 1 日起至 12 月 31 日止）内，在中国居住满 365 天。临时离境的，不扣减天数。

临时离境，是指在一个纳税年度中，一次不超过 30 天或者多次累计不超过 90 天的离境。

无住所纳税人实际是指在中国境内有所得的外籍个人、华侨及香港和澳门特别行政区、台湾地区同胞。外籍人，即具有外国国籍的人，其中包括双重国籍和无国籍的人。

有住所纳税人全部是居民纳税人。这类纳税人境内外一切所得均要缴纳个人所得税。无住所纳税人是否为居民纳税人唯一的判定标准是时间标准，即在一个纳税年度内是否有非临时离境行为，如有，则为非居民纳税人。

【例 8 - 1】 某外资企业的外籍员工，2011 年在中国杭州工作期间，多次出入国境，先后共离境 4 次，每次历经时间分别为 10 天、15 天、20 天、30 天。该外籍个人是否为我国的居民纳税人？

该外籍人历经时间历次均未超过 30 天，而且几次合计数未超过 90 天，应被视为全年在中国境内居住，是居民纳税人。

（2）非居民纳税义务人。非居民纳税人，只负有限纳税义务，即只就其来源于中国境内的所得，按照我国税法规定缴纳个人所得税。

非居民纳税人，是指习惯性居住地不在中国境内，而且不在中国居住，或者在一个纳税年度内，在中国境内居住不满 1 年的个人。在现实生活中，习惯性居住地不在中国境内的个人，只有外籍人员、华侨或香港、澳门和台湾同胞。因此，非居民纳税人，实际上只能是在一个纳税年度内，没有在中国境内居住，或者在中国境内居住不满 1 年的外籍人员、华侨或香港、澳门、台湾同胞。

【例 8-2】　某外资企业的外籍员工，2011 年在中国杭州工作期间，多次出入国境，先后共离境 4 次，每次历经时间分别为 10 天、15 天、20 天、31 天。该外籍个人是否为我国的居民纳税人？

该外籍人历经时间中有一次为 31 天，超过了 30 天，虽然几次合计数未超过 90 天，扣除非临时离境的 31 天后，该外籍纳税人 2011 年在中国境内居住不满一年，应该认定为非居民纳税人。

2. 扣缴义务人

按照国家税务总局有关文件规定：凡税务机关认定对所得的支付对象和支付数额有决定权的单位和个人，为个人所得税的扣缴义务人，包括支付个人应纳税所得的企业（公司）、事业单位、机关、社团组织、军队、驻华结构、个体户等单位或组织。

扣缴义务人向个人支付应税所得时，不论其是否属于本单位人员、支付的应税所得是否达到纳税标准，扣缴义务人应当在代扣代缴的次月内，向主管税务机关报送其支付应税所得个人的基本信息、支付所得项目和数额、扣缴税款数额以及其他相关涉税信息。

个人所得税在征管上有一个显著的特点，就是由扣缴义务人来执行，即由支付个人收入的企业执行。

8.1.4　个人所得税税率

《个人所得税法》第三条规定了个人所得税税率，具体分为以下几项：

（1）工资、薪金所得，适用七级超额累进税率，税率为 3% 至 45%。具体如表 8-1所示。

表8-1　工资、薪金所得适用税率表

级数	全月应纳税所得额	税率（％）	速算扣除数（元）
1	不超过1 500元的	3	0
2	超过1 500~4 500元的部分	10	105
3	超过4 500~9 000元的部分	20	555
4	超过9 000~35 000元的部分	25	1 005
5	超过35 000~55 000元的部分	30	2 755
6	超过55 000~80 000元的部分	35	5 505
7	超过80 000元的部分	45	13 505

注：本表所称全月应纳税所得额是指依照税法规定，以每月收入额减除规定的必要费用后的余额

（2）个体工商户的生产、经营所得和对企事业单位的承包经营、承租经营所得，适用5%至35%的五级超额累进税率（见表8-2）。

表8-2　个体工商户、承包户的生产经营所得适用税率表

级数	全月应纳税所得额	税率（％）	速算扣除数（元）
1	不超过15 000元的	5	0
2	超过15 000~30 000元的部分	10	750
3	超过30 000~60 000元的部分	20	3 750
4	超过60 000~100 000元的部分	30	9 750
5	超过100 000元的部分	35	14 750

注：个人独资企业和合伙企业投资者比照个体工商户纳税。

（3）稿酬所得，适用比例税率，税率为20%，并按应纳税额减征30%。

（4）劳务报酬所得，适用比例税率，税率为20%。对劳务报酬所得一次收入畸高的，可以实行加成征收，具体办法由国务院规定。

《个人所得税法实施条例》第十一条规定：所谓劳务报酬所得一次收入畸高，是指个人取得劳务报酬，其应纳税所得额超过2万元。对前款应纳税所得额超过2万元至5万元的部分，依照税法规定的计算应纳税额后再按照应纳税额加征五成；超过5万元的部分，加征十成。

可以看出，劳务报酬所得实际上适用20%、30%、40%的三级超额累进税率，如表8-3所示。

表8-3　劳务报酬所得适用的速算扣除数表

级数	每次应纳税所得额	税率（％）	速算扣除数（元）
1	不超过20 000元的部分	20	0
2	超过20 000~50 000元的部分	30	2 000
3	超过50 000元的部分	40	7 000

（5）财产转让所得，以转让财产的收入额减除财产原值和合理费用后的余额，为应纳税所得额。

（6）利息、股息、红利所得，偶然所得和其他所得，以每次收入额为应纳税所得额。

个人将其所得对教育事业和其他公益事业捐赠的部分，按照国务院有关规定从应纳税所得中扣除。

对在中国境内无住所而在中国境内取得工资、薪金所得的纳税义务人和在中国境内有住所而在中国境外取得工资、薪金所得的纳税义务人，可以根据其平均收入水平、生活水平以及汇率变化情况确定附加减除费用，附加减除费用适用的范围和标准由国务院规定。

8.1.5　个人所得税申报与缴纳

个人所得税的纳税办法，有自行申报和代扣代缴两种。

1. 自行申报

自行申报的方式有四种：

（1）本人直接申报纳税。

（2）委托他人申报纳税。

（3）邮寄申报。以寄出地的邮戳为实际申报日期。

（4）网上申报。这是信息时代主要的申报方式。

自行申报的纳税义务人，在申报纳税时，其在中国境内已扣缴的税款，准予按照规定从应纳税额中扣除。

2. 代扣代缴

个人所得税法规定，个人所得税以所得人为纳税义务人，以支付所得的单位或者个人为扣缴义务人。因而，个人所得税实行以代扣代缴为主，自行申报为辅的征收管理方式。

8.2　个人所得税税额计算

8.2.1　个人所得税计税依据的确定

应纳税所得额是指从纳税人收入总额中扣除税法规定的必要费用后的余额。

《中华人民共和国个人所得税法实施条例》规定，个人取得的应税所得形式，包括现金、实物和有价证券和其他形式的经济利益。所得为实物的，应按照取得凭证上所注明的价格计算应纳税所得额；无凭证的实物或者凭证上所注明的价格明显偏低的，由主管税务机关参照当地的市场价格核定应纳税所得额。所得为证券的，由主管税务机关根据票面价格和市场价格核定应纳税所得额。所得为其他形式的，参照市场价格核定应纳税所得额。

《个人所得税法》规定，下列各项所得，应缴纳个人所得税。

1. 工资、薪金所得

个人取得的工资、薪金所得，是指个人因任职或者受雇而取得的工资、薪金、奖金、年终加薪、劳动分红、津贴、补贴以及与任职或受雇有关的其他所得。

税法中所说的按工资、薪金所得项目征税的补贴、津贴，是指补偿职工额外和特殊的劳动消耗，或保障职工的工资水平不受特殊条件影响而发给职工的劳动报酬的总称，是工资的一种补充形式。主要分为补偿劳动消耗的津贴、岗位津贴、生活和物价津贴等。

下列项目不属于工资、薪金性质的补贴、津贴，不予征收个人所得税：

（1）政府特殊津贴、院士津贴、资深院士津贴，以及国务院规定免纳个人所得税的其他补贴、津贴。

（2）发给干部、职工的安家费、退职费、退休工资、离休工资、离休生活补助费等免纳个人所得税。

（3）独生子女补贴、执行公务员工资制度未纳入基本工资总额的补贴、津贴差额和家属成员的副食品补贴、托儿补助费、差旅费津贴、误餐补助。

2. 个体工商户的生产、经营所得

个体工商户的生产、经营所得，是指：①个体工商户从事工业、手工业、建筑业、交通运输业、商业、饮食业、服务业、修理业以及其他行业生产、经营取得的所得；②个人经政府有关部门批准，取得执照，从事办学、医疗、咨询以及其他有偿服务活动取得的所得；③其他个人从事个体工商业生产、经营取得的所得；④上述个体工商户和个人取得的与生产、经营有关的各项应纳税所得。

3. 对企事业单位的承包经营、承租经营所得

对企事业单位的承包经营、承租经营所得，是指个人承包经营、承租经营以及转包、转租取得的所得，包括个人按月或者按次取得的工资、薪金性质的所得。

4. 劳务报酬所得

劳务报酬所得是指个人从事设计、装潢、安装、制图、化验、测试、医疗、法律、会计、咨询、讲学、新闻、广播、翻译、审稿、书画、雕刻、影视、录音、录像、演出、表演、广告、展览、技术服务、介绍服务、经纪服务、代办服务及其他劳务取得的所得。

5. 稿酬所得

稿酬所得指个人作品以图书、报刊形式出版、发表取得的所得。

6. 特许权使用费所得

特许权使用费所得是指个人提供专利权、商标权、著作权、非专利技术以及其他特许权

的使用权取得的所得；提供著作权的使用权取得的所得，不包括稿酬所得。

7. 利息、股息、红利所得

国债和国家发行的金融债券利息除外；纳税年度内个人投资者从其投资企业（个人独资企业、合伙企业除外）借款，在该纳税年度终了后既不归还又未用于企业生产经营的，其未归还的借款可视为企业对个人投资者的红利分配，依照"利息、股息、红利所得"项目计征个人所得税。

8. 财产租赁所得

财产租赁所得，是指个人出租建筑物、土地使用权、机器设备、车船以及其他财产取得的所得。

9. 财产转让所得

财产转让所得，是指个人转让有价证券、股权、建筑物、土地使用权、机器设备、车船以及其他财产取得的所得。其中股权转让所得暂不征税，但根据国家税务总局有关规定需要申报；对个人转让自用 5 年以上并且是家庭唯一生活用房取得的所得，免征个人所得税。

10. 偶然所得

偶然所得，是指个人得奖、中奖、中彩以及其他偶然性质的所得。

11. 经国务院财政部门确定征税的其他所得

个人取得的所得，难以界定应纳税所得项目的，由主管税务机关确定。

8.2.2 费用扣除标准

我国个人所得税实行分项计算方式，项目不同，该项费用减除标准也不同。

1. 工资、薪金所得

以每月 3 500 元为费用扣除基本标准。涉外人员的工资、薪金所得减除费用标准为 3 500 元/月的同时，其附加减除费用为 1 300 元/月，涉外人员总的减除费用标准为 4 800 元/月。

2. 个体工商户的生产经营所得、对企事业单位承包经营、承租经营所得

自 2011 年 9 月 1 日起，个体工商户业主、个人独资企业和合伙企业自然人投资者本人的费用扣除标准统一确定为 42 000 元/年（3 500 元/月）。

3. 劳务报酬所得、稿酬所得、特许权使用费所得、财务租赁所得

税法规定，以上四项所得的费用扣除标准确定方法为：每次劳务报酬收入不足 4 000 元的，减除费用为 800 元；每次劳务报酬收入超过 4 000 元的，减除 20% 费用，其余额为应纳税所得额。

劳务报酬所得，属于一次性收入的，以取得该项收入为一次；属于同一项目连续性收入的，以一个月内取得的收入为一次。

稿酬所得，以每次出版、发表取得的收入为一次。

特许权使用费所得，以一项特许权的一次许可使用所取得的收入为一次。

财务租赁所得，以一个月内取得的收入为一次。

4. 财产转让所得

以一次转让财产的收入额减去财产原值和合理费用后的余额，为应纳税所得额。目前，对股权转让所得暂免征收个人所得税。

5. 利息、股息、红利所得、偶然所得和其他所得

利息、股息、红利所得、偶然所得和其他所得以每次收入额为纳税所得额。

8.2.3　个人所得税应纳税额的计算

1. 工资、薪金所得应纳税额的计算

工资、薪金所得按以下步骤计算缴纳个人所得税：每月取得工资收入后，先减去个人承担的基本养老保险金、医疗保险金、失业保险金，以及按省级政府规定标准缴纳的住房公积金等可扣除项目金额，再减去费用扣除额每月3 500元（来源于境外的所得以及外籍人员、华侨和香港、澳门、台湾同胞在中国境内的所得每月还可附加减除费用1 300元），为应纳税所得额，按3%至45%的七级超额累进税率计算缴纳个人所得税。

其计算公式如下

$$应纳个人所得税税额 = 应纳税所得额 \times 适用税率 - 速算扣除数$$

【例8-3】　某人某月取得工资收入5 000元，当月个人承担住房公积金、基本养老保险金、医疗保险金、失业保险金共计510元，费用扣除额为3 500元。该人当月应缴纳多少个人所得税？

应纳税所得额 = 5 000 - 510 - 3 500 = 990（元）

应纳个人所得税税额 = 990 × 3% - 0 = 29.7（元）

2. 个体工商户生产经营所得

计算公式为

应纳税额 = 应纳税所得额 × 适用税率 - 速算扣除数全年收入总额 - 成本、费用以及损失

3. 对企事业单位承包承租经营所得

计算公式为

$$应纳税所得额 = 纳税年度收入总额 - 必要费用（每月2 000元）$$

4. 劳务报酬所得应纳税额的计算

计算公式如下

（1）每次收入不足4 000元的：

$$应纳税额 = 应纳税所得额 \times 适用税率 = （每次收入额 - 800）\times 20\%$$

（2）每次收入在 4 000 元以上、不足 20 000 元的：

$$应纳税额 = 应纳税所得额 \times 适用税率 = 每次收入额 \times （1 - 20\%）\times 20\%$$

（3）每次收入的应纳税所得额超过 20 000 元的：

$$应纳税额 = 应纳税所得额 \times 适用税率 - 速算扣除数$$
$$= 每次收入额 \times （1 - 20\%）\times 适用税率 - 速算扣除数$$

【例 8 - 4】 某人一次取得劳务报酬收入 40 000 元，应缴纳多少个人所得税？

应纳税所得额 = 40 000 - 40 000 × 20% = 32 000 （元）

应纳个人所得税税额 = 32 000 × 20% + （32 000 - 20 000）× 20% × 50%

$$= 6 400 + 1 200 = 7 600 （元）$$

5. 稿酬所得应纳税额的计算

计算公式如下：

（1）每次收入不足 4 000 元的：

$$应纳税额 = 应纳税所得额 \times 适用税率 \times （1 - 30\%）$$
$$= （每次收入额 - 800）\times 20\% \times （1 - 30\%）$$

（2）每次收入在 4 000 元以上的：

$$应纳税额 = 应纳税所得额 \times 适用税率 \times （1 - 30\%）$$
$$= 每次收入额 \times （1 - 20\%）\times 20\% \times （1 - 30\%）$$

【例 8 - 5】 甲、乙二人合著一本书，取得稿费 2 800 元，其中甲分得稿酬 2 100 元，乙分得稿酬 700 元，如何缴纳个人所得税？

甲需缴纳个人所得税：

（2 100 - 1 600）× 20% × （1 - 30%）= 70 （元）

乙不需要缴纳个人所得税。

6. 特许权使用费所得应纳税额的计算

计算公式如下：

（1）每次收入不足 4 000 元的：

$$应纳税额 = 应纳税所得额 \times 适用税率 = （每次收入额 - 800）\times 20\%$$

（2）每次收入在 4 000 元以上的：

$$应纳税额 = 应纳税所得额 \times 适用税率 = 每次收入额 \times （1 - 20\%）\times 20\%$$

7. 利息、股息、红利所得应纳税额的计算

计算公式如下：

应纳税额 = 应纳税所得额 × 适用税率 = 每次收入额 × 20%

居民储蓄存款利息适用税率，2007年8月15日前为20%，2007年8月15日起为5%。

8. 财产租赁所得应纳税额的计算

计算公式如下：

（1）每次收入不足4 000元的：

应纳税额 = 应纳税所得额 × 适用税率 =（每次收入额 − 800）× 20%

（2）每次收入在4 000元以上的：

应纳税额 = 应纳税所得额 × 适用税率 = 每次收入额 ×（1 − 20%）× 20%

9. 财产转让所得

计算公式如下

应纳税额 = 应纳税所得额 × 适用税率 =（转让收入 − 财产原值 − 合理费用）

10. 偶然所得应纳税额的计算

计算公式如下

应纳税额 = 应纳税所得额 × 适用税率 = 每次收入额 × 20%

11. 其他所得应纳税额的计算

计算公式如下

应纳税额 = 应纳税所得额 × 适用税率 = 每次收入额 × 20%

特殊事项：个人将其所得通过中国境内的社会团体、国家机关向教育和其他社会公益事业以及遭受严重自然灾害地区、贫困地区的捐赠，捐赠额未超过纳税人申报的应纳税所得额30%的部分，可以从其应纳税所得额中扣除。

【例8−6】　某歌星2012年1月参加一场演出，取得演出费10 000元，他将此出场费中的4 000元捐赠给"希望工程"。计算该歌星应纳的个人所得税额。

（1）应纳税所得额 = 10 000 ×（1 − 20%）= 8 000（元）

（2）捐赠扣除限额 = 8 000 × 30% = 2 400（元）

（3）捐赠扣除后的应纳税所得额 = 8 000 − 2 400 = 5 600（元）

（4）应纳税额 = 5 600 × 20% = 1 120（元）

8.3 个人所得税的会计核算

8.3.1 代扣代缴个人所得税的会计核算

个人所得税一般是通过纳税人所在或有关企事业单位代扣代缴方式实现纳税的。代扣的个人所得税，记入"应交税费——应交个人所得税"贷方，相应借方科目则因其征税项目的不同而有所差异。个人所得税的会计核算，因其征税项目的性质不同，可以分为三种基本情况。

1. 工资、薪金个人所得税的会计核算

在提取应付工资、薪金的同时，提取应代扣代缴的个人所得税，借记"应付职工薪酬"账户，贷记"应交税费——应交个人所得税"账户；实际缴纳入库时，借记"应交税费——应交个人所得税"，账户，贷记"银行存款"账户。

【例8-7】　王某每月取得薪金收入8 700元，为不含税收入，按合同约定应由其任职的企业代为缴付个人所得税。要求计算应纳税款并编制有关会计分录。

（1）应纳税额的计算：

应纳个人所得税额 = [（8 700 - 3 500）×20% - 555] ÷（1 - 20%）

= 606.25（元）

（2）编制有关会计分录：

① 借：应付职工薪酬　　　　　　　　　　　　　　　　　　606.25

　　　贷：应交税费——应交个人所得税　　　　　　　　　　　　606.25

② 借：应交税费——应交个人所得税　　　　　　　　　　　606.25

　　　贷：银行存款　　　　　　　　　　　　　　　　　　　　606.25

2. 个体工商户应交个人所得税的会计核算

个体工商户在发生个人所得税纳税义务时，借记"所得税费用"账户，贷记"应交税费——应交个人所得税"账户。

税法规定个体工商户的生产经营所得应纳的税款，按年计算、分月预缴。在实际缴纳时，借记"应交税费——应交个人所得税"账户，贷记"银行存款"账户。

"应交税费——应交个人所得税"账户的期末借方余额反映预缴或多缴的个人所得税，期末贷方余额反映未缴或少缴的个人所得税。

【例8-8】　经计算，某个体工商户按照规定本月应预缴个人所得税3 000元。编制会计分录。

（1）算出应纳个人所得税后：

借：所得税费用   3 000
　　贷：应交税费——应交个人所得税   3 000

（2）交纳个人所得税时：

借：应交税费——应交个人所得税   3 000
　　贷：银行存款   3 000

3. 其他各项个人所得税的会计核算

（1）对企事业单位的承包经营、承租经营所得的会计处理。支付给个人承包、承租收入的单位为扣缴义务人，应代扣代缴个人所得税。扣缴义务人应作如下会计处理：

① 支付承包所得并代扣个人所得税时：

借：应付利润（其他应付款）
　　贷：应交税费——应交个人所得税

② 代缴税金时：

借：应交税费——应交个人所得税
　　贷：银行存款（库存现金）

（2）劳务报酬所得、稿酬所得、特许权使用费所得、财产租赁所得的会计处理。

企业支付给个人的劳务报酬所得、稿酬所得、特许权使用费所得、财产租赁所得，由支付单位在向纳税人支付时代扣代缴个人所得税，并计入该企业的有关期间费用的账户。

（3）财产转让所得的会计处理。一般来讲，企业向个人购买财产属于企业购置固定资产项目，支付的税金应计入企业购置固定资产的成本。

【例8-9】　赵某将自有房产（非家庭生活用房）卖给某单位，取得收入10万元，房产建造费用为5万元，办理产权转让手续时交纳税金和其他费用2万元。由单位代扣代缴个人所得税。会计处理为：

（1）应纳税所得额 =（10 - 5 - 2）×20% = 0.6（万元）

（2）购买房产时的会计处理：

借：固定资产   100 000
　　贷：应交税费——应交个人所得税   6 000
　　　　银行存款   94 000

（3）交纳个人所得税时：

借：应交税费——应交个人所得税   6 000
　　贷：银行存款   6 000

（4）利息、股息、红利所得、偶然所得和其他所得的会计处理。

支付股息、红利所得时，借记"应付利润"等账户；支付利息、偶然所得和其他所得时，应计入"财务费用""营业外支出"等账户。

8.3.2　代扣代缴手续费的会计处理

代扣、代收手续费是税务机关按照有关规定付给扣缴义务人的工作报酬，税务机关有义务付给扣缴义务人代扣、代收税款手续费，扣缴手续费归扣缴单位。按照所扣缴的税款，税务机关付给扣缴义务人2%的手续费，由税务机关按月填开收入退还书给扣缴义务人，扣缴义务人根据收入退还书到指定银行办理税款退库手续。

个人所得税法明确规定，只要是在上年度内交纳了个人所得税的个人或者公司、企业，都可以向主管地税所申请返回2%的手续费，手续费将在个人或者公司、企业申请后返还到指定的银行。这项收入是已经从税务局返还的，是不需要再交税、可以在税前扣除的收入。会计人员在收到该笔款项时，借记"应交税费——应交个人所得税"，贷方账务处理目前有多种可行处理方法，如记入"营业外收入"或冲减"管理费用"等都是不违反准则要求的。当然，作为公司的领导，既可以把该笔收入作为财务人员的奖励，也可以把它作为所有员工的活动经费等，这些都是允许的。

⊙ 本章小结

个人所得税是以个人（自然人）取得的应税所得为征税对象所征收的税。个人所得税的纳税义务人是指在中国境内有住所，或者无住所而在境内居住满1年的个人，并从中国境内和境外取得所得的个人，以及在中国境内无住所又不居住或者无住所而在境内居住不满1年从中国境内取得所得的个人。

应纳税所得额是指从纳税人收入总额中扣除税法规定的必要费用后的余额。

个人所得税一般是通过纳税人所在或有关企事业单位代扣代缴方式实现纳税的。代扣的个人所得税，记入"应交税费——应交个人所得税"贷方，相应借方科目则因其征税项目的不同而有所差异。

在提取应付工资、薪金的同时，提取应代扣代缴的个人所得税，借记"应付职工薪酬"账户，贷记"应交税费——应交个人所得税"账户；实际缴纳入库时，借记"应交税费——应交个人所得税"账户，贷记"银行存款"账户。

个体工商户在发生个人所得税纳税义务时，借记"所得税费用"账户，贷记"应交税费——应交个人所得税"账户。

税法规定个体工商户的生产经营所得应纳的税款，按年计算、分月预缴。在实际缴纳时，借记"应交税费——应交个人所得税"账户，贷记"银行存款"账户。

"应交税费——应交个人所得税"账户的期末借方余额反映预缴或多缴的个人所得税，期末贷方余额反映未缴或少缴的个人所得税。

⚠ 关键名词

个人所得税纳税人 应纳所得税额核算和申报 个人所得税代扣代缴的会计核算

📖 练习题

一、单项选择题（请扫描二维码，在线测试本章学习效果）

1. 按照我国《个人所得税法》的规定，下列利息收入应缴纳个人所得税的有（ ）。
  A. 国债利息收入
  B. 金融债券利息收入
  C. 储蓄存款利息收入
  D. 教育储蓄存款利息收入

2. 某人一月份就全月工资、薪金所得缴纳个人所得税款 26.78 元，则他当月工资、薪金所得介于（ ）元。
  A. 2 600 ~ 3 100
  B. 2 900 ~ 4 000
  C. 1 500 ~ 3 500
  D. 4 300 ~ 4 800

3. 下列各项所得中，（ ）适用加成征税规定。
  A. 个体工商户生产经营所得
  B. 劳务报酬所得
  C. 稿酬所得
  D. 偶然所得

4. 某外国人 2014 年 2 月 12 日来华工作，2015 年 2 月 15 日回国，2015 年 3 月 2 日返回中国，2015 年 11 月 15 日至 2015 年 11 月 30 日期间，因工作需要去了日本，2015 年 12 月 1 日返回中国，后于 2016 年 11 月 20 日离华回国，则该纳税人（ ）。
  A. 2014 年度为我国居民纳税人，2015 年度为我国非居民纳税人
  B. 2015 年度为我国居民纳税人，2015 年度为我国非居民纳税人
  C. 2015 年度和 2016 年度均为我国非居民纳税人
  D. 2014 年度和 2016 年度均为我国居民纳税人

5. 韩国居民崔先生受其供职的境外公司委派，来华从事设备安装调试工作，在华停留 60 天，期间取得境外公司支付的工资 40 000 元，取得中国体育彩票中奖收入 20 000 元。崔先生应在中国缴纳个人所得税（ ）。
  A. 4 000 元
  B. 5 650 元
  C. 9 650 元
  D. 10 250 元

6. 王某取得稿酬 20 000 元，讲课费 4 000 元，王某应纳个人所得税为（ ）。
  A. 2 688 元
  B. 2 880 元
  C. 3 840 元
  D. 4 800 元

7. 根据个人所得税法律制度的规定，工资、薪金所得采用的税率形式是（ ）。

    A. 超额累进税率   B. 全额累进税率

    C. 超率累进税率   D. 超倍累进税率

8. 张某于 2012 年 3 月取得特许权使用费收入 3 000 元，5 月取得特许权使用费收入 4 500元。张某应缴纳的个人所得税为（   ）。

    A. 1 160 元   B. 1 200 元   C. 1 340 元   D. 1 500 元

9. 根据个人所得税法律制度的规定，下列各项中，不属于个人所得税应税项目的是（   ）。

    A. 劳动报酬所得   B. 稿酬所得

    C. 保险赔款   D. 彩票中奖所得

10. 在提取应付工资、薪金的同时，提取代扣代缴的个人所得税，借记（   ）账户。

    A. 管理费用   B. 应付职工薪酬   C. 生产成本   D. 营业外支出

二、多项选择题（请扫描二维码，在线测试本章学习效果）

1. 下列各项中，符合我国《个人所得税法》规定的是（   ）。

    A. 偶然所得按每次收入额为应纳税所得额

    B. 稿酬所得按应纳税额减征 70%

    C. 活期储蓄存款利息免税

    D. 对个人出租居民住房取得的所得按 10% 计征

选择题
即测即评

2. 下列各项中，适用超额累进税率计征个人所得税的有（   ）。

    A. 个体工商户的生产经营所得   B. 工资、薪金所得

    C. 对企事业单位的承包经营所得   D. 财产转让所得

3. 下列各项中，以取得的收入为应纳税所得额直接计征个人所得税的有（   ）。

    A. 稿酬所得   B. 偶然所得

    C. 股息所得   D. 特许权使用费所得

4. 下列各项中，应当按照工资、薪金所得项目征收个人所得税的有（   ）。

    A. 劳动分红   B. 独生子女补贴

    C. 差旅费津贴   D. 超过规定标准的误餐费

5. 下列项目中，属于劳务报酬所得的是（   ）。

    A. 个人书画展卖取得的报酬

    B. 提供著作的版权而取得的报酬

    C. 将国外的作品翻译出版取得的报酬

    D. 高校教师受出版社委托进行审稿取得的报酬

6. 下列各项个人所得中，应当征收个人所得税的有（　　）。

　　A. 企业集资利息　　　　　　　　B. 从股份公司取得股息

　　C. 企业债券利息　　　　　　　　D. 国家发行的金融债券利息

7. 下列各项中，适用5%～35%的五级超额累进税率征收个人所得税的有（　　）。

　　A. 个体工商户的生产经营所得

　　B. 合伙企业的生产经营所得

　　C. 个人独资企业的生产经营所得

　　D. 对企事业单位的承包经营、承租经营所得

8. 下列个人所得在计算个人所得税应纳税所得额时，可按月减除定额费用的有（　　）。

　　A. 对企事业单位的承包经营、承租经营所得

　　B. 财产转让所得

　　C. 工资薪金所得

　　D. 个体工商户的生产经营所得

9. 某高校退休职工夏某11月份取得的下列收入中，可以免缴个人所得税的有（　　）。

　　A. 工资1 750元　　　　　　　　B. 国债利息收入1 100元

　　C. 稿费1 600元　　　　　　　　D. 省政府颁发的环保奖20 000元

10. 企业向主管地税所申请返回2%的代扣代缴手续费，会计人员可记入的贷方科目有（　　）。

　　A. 资本公积　　　　　　　　　　B. 主营业务收入

　　C. 营业外收入　　　　　　　　　D. 管理费用

三、判断题（请扫描二维码，在线测试本章学习效果）

1. 某企业职工赵某2012年5月份取得工资5 000元，其捐给希望工程基金会1 400元，单位扣缴其个人所得税295元。　　　　　　　　　　　　　　　　　　　　（　　）

2. 境内无住所的个人在我国境内连续或累计居住不超过90日，境内外所得均免税。

（　　）

3. 在个人所得税征管中，对特许权使用费所得一次收入畸高的，可以实行加成征收。

（　　）

4. 张某承揽一项房屋装饰工程，工程2个月完工。房主第一个月支付给张某15 000元，第二个月支付20 000元。张某应缴纳个人所得税6 400元。　　　　　　　　　（　　）

5. 某演员取得一次性的演出收入2.2万元，对此应实行加成征收办法计算个人所得税。

（　　）

6. 张某承包经营一国有企业，每年上缴承包费用5万元，该承包费用在计算企业所得

税时允许税前扣除，在计算个人所得税时也允许扣除。 （　　）

7. 企业向个人购买财产属于企业购置固定资产项目，支付的税金应计入固定资产的成本。 （　　）

8. 作为个人所得税的代扣代缴人，个人或企业，都可以向主管地税所申请返回2%的手续费。 （　　）

9. 支付股息、红利所得时，借记"财务费用""营业外支出"等账户。 （　　）

10. 个人取得的应纳税所得，没有扣缴义务人或者扣缴义务人未按照规定扣缴税款的，不需要申报缴纳个人所得税。 （　　）

四、实训题（请扫描二维码，查看实训题答案）

1. 杨某2016年10月取得如下收入：

（1）出租住房，取得租金收入3 000元，发生相关税费168元，修缮费2 000元。

（2）出版书稿，分3次取得收入，每次3 000元。

（3）转让境内A股股票，取得转让收入100 000元；取得A股股息收入1 000元。

（4）杨某的汽车被盗，获得保险赔偿200 000元。

（5）取得国家发行金融债券利息收入1 000元。

已知：个人出租住房税率为10%。请计算杨某应缴纳多少个人所得税？

2. 中国公民郝某就职于国内某会计师事务所。2016年除薪金收入外，其他收入情况如下：

（1）1月将新的1套公寓住房出租，租期半年，一次性收取租金3 000元，7月将该套公寓以市场价出售，扣除购房成本及相关交易税费后所得50 000元。

（2）为某报社财经专栏撰稿，该稿件以连载形式刊登，8月刊登3次，9月刊登2次，每次收入600元。

（3）11月为一家培训机构授课2次，每次收入1 000元。

（4）担任甲公司独立董事，取得董事津贴20 000元。

请计算郝某应缴纳多少个人所得税？

3. 甲、乙二人合著一本书，取得稿费2 800元，其中甲分得稿酬2 100元，乙分得稿酬700元，二人应缴多少个人所得税？出版社为他们代扣代缴税款时应如何进行会计核算？

判断题
即测即评

实训题
查看答案

第 9 章
资源税会计

学习目标

掌握资源税、土地使用税、土地增值税征税范围、税目税率；能正确计算税额；熟悉相关纳税申报；掌握相关业务的会计处理。

问题导入

资源税的起源？

最早提出"官山海"理论的是春秋时期齐国的宰相管仲。他在回答齐桓公关于如何治理国家的问题时说"唯官山海为可耳"（《管子·海王》），意指可由国家控制山林川泽之利。西汉的理财家桑弘羊，为了加强中央集权，从富商豪强手中夺回盐铁等重要经济事业，扭转国家的财政困难局面，也曾推行了盐铁官营和酒类专卖。所谓"食湖池，管山海"，就是泛指山林川泽之利要由国家来经营管理。中国的食盐由政府官营和专卖，从春秋时代的齐国开始，以后历经各个朝代，或专卖，或课盐税，一直沿袭至今。

9.1　资源税会计

全面贯彻党的十八大和十八届三中、四中、五中全会精神，按照"五位一体"总体布局和"四个全面"战略布局，牢固树立和贯彻落实创新、协调、绿色、开放、共享的发展理念，全面推进资源税改革，有效发挥税收杠杆调节作用，促进资源行业持续健康发展，推动经济结构调整和发展方式的转变。通过全面实施清费立税、从价计征改革，理顺资源税费关系，建立规范公平、调控合理、征管高效的资源税制度，有效发挥其组织收入、调控经济、促进资源节约集约利用和生态环境保护的作用。

财政部发布关于全面推进资源税改革的通知，自 2016 年 7 月 1 日起实施从价计征改革与水资源税改革试点。通知表示，为着力解决当前存在的税费重叠、功能交叉问题，将矿产资源补偿费等收费适当并入资源税。在煤炭、原油、天然气等已实施从价计征改革基础上，对其他矿产资源全面实施改革。积极创造条件，逐步对水、森林、草场、滩涂等自然资源开征资源税。全面实施清费立税、从价计征改革。

9.1.1 资源税基本要素

1. 资源税的纳税人与扣缴义务人

资源税是对自然资源，向从事资源开发与利用的单位与个人，按资源产品的销售额或销售量与规定的比例税率或定额税率征收的一种税。我国现行的资源税基本法规是 2011 年 9 月30 日颁布的《国务院关于修改 < 中华人民共和国资源税暂行条例 > 的决定》（简称《资源税暂行条例》）。从 2016 年 7 月 1 日起按照"清费立税、合理负担、适度分权、循序渐进"的原则，全面推进资源税的改革。

资源税的纳税人是指在中华人民共和国领域及管辖海域《资源税条例》规定的开采矿产品或生产盐的单位和个人，包括各类企业、行政单位、事业单位、军事单位、社会团体及个体工商户、其他个人。自 2011 年 11 月 11 日起，中外合作开采石油资源的企业依法缴纳资源税，不再缴纳矿区使用费。

收购尚未缴纳资源税的应税矿产品(以下称未税矿产品)的单位为资源税的扣缴义务人，包括独立矿山、联合企业及其他收购未税矿产品的单位。"独立矿山"是指只有采矿或只有采矿和选矿并实行独立核算、自负盈亏的企业，其生产的原矿和精矿主要用于对外销售。"联合企业"是指采矿、选矿、冶炼连续生产的企业或采矿、冶炼连续生产的企业。"其他收购未税矿产品的单位"包括收购未税矿产品的个体工商户。

2. 资源税的征税范围

资源税的征税对象是各种自然资源，具体征税范围如下：

（1）原油，指开采的天然原油，人造石油不征税。

（2）天然气，指专门开采或与原油同时开采的天然气。煤矿生产的天然气和煤层瓦斯暂不征税。

（3）煤炭，指原煤和以未税原煤加工的洗选煤。

（4）其他非金属矿原矿、精矿，指原油、天然气、煤炭和井矿盐、湖盐以外的非金属矿原矿、精矿，包括石墨、硅藻土、高岭土、萤石、石灰石、硫铁矿、磷矿、氯化钾、硫酸钾、煤层气、黏土、砂石等原矿、精矿。

（5）金属矿原矿、精矿，指纳税人开采后自用、销售金属矿原矿、精矿，包括铁矿、金矿、铜矿、铅锌矿、铝土矿、钨矿、锡矿、镍矿、稀土矿、钼矿等原矿、精矿。

（6）盐，包括湖盐、井矿盐、提取地下卤水晒制的盐和海水晒制的盐。

未列举名称且未确定具体适用税率的其他非金属矿原矿、精矿和金属矿原矿、精矿，由省、自治区、直辖市人民政府根据实际情况确定，报财政部和国家税务总局备案。水资源税改革试点工作，自2016年7月1日起先在河北省试点，逐步将森林、草场、滩涂等其他自然资源纳入征收范围。

2016年7月1日起，资源税实行幅度的比例税率为主和定额税率为辅的计征方式，具体适用税率由财政部会同国务院有关部门，根据纳税人所开采或者生产应税产品的资源品位、开采条件等情况确定，具体见表9-1。

3. 税目与税额

资源税采用产量定额征收的办法，贯彻"普遍征收，级差调节"的原则。由于资源税具有调节资源级差的作用，因此，应税产品之间税额应体现出差别，资源条件好的税额高些；条件差的，税额低些。资源税税目税率表如表9-1所示。

表9-1 资源税税目税额表

税　　目	征税对象	品质等级	税　　　　率
一、原油			6%～10%
二、天然气			6%～10%
三、煤炭			2%～10%
四、其他非金属矿	石墨	精矿	3%～10%
	高岭土、石灰石	原矿	1%～6%
	硅藻土、萤石、硫铁矿	精矿	1%～6%
	磷矿	精矿	3%～8%
	氯化钾	精矿	3%～8%
	硫酸钾	精矿	6%～12%
	井矿盐、湖盐	精矿	6%～12%
	提取地下卤水晒制的盐氯化	钠初级产品	3%～15%
	煤层（成）气	原矿	1%～2%
	黏土、砂石	原矿	每吨或每立方米0.1～5元
	未列举名称的其他非金属矿产品	原矿或精矿	从量税率每吨或平过30元；从价税率不超过20%

（续表）

税　目	征税对象	品质等级	税　率
五、金属矿	稀土矿	精矿	轻稀土按地区执行不同的适用税率，其中，内蒙古为11.5%、四川为9.5%、山东为7.5%；中重稀土资源税适用税率为27%
	钨矿	精矿	6.5%
	钼矿	精矿	11%
	铝土矿	原矿	3%~9%（包括耐火级矾土、研磨级矾土等高铝黏土）
	铁矿	精矿	1%~6%
	金矿	金锭	1%~4%
	铜矿	精矿	2%~8%
	铅锌矿	镍矿、锡矿精矿	2%~6%
	未列举名称的其他金属矿产品	原矿或精矿	税率不超过20%
六、海盐氯化钠		初级产品	1%~5%

　　纳税人在开采主矿产品的过程中伴采的其他应税矿产品，凡未单独规定适用税率的，一律按主矿产品或视同主矿产品的适用税率征税。开采或生产不同税目应税产品的，应分别核算；未分别核算的，从高适用税率。纳税人具体的适用税率，应在条例规定的税率幅度内，根据所开采或生产应税产品的资源品位、开采条件等情况，由财政部商国务院有关部门确定；财政部未列举名称且未确定具体适用税率的其他非金属矿原矿和有色金属矿原矿，由省、自治区、直辖市人民政府根据实际情况确定并且须报财政部和国家税务总局备案。

　　扣缴义务人扣缴资源税适用税率按如下规定执行：独立矿山、联合企业收购未税矿产品，按本单位应税产品税额标准扣缴资源税；其他收购单位收购的未税矿产品，按税务机关核定的应税产品税额标准扣缴资源税。扣缴义务人代扣代缴资源税的纳税义务发生时间为支付首笔货款或首次开具支付货款凭据的当天。

9.1.2　资源税应纳税额的一般计算

　　根据我国现行资源税政策规定，除黏土、砂石仍实行从量定额计征外，对资源税税目税率幅度表中未列举名称的其他非金属矿产品，以从价计征为主、从量计征为辅的原则，由省级人民政府确定计征方式。税额计算公式：

　　从价计征

$$应纳税额 = 销售额 \times 税率$$

从量计征

$$应纳税额 = 计税数量 \times 单位税额$$

1. 计税依据的确定

（1）销售额确定。

① 销售额确定的一般规定。销售额是指纳税人销售应税产品向购买方收取的全部价款和价外费用，不包括增值税销项税额和运杂费用。

运杂费用是指应税产品从坑口或洗选（加工）地到车站、码头或购买方指定地点的运输费用、建设基金以及随运销产生的装卸、仓储、港杂费用。运杂费用应与销售额分别核算，凡未取得相应凭据或不能与销售额分别核算的，应当一并计征资源税。

② 组成计税价格。纳税人申报的应税产品销售额明显偏低并且无正当理由的、有视同销售应税产品行为而无销售额的，除财政部、国家税务总局另有规定外，按下列顺序确定销售额：

- 按纳税人最近时期同类产品的平均销售价格确定。
- 按其他纳税人最近时期同类产品的平均销售价格确定。
- 按组成计税价格确定。组成计税价格为

$$组成计税价格 = 成本 \times （1 + 成本利润率） \div （1 - 资源税税率）$$

公式中的成本是指应税产品的实际生产成本。

③ 关于原矿销售额与精矿销售额的换算或折算。为公平原矿与精矿之间的税负，对同一种应税产品，征税对象为精矿的，纳税人销售原矿时，应将原矿销售额换算为精矿销售额缴纳资源税；征税对象为原矿的，纳税人销售自采原矿加工的精矿，应将精矿销售额折算为原矿销售额缴纳资源税。

换算比或折算率原则上应通过原矿售价、精矿售价和选矿比计算，也可通过原矿销售额、加工环节平均成本和利润计算。公式如下

精矿销售额 = 原矿销售额 + 原矿加工为精矿的成本 × （1 + 成本利润率）或 精矿销售额
= 原矿销售额 × 换算比

其中　　　　换算比 = 同类精矿单位价格 ÷ （原矿单位价格 × 选矿比）

选矿比 = 加工精矿耗用的原矿数量 ÷ 精矿数量

金矿以标准金锭为征税对象，纳税人销售金原矿、金精矿的，应比照上述规定将其销售额换算为金锭销售额缴纳资源税。

（2）从量计征的应税产品以销售量为计税依据。计税依据确定的具体规定：纳税人开采或生产应税产品直接对外销售的，以销售数量为计税依据；纳税人开采或生产应税产品自

用的，以移送使用数量为计税依据。

2. 计税依据确定的其他规定

（1）原油中的稠油、高凝油与稀油划分不清或不易划分的，一律按原油的数量计税。

（2）纳税人用已纳资源税的应税产品进一步加工应税产品销售的，不再缴纳资源税。纳税人以未税产品和已税产品混合销售或者混合加工为应税产品销售的，应当准确核算已税产品的购进金额，在计算加工后的应税产品销售额时，准予扣减已税产品的购进金额；未分别核算的，一并计算缴纳资源税。

3. 税收优惠

（1）原油、天然气资源税税收优惠：

① 开采原油过程中用于加热、修井的原油免税。

② 对油田范围内运输稠油过程中用于加热的原油、天然气免税。

③ 对稠油、高凝油和高含硫天然气减征40%。稠油是指地层原油黏度大于或等于50毫帕/秒或原油密度大于或等于0.92克/立方厘米的原油。高凝油是指凝固点大于40℃的原油。高含硫天然气，是指硫化氢含量大于或等于30克/立方米的天然气。

④ 对三次采油减征30%。三次采油是指二次采油后继续以聚合物驱、复合驱、泡沫驱、气水交替驱、二氧化碳驱、微生物驱等方式进行采油。

⑤ 对低丰度油气田减征20%。陆上低丰度油田是指每平方公里原油可采储量丰度在25万立方米（不含）以下的油田；陆上低丰度气田是指每平方公里天然气可采储量丰度在2.5亿立方米（不含）以下的气田。海上低丰度油田是指每平方公里原油可采储量丰度在60万立方米（不含）以下的油田；海上低丰度气田是指每平方公里天然气可采储量丰度在6亿立方米（不含）以下的气田。

⑥ 对深水油气田减征30%。深水油气田是指水深超过300米（不含）的油气田。

（2）其他规定：

① 纳税人开采或生产应税产品过程中，因意外事故或自然灾害等原因遭受重大损失的，由省、自治区、直辖市人民政府酌情决定减税或免税。

② 纳税人开采或生产应税产品，自用于连续生产应税产品的，不缴纳资源税；自用于其他方面的，视同销售缴纳资源税。

③ 进口的应税产品不征资源税，出口的应税产品不免或不退已缴纳的资源税。

④ 对依法在建筑物下、铁路下、水体下通过充填开采方式采出的矿产资源，资源税减征50%；对实际开采年限在15年以上的衰竭期矿山开采的矿产资源，资源税减征30%。

⑤ 对鼓励利用的低品位矿、废石、尾矿、废渣、废水、废气等提取的矿产品，由省级人民政府根据实际情况确定是否减税或免税，并制定具体办法。

⑥ 为促进共伴生矿的综合利用，纳税人开采销售共伴生矿，共伴生矿与主矿产品销售额分开核算的，对共伴生矿暂不计征资源税；没有分开核算的，共伴生矿按主矿产品的税目和适用税率计征资源税。

【例9-1】 某油田在会计上未将修井、加热用原油与其他用途原油分开核算，期末申报缴纳资源税时，向主管税务机关申请核定修井、加热用原油数量。该油田的这种做法是否正确？

某冶金联合企业附属的矿山，2016年7月开采铅锌矿石6 000吨，销售5 000吨，每吨销售价格8 000元，铅锌矿石适用的资源税税率为5%。

问题：该矿山7月份应纳多少资源税？

计算：应纳税额 = 5 000 × 8 000 × 5% = 2 000 000（元）

9.1.3　资源税纳税申报基本规定

1. 纳税义务发生时间（见图9-1）

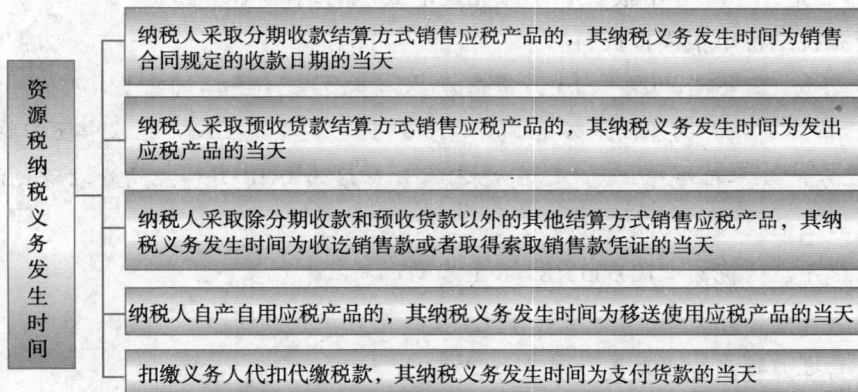

资源税纳税义务发生时间	纳税人采取分期收款结算方式销售应税产品的，其纳税义务发生时间为销售合同规定的收款日期的当天
	纳税人采取预收货款结算方式销售应税产品的，其纳税义务发生时间为发出应税产品的当天
	纳税人采取除分期收款和预收货款以外的其他结算方式销售应税产品，其纳税义务发生时间为收讫销售款或者取得索取销售款凭证的当天
	纳税人自产自用应税产品的，其纳税义务发生时间为移送使用应税产品的当天
	扣缴义务人代扣代缴税款，其纳税义务发生时间为支付货款的当天

图9-1　纳税义务发生时间

2. 纳税地点（见图9-2）

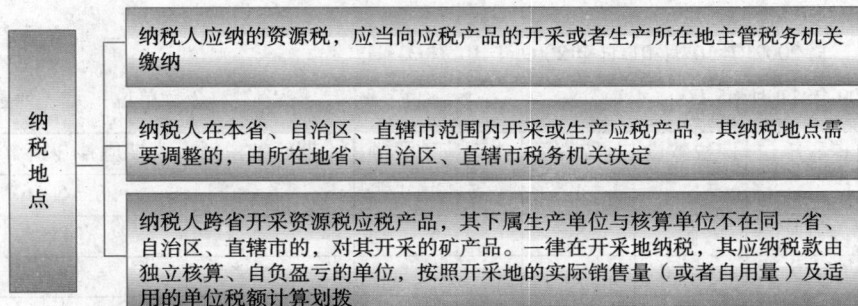

纳税地点	纳税人应纳的资源税，应当向应税产品的开采或者生产所在地主管税务机关缴纳
	纳税人在本省、自治区、直辖市范围内开采或生产应税产品，其纳税地点需要调整的，由所在地省、自治区、直辖市税务机关决定
	纳税人跨省开采资源税应税产品，其下属生产单位与核算单位不在同一省、自治区、直辖市的，对其开采的矿产品。一律在开采地纳税，其应纳税款由独立核算、自负盈亏的单位，按照开采地的实际销售量（或者自用量）及适用的单位税额计算划拨

图9-2　纳税地点

3. 纳税期限（见图 9-3）

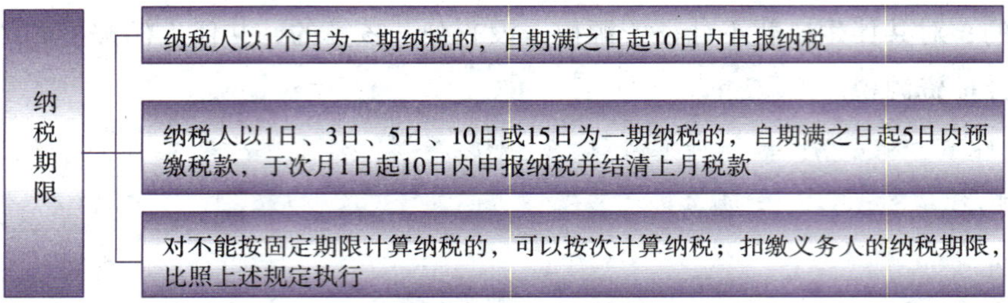

纳税人以 1 个月为一期纳税的，自期满之日起 10 日内申报纳税

纳税人以 1 日、3 日、5 日、10 日或 15 日为一期纳税的，自期满之日起 5 日内预缴税款，于次月 1 日起 10 日内申报纳税并结清上月税款

对不能按固定期限计算纳税的，可以按次计算纳税；扣缴义务人的纳税期限，比照上述规定执行

图 9-3　纳税期限

4. 资源税的纳税申报

（1）资源税申报报送的资料。纳税人以 1 个月为一期进行纳税的，自期满之日起 10 日内申报纳税。可以采取表票合一（即缴款书的第一联为申报联）的方式。资源税申报表分为两种：《资源税税收申报表》（适用于正常申报的资源税纳税义务人填写），《资源税纳税申报表附表》（适用于"零申报"和"减免税申报"的纳税人填写）。

（2）资源税纳税申报模拟资料。

【例 9-2】　某油田 2009 年 10 月份生产原油 8 万吨（单位税额 8 元/吨），其中销售 6 万吨，用于加热、修井的原油 1 万吨，待销售 1 万吨，当月在采油过程中还回收伴生天然气 1 000 万立方米（单位税额 8 元/千立方米）。计算该油田 10 月份应纳资源税税额。

（1）原油应纳税额 = 6×8 = 48（万元）

（2）天然气应纳税额 = 10 000×8 = 8（万元）

（3）应纳税额合计 = 48+8 = 56（万元）

（3）填写资源税纳税申报表（见表 9-2）。

表 9-2　资源税纳税申报表

纳税人识别号 ☐☐☐☐☐☐☐☐☐☐☐☐☐☐☐☐☐☐

纳税人名称：（公章）

税款所属期限：自 2009 年 10 月 01 日至 2009 年 10 月 31 日

填表日期：2009 年 11 月 05 日　　　　　　　　　　　　　金额单位：元（列至角分）

产品名称		课税单位	课税数量	单位税额	本期应纳税额	本期已纳税额	本期应补（退）税额	备注
1		2	3	4	5 = 3×4	6	7 = 5-6	
应纳税项目	原油	万吨	6	8	48		48	
	天然气	千立方米	10 000	8	8		8	

（续表）

产品名称	课税单位	课税数量	单位税额	本期应纳税额	本期已纳税额	本期应补（退）税额	备注
1	2	3	4	5 = 3 × 4	6	7 = 5 − 6	
减免税项目							

纳税人或代理人声明： 　　此纳税申报表是根据国家税收法律的规定填报的，我确信它是真实的、可靠的、完整的。	经办人（签章）　　会计主管（签章）　　法定代表人（签章）		
	如委托代理人填报，由代理人填写以下各栏		
	代理人名称		代理人（公章）
	经办人（签章）		
	联系电话		

以下由税务机关填写		
受理人	受理日期	受理税务机关（签章）

填表说明：

一、本表适用于资源税纳税人填报。

二、本表有关内容按以下要求填写：

1. 纳税人识别号：填写办理税务登记时，由税务机关确定的税务登记号。

2. 纳税人名称：填写企业全称或业户字号，无字号的填业主姓名，并要工商登记或主管部门批准的名称。

3. 应纳税项目：第2栏课税单位填写资源税的课税数量单位，如吨、立方米、千立方米等。第3栏课税数量：纳税人开采或者生产应税产品销售的，以销售数量为课税数量；纳税人开采或者生产应税产品自用的，以自用数量为课税数量。第4栏单位税额应对应不同应税矿产品分别填写。第5栏本期应纳税额等于课税数量乘以单位税额第6栏本期已纳税额为纳税人本期实际已经缴纳的本期资源税税款。第7栏本期应补（退）税额等于本期应纳税额减本期已纳税额。

4. 减免税项目：该部分填写不需要审批的资源税项目。纳税人的减免、免税项目，应当单独核算课税数量。第2栏课税单位填写资源税减免项目的课税单位，如吨、立方米、千立方米等。第3栏课税数量填写资源税减免数量。第4栏单位税额应对应不同应税矿产品分别填写。第5栏本期应纳税额等于课税数量乘以单位税额。

9.1.4 资源税的会计核算

企业核算资源税应设置"应交税费——应交资源税"科目。资源矿产品用途不同，其会计核算也存在差异，具体内容如下：

对外销售应税产品应缴资源税，应借记"营业税金及附加"科目，贷记"应交税费——应交资源税"科目；自产自用应税产品应缴资源税，应借记"生产成本""制造费用"等科目，贷记"应交税费——应交资源税"科目；收购未税矿产品代扣代缴资源税，应借记"应付账款"等科目，贷记"应交税费——代扣代缴资源税"科目。企业外购液体盐加工成固体盐，在购入液体盐时，按允许抵扣的资源税，借记"应交税费——应交资源税"科目，按外购价款扣除允许抵扣资源税后的数额，借记"材料采购"等科目，按应支付的全部价款，贷记"银行存款"等科目；企业加工成固体盐销售时，按销售固体盐应缴资源税，借记"营业税金及附加"科目，贷记"应交税费——应交资源税"科目；将销售固体盐应纳资源税扣抵液体盐已纳资源税后的差额上缴时，借记"应交税费——应交资源税"科目，贷记"银行存款"科目。纳税人按规定缴纳资源税时，借记"应交税费——应交资源税"科目，贷记"银行存款"科目。

【例9-3】 某煤矿为增值税一般纳税人，2016年12月生产原煤12万吨，全部对外销售，不含税价款为6 000万元；另外该煤矿当月还生产销售天然气3 000万立方米，开具增值税专用发票，不含税价款为7 500万元。已知该煤矿原煤适用的税率为5%，煤矿邻近的石油管理局天然气的适用税率为6%。

问题：计算该矿山上述业务应缴纳的资源税税额，并作会计处理。

计算：根据税法规定，煤矿生产的天然气暂不征税。

应纳资源税税额 = 6 000 × 5% = 300（万元）

分录编制：计提资源税时：

借：营业税金及附加	3 000 000
贷：应交税费——应交资源税	3 000 000

9.2　土地使用税会计

9.2.1　城镇土地使用税基本要素

城镇土地使用税是以开征范围的土地为征税对象，以实际占用的土地面积为计税标准，按规定税额对拥有土地使用权的单位和个人征收的一种税。现行城镇土地使用税使用规范是2006年12月30日国务院第163次常务会议通过的《中华人民共和国城镇土地使用税暂行条例》。

1. 纳税人

在城市、县城、建制镇、工矿区范围内使用土地的单位和个人，为城镇土地使用税的纳税义务人。具体如图9-4所示。

2. 征税范围

城镇土地使用税的征税范围，包括在城市、县城、建制镇和工矿区内的国家和集体所有的土地。其中：城市，是指经国务院批准设立的市。城市的征税范围为市区和郊区。县城，是指县人民政府所在地。县城的征税范围为县人民政府所在地的城镇。建制镇，是指经省、自治区、直辖市人民政府批准设立的建制镇。建制镇的征税范围为镇人民政府所在地。工矿区，是指工商业比较发达、人口比较集中，符合国务院规定的建制镇标准，但尚未设立建制镇的大中型工矿企业所在地。

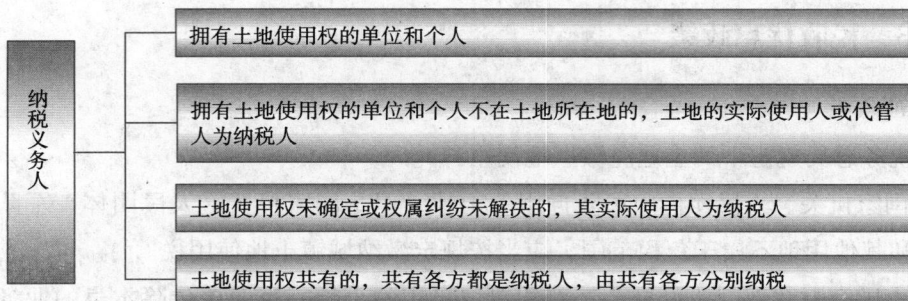

图9-4 纳税义务人

开征城镇土地使用税的工矿区须经省、自治区、直辖市人民政府批准；城市、县城、建制镇、工矿区的具体征税范围，由各省、自治区、直辖市人民政府规定。

9.2.2 应纳税额的计算

1. 计税依据

以纳税人实际占用的土地面积为计税依据，土地面积以平方米为计量标准。具体可采用以下几种办法：凡由省、自治区、直辖市人民政府确定的单位组织测定土地面积的，以测定的面积为准；尚未组织测量，但纳税人持有政府部门核发的土地使用证的，以书面确认的土地为准；尚未核发土地使用证书的，应由纳税人申报土地面积，据以纳税，待核发土地使用证后再作调整。

2. 税率

城镇土地使用税采用定额税率，并在一定幅度内确定差别税额，每平方米土地年税额规定如下：

（1）大城市1.5元至30元。

（2）中等城市1.2元至24元。

（3）小城市0.9元至18元。

（4）县城、建制镇、工矿区0.6至12元。

各省、自治区、直辖市人民政府可根据当地实际情况在规定税额幅度内，确定所辖地区的适用税额。

3. 应纳税额计算

城镇土地使用税实行按年计算、分期缴纳。其计算公式为

$$全年应纳税额 = 实际占用应税土地面积（平方米）×适用税额$$

9.2.3 税收优惠政策

1. 免征政策

国家税务总局规定下列土地免缴土地使用：

（1）国家机关、人民团体、军队自用的土地，但是国家机关、人民团体、军队的生产经营用地和其他用地不属于免税范围，应当按规定缴纳城镇土地使用税。

（2）由国家财政部门拨付事业经费的单位自用的土地，事业单位除本身的业务用地外的其他用地，不属于免税范围，应当按规定缴纳城镇土地使用税。

（3）宗教寺庙、公园、名胜古迹自用的土地（不包括其中附设的各类营业单位使用的土地）。

（4）市政街道、广场、绿化地带等公共用地。

（5）直接用于农业、林业、牧业、渔业的生产用地（不包括农副产品加工场地和生活、办公用地）。

（6）经批准开山填海整治的土地和改造的废弃土地，从使用的月份起，可以免征城镇土地使用税5年至10年。

（7）由财政部另行规定免税的能源、交通、水利设施用地和其他用地。

2. 由省、自治区、直辖市税务局确定的征免税

（1）个人所有的居住房屋及院落用地。

（2）房产管理部门在房租调整改革前经租的居民住房用地。

（3）免税单位职工家属的宿舍用地。

（4）民政部门举办的安置残疾人占一定比例的福利工厂用地。

（5）集体和个人举办的各类学校、医院、托儿所、幼儿园用地。

（6）房地产开发公司建造商品房的用地，原则上应按规定计征城镇土地使用税。但在商品房出售之前纳税确有困难的，其用地是否给予缓征或减征、免征照顾，可由各省级地方税务局根据从严的原则结合具体情况确定。

（7）向居民供热并向居民收取采暖费的供热企业暂免征收城镇土地使用税。

此外，纳税人缴纳城镇土地使用税确有困难，需要定期免税、减税，一年减免税额不足10万元的，经过当地财政局和地方税务局审核，报所在省（自治区、直辖市）财政部门和地方税务局审批；减免税额在10万元以上的，经过当地省级财政部门和地方税务局审核，报财政部和国家税务总局审批。

主要免税项目如表9-3所示。

表9-3 免缴土地使用税项目

名称	具 体 内 容
免缴土地使用税项目	国家机关、人民团体、军队自用的土地
	由国家财政部门拨付事业经费的单位自用的土地
	市政街道、广场、绿化地带等公共用地
	宗教寺庙、公园、名胜古迹自用的土地
	直接用于农、林、牧、渔业的生产用地
	开山填海整治的土地
	由财政部另行规定免税的能源、交通、水利用地和其他用地
	企业办的学校、医院、幼儿园，其用地与企业其他用地明确区分的，免征城镇土地使用税
	免税单位无偿使用纳税单位的土地，免征城镇土地使用税。纳税单位无偿使用免税单位的土地，纳税单位应照章纳税

【例9-4】 某企业2016年实际占用土地40 000平方米，其中，企业自办的幼儿园用地200平方米，企业自办的医院用地2 000平方米，该厂土地使用税适用税额为12元/平方米。计算该厂全年应交城镇土地使用税。

全年应交城镇土地使用税 = （40 000 - 200 - 2 000）×12 = 453 600（元）

9.2.4 城镇土地使用税纳税申报

1. 纳税义务发生时间及期限

注意从当月起交税的，如填海、开荒山整治的土地和废弃地的用地自使用之日起开始。

纳税人新征用的耕地，自批准征用之日起满一年时开始缴纳土地使用税，其余的从次月起缴纳，如：出租、出借房产，自交付出租、出借房产之次月起计征城镇土地使用税；购置新建商品房，自房屋交付使用之次月起计征城镇土地使用税；购置存量房，自办理房屋权属转移、变更登记手续，房地产权属登记机关签发房屋权属证书之次月起计征城镇土地使用税；房地产开发企业自用、出租、出借该企业建造的商品房，自房屋使用或交付之次月起计征城镇土地使用税等。

2. 纳税地点

城镇土地使用税在土地所在地缴纳。

纳税人使用的土地不属于同一省、自治区、直辖市管辖的，由纳税人分别向土地所在地的税务机关缴纳土地使用税；在同一省、自治区、直辖市管辖范围内，纳税人跨地区使用的土地，其纳税地点由各省、自治区、直辖市地方税务局确定。

3. 城镇土地使用税申报实练

沿用【例9-4】的资料填写"城镇土地使用税纳税申报表"（见表9-4）。

表 9 - 4 城镇土地使用税纳税申报表

填表日期：2011 年 12 月 31 日

税款所属时期：2011 年 1 月 1 日至 2011 年 12 月 31 日　　　　　　金额单位：元（列至角分）

纳税人名称							企 业 编 码				
地　　　址							邮 政 编 码				
办税员姓名				电话		税务登记证号					
土地所处地点	上期占地面积	本期增减	增减时间	本期实际占地面积	法定免税面积	应税面积	土地等级	适用税额	全年应缴税额	年缴纳次数	本期		
											应纳税额	已纳税额	应补（退）税额
1	2	3		4=2+3	5	6=4-5	7	8	9=7×8	10	11=9÷10	12	13=11-12
				37 800	0	37 800		12	453 600				
合计				37 800		37 800			453 600				
如纳税人填报，由纳税人填写：						如委托代理人填报，由代理人填写以下各栏					
会计主管（签章）		纳税人（公章）				代理人名称			代理人（公章）		
						代理人地址					
						经办人姓名			电话		
以下由税务机关填写											
收到申报表日期							接收人				

填表说明：

一、本表适用于城镇土地使用税纳税人填报。

二、企业编码是纳税人在办理税务登记证时由主管税务机关确定的税务编码。

三、土地所处地点：土地管理部门已核发土地证的，应根据土地证填写。

四、土地等级按照纳税人占用的土地所在地的县（市）人民政府划分的土地等级填列。

五、本期增减栏，本期比上期减少的用负号表示。

六、本表一式三联，第一联存根联，经税务机关审核后返回纳税人留存，作为已申报凭据；第二联申报联，征收机关作为户管资料留存；第三联记账联，征收机关计财部门留存，作为税收会计应征原始凭证。

注：本申报表格式为 16 开横式。

9.2.5　城镇土地使用税会计核算

企业在缴纳的城镇土地使用税时，应通过"应交税费——应交城镇土地使用税"账户进行会计核算。该账户贷方反映企业应缴纳的城镇土地使用税，借方反映企业已缴纳的城镇土地使用税，贷方余额反映企业应交未交的城镇土地使用税。

企业计算出应缴纳的城镇土地使用税时，借记"管理费用"科目，贷记"应交税费——应交城镇土地使用税"科目；缴纳城镇土地使用税时，借记"应交税费——应交城镇土地使用税"科目，贷记"银行存款"等科目。

【例9-5】 某工业企业某年实际占用土地面积5 000平方米。该土地每平方米税额为4元，当地的城镇土地使用税每半年征收一次。试作相关会计处理。

每次应纳城镇土地使用税=5 000×4÷2=10 000（元）

（1）计提城镇土地使用税税金时：

借：管理费用 10 000

　　贷：应交税费——应交城镇土地使用税 10 000

（2）上缴税金时：

借：应交税费——应交城镇土地使用税 10 000

　　贷：银行存款 10 000

9.3 土地增值税会计

9.3.1 土地增值税概述

土地增值税是对有偿转让国有土地使用权及地上建筑物和其他附着物产权并取得收入的单位和个人，就其转让所得所取得收入的增值额所征收的一种税。

现行土地增值税的基本规范是国务院于1993年12月13日发布的《中华人民共和国土地增值税暂行条例》以及1995年1月27日财政部发布的《中华人民共和国土地增值税暂行条例实施细则》。

1. 纳税人

土地增值税的纳税人是转让国有土地使用权及地上的一切建筑物及其附着物产权，并取得收入的单位和个人。

不论法人与自然人，只要有偿转让房地产，都是土地增值税的纳税人；不论部门，只要有偿转让房地产，都是土地增值税的纳税人；不论内资与外资企业、中国公民与外籍个人，只要有偿转让房地产，都是土地增值税的纳税人。

2. 征税范围

（1）征税范围的一般规定。无论是单独转让国有土地使用权，还是房屋产权与国有土地使用权一并转让，只要取得收入，均属于土地增值税的征税范围。注意三个标准：①转让的土地，其使用权是否为国家所有；②土地使用地上的建筑物及其附着物的产权是否发生转让；③是否取得收入。

（2）征税范围的具体规定如表9-5所示。

表9-5 征税范围

名称	具体内容
具体情况判定	以房地产进行投资、联营。对于以房地产进行投资、联营的，如果投资、联营的一方以土地（房地产）作价入股进行投资或作为联营条件，暂免征收土地增值税。但对以房地产作价入股，凡所投资、联营的企业从事房地产开发的，或者房地产开发企业以其建造的商品房进行投资和联营的，或是投资、联营企业若将上述房地产再转让，则属于征收土地增值税的范围
	合作建房。对于一方出地，一方出资金，双方合作建房，建成后分房自用的，暂免征收土地增值税。但是，建成后转让的，属于征收土地增值税的范围
	代建房行为。不征收土地增值税（无权属转移）
	企业兼并转让房地产。在企业兼并中，对被兼并企业将房地产转让到兼并企业中的，暂免征收土地增值税
	交换房地产。交换房地产行为既发生了房产产权、土地使用权的转移，交换双方又取得了实物形态的收入。按照规定属于征收土地增值税的范围。但对个人之间互换自有居住用房地产的，经当地税务机关核实，可以免征土地增值税
	房地产抵押。在抵押期间不征收土地增值税；待抵押期满后，视该房地产是否转移产权来确定是否征收土地增值税。以房地产抵债而发生房地产产权转让的，属于征收土地增值税的范围
	房地产出租。没有发生房地产产权的转让，不属于征收土地增值税的范围
	继承、赠与。继承（无收入）不属于土地增值税范围。赠与中公益性赠与、赠与直系亲属或承担赡养义务的人，也不属于土地增值税范围。非公益性赠与，属于征收土地增值税范围
	房地产评估增值。房地产评估增值，没有发生房地产权属的转让，不属于征收土地增值税的范围
	国家收回国有土地使用权、征用地上建筑物及附着物。国家收回或征用，虽然发生了权属的变更，原房地产所有人也取得了收入，但按照《土地增值税暂行条例》的有关规定，可以免征土地增值税

3. 税率

土地增值税税率按照"增值多的多征、增值少的少征"的基本原则，实行四级超率累进税率。按照增值额与扣除项目金额的比率从低到高划分为四个级次，其中，最低税率为30%，最高税率为60%。

（1）增值额未超过扣除项目金额50%部分，税率为30%。

（2）增值额超过扣除项目金额50%，未超过扣除项目金额100%的部分，税率为40%。

（3）增值额超过扣除项目金额100%，未超过扣除项目金额200%的部分，税率为50%。

（4）增值额超过扣除项目金额200%的部分，税率为60%。

上述所列四级超额累进税率，每级"增值额未超过扣除项目金额"的比例，均包括本比例数。具体税率如表9-6所示。

表9-6　土地增值税四级超率累进税率表

级数	增值额与扣除项目金额的比率（%）	税率（%）	速算扣除系数（%）
1	不超过50%的部分	30	0
2	超过50%～100%的部分	40	5
3	超过100%～200%的部分	50	15
4	超过200%的部分	60	35

4. 收入额的确定

土地增值税的计税依据是纳税人转让房地产所取得的增值额。转让房地产的增值额，是转让房地产的收入减除税法规定的扣除项目金额后的余额。土地增值额的大小，取决于转让房地产的收入额和扣除项目金额两个因素。

纳税人转让房地产所取得的收入，是指转让房地产所取得的各种收入，包括货币收入、实物收入和其他收入在内的全部价款及有关的经济利益，不允许从中减除任何成本费用。

对取得的实物收入，要按收入时的市场价格折算成货币收入；对取得的无形资产收入，要进行专门的评估，在确定其价值后折算成货币收入。

5. 扣除项目及其金额

计算土地增值税的公式为

$$应纳土地增值税 = 增值额 \times 税率$$

公式中的"增值额"为纳税人转让房地产所取得的收入减除扣除项目金额后的余额。

上述"扣除项目"，具体为：

（1）取得土地使用权所支付的金额，是指纳税人为取得土地使用权所支付的地价款和按国家统一规定交纳的有关费用。

（2）开发土地和新建房及配套设施（以下简称房地产开发）的成本，是指纳税人房地产开发项目实际发生的成本（以下简称房地产开发成本），包括土地征用及拆迁补偿费、前期工程费、建筑安装工程费、基础设施费、公共配套设施费、开发间接费用。

土地征用及拆迁补偿费，包括土地征用费、耕地占用税、劳动力安置费及有关地上、地下附着物拆迁补偿的净支出、安置动迁用房支出等。

前期工程费，包括规划、设计、项目可行性研究和水文、地质、勘察、测绘、"三通一平"等支出。

建筑安装工程费，是指以出包方式支付给承包单位的建筑安装工程费，以自营方式发生的建筑安装工程费。

基础设施费，包括开发小区内道路、供水、供电、供气、排污、排洪、通讯、照明、环卫、绿化等工程发生的支出。

公共配套设施费，包括不能有偿转让的开发小区内公共配套设施发生的支出。

开发间接费用，是指直接组织、管理开发项目发生的费用，包括工资、职工福利费、折旧费、修理费、办公费、水电费、劳动保护费、周转房摊销等。

（3）开发土地和新建房及配套设施的费用（以下简称房地产开发费用），是指与房地产开发项目有关的销售费用、管理费用、财务费用。

财务费用中的利息支出，凡能够按转让房地产项目计算分摊并提供金融机构证明的，允许据实扣除，但最高不能超过按商业银行同类同期贷款利率计算的金额。其他房地产开发费用，按第（1）、（2）项规定计算的金额之和的5%以内计算扣除。

凡不能按转让房地产项目计算分摊利息支出或不能提供金融机构证明的，房地产开发费用按第（1）、（2）项规定计算的金额之和的10%以内计算扣除。

上述计算扣除的具体比例，由各省、自治区、直辖市人民政府规定。

（4）旧房及建筑物的评估价格，是指在转让已使用的房屋及建筑物时，由政府批准设立的房地产评估机构评定的重置成本价乘以成新度折扣率后的价格。评估价格须经当地税务机关确认。

（5）与转让房地产有关的税金，是指在转让房地产时缴纳的城市维护建设税、印花税。因转让房地产交纳的教育费附加，也可视同税金予以扣除。

（6）根据《土地增值税暂行条例》第六条（五）项规定，对从事房地产开发的纳税人可按第（1）、（2）项规定计算的金额之和，加计20%的扣除。

另外，纳税人成片受让土地使用权后，分期分批开发、转让房地产的，其扣除项目金额的确定，可按转让土地使用权的面积占总面积的比例计算分摊，或按建筑面积计算分摊，也可按税务机关确认的其他方式计算分摊。

6. 土地增值税增值额的确定

土地增值纳税人转让房地产所取得的收入减除规定的扣除项目金额后的余额，为增值额。计算土地增值税是以增值额与扣除项目金额的比率大小，按所适用的累进税率计算征收的。增值额与扣除项目金额的比率越大，适用的税率就越高，缴纳的税款越多。因此，准确计算增值额是十分重要的。在实际房地产交易活动中，有些纳税人由于不能够准确提供房地产转让价格或扣除项目金额，致使增值额不准确，直接影响应纳税额的计算。

因此，纳税人有下列行为之一的，按照房地产评估价格计算征收：

（1）隐瞒、虚报房地产成交价格的，应由评估机构参照同类房地产的市场交易价格进行评估，税务机关根据评估价格确定转让房地产的收入。

（2）提供扣除项目金额不实的，应由评估机构参照房屋重置成本价乘以成新度折扣率计算的房屋成本价和取得土地所有权时的基准地价进行评估，税务机关根据评估价格确定转让房地产的收入。

（3）转让房地产的成交价格低于房地产评估价格，又无正当理由的，由税务机关参照房地产评估价格确定转让房地产的收入。

9.3.2　土地增值税应纳税额的计算

1. 应纳税额的计算公式

土地增值税按照纳税人转让房地产所取得的增值额和规定的税率计算征收。土地增值税的计算公式是

$$应纳税额 = \sum （每级距的增值额 \times 适用税率）$$

但在实际工作中，分步计算比较烦琐，一般可以采用速算扣除法计算，即计算土地增值税税额，可按增值额乘以适用的税率减去扣除项目金额乘以速算扣除系数的简便方法计算，具体公式如下：

（1）增值额未超过扣除项目金额50%

$$土地增值税税额 = 增值额 \times 30\%$$

（2）增值额超过扣除项目金额50%，未超过100%

$$土地增值税税额 = 增值额 \times 40\% - 扣除项目金额 \times 5\%$$

（3）增值额超过扣除项目金额100%，未超过200%

$$土地增值税税额 = 增值额 \times 50\% - 扣除项目金额 \times 15\%$$

（4）增值额超过扣除项目金额200%

$$土地增值税税额 = 增值额 \times 60\% - 扣除项目金额 \times 35\%$$

公式中的5%、15%、35%分别为二、三、四级的速算扣除系数。

2. 应纳税额的计算步骤

（1）计算增值额。

（2）计算增值率。

（3）确定适用税率。

（4）计算应纳税额。

【例9-6】 某房地产开发企业2012年1月将其开发的写字楼一幢出售，共取得收入3 800万元。企业为开发该项目支付土地出让金600万元，房地产开成发本为1 400万元，专门为开发该项目支付的贷款利息120万元。为转让该项目，应当缴纳营业税、城市维护建设税、教育费附加及印花税共计210.9万元。当地政府规定，企业可以按土地使用权出让费、房地产开发成本之和的5%计算扣除其他房地产开发费用。另外，税法规定，从事房地产开发的企业可以按土地出让费和房地产开发成本之和的20%加计扣除。则其应纳税额为：

$$扣除项目金额 = 600 + 1\ 400 + 120 + 210.9 + (600 + 1\ 400) \times 5\% + (600 + 1\ 400) \times 20\%$$
$$= 600 + 1\ 400 + 120 + 210.9 + 100 + 400 = 2\ 830.9（万元）$$

增值额 = 3 800 − 2 830.9 = 969.1（万元）

增值额占扣除项目比例 = 969.1 ÷ 2 830.9 = 34.23%

应纳税额 = 969.1 × 30% = 290.73（万元）

9.3.3 税收优惠

有下列情形之一的，减免土地增值税。

1. 纳税人建造普通标准住宅出售，增值额未超过扣除项目金额20%的

纳税人建造普通标准住宅出售，增值额未超过扣除项目金额20%的，免征土地增值税。

普通标准住宅，是指按所在地一般民用住宅标准建造的居住用住宅。高级公寓、别墅、度假村等不属于普通标准住宅。普通标准住宅与其他住宅的具体划分界限由各省、自治区、直辖市人民政府规定。

纳税人建造普通标准住宅出售，增值额未超过《土地增值税暂行条例实施细则》第七条（一）、（二）、（三）、（五）、（六）项扣除项目金额之和百分之二十的，免征土地增值税；增值额超过扣除项目金额之和百分之二十的，应就其全部增值额按规定计税。

普通标准住宅应同时满足以下条件：住宅小区建筑容积率在1.0以上；单套建筑面积在120平方米以下；实际成交价格低于同级别土地上住房平均交易价格的1.2倍以下。各省、自治区、直辖市要根据实际情况，制定本地区享受优惠普通住房的具体标准。允许单套建筑面积和价格标准适当浮动，但向上浮动的比例不得超过上述标准的20%。

2. 因国家建设需要依法征用、收回的房地产

因国家建设需要依法征用、收回的房地产，免征土地增值税。这里所说的"因国家建设需要依法征用、收回的房地产"，是指因城市实施规划、国家建设的需要而被政府批准征用的房产或收回的土地使用权。因城市实施规划、国家建设的需要而搬迁，由纳税人自行转让原房地产的，比照有关规定免征土地增值税。

3. 个人转让房地产的税收减免

个人因工作调动或改善居住条件而转让原自用住房，经向税务机关申报核准，凡居住满5 年或 5 年以上的，免予征收土地增值税；居住满 3 年未满 5 年的，减半征收土地增值税。居住未满 3 年的，按规定计征土地增值税。

9.3.4 土地增值税纳税申报基本规定

1. 纳税义务发生时间和缴纳方法（见表 9-7）

表 9-7 纳税义务发生时间和缴纳方法

纳税义务发生时间	缴 纳 方 法
以一次交割、付清价款方式转让房地产的	主管税务机关在纳税人办理纳税申报后，根据其应纳税额的大小及向有关部门办理过户、登记手续的期限等，规定其在办理过户、登记手续前数日内一次性缴纳全部土地增值税
以分期收款方式转让房地产的	主管税务机关可根据合同规定的收款日期来确定具体的纳税期限。即先计算出应缴纳的全部土地增值税税额，再按总税额除以转让房地产的总收入，求得应纳税额占总收入的比例。然后，在每次收到价款时，按收到价款的数额乘以这个比例来确定每次应纳的税额，并规定其应在每次收款后数日内缴纳土地增值税
项目全部竣工结算前转让房地产的	纳税人进行小区开发建设的，其中一部分房地产项目因先行开发并已转让出去，但小区内的部分配套设施往往在转让后才建成。在这种情况下，税务机关可以对先行转让的项目，在取得收入时预征土地增值税
	纳税人以预售方式转让房地产的，对在办理结算和转交手续前就取得的收入，税务机关也可以预征土地增值税。具体办法由省级地方税务局根据当地情况制定
凡采用预征方法征收土地增值税的，在该项目全部竣工办理结算时，都需要对土地增值税进行清算，根据应征税额和已征税额进行清算，多退少补	

2. 纳税地点（见图 9-5）

3. 纳税期限（见表 9-8）

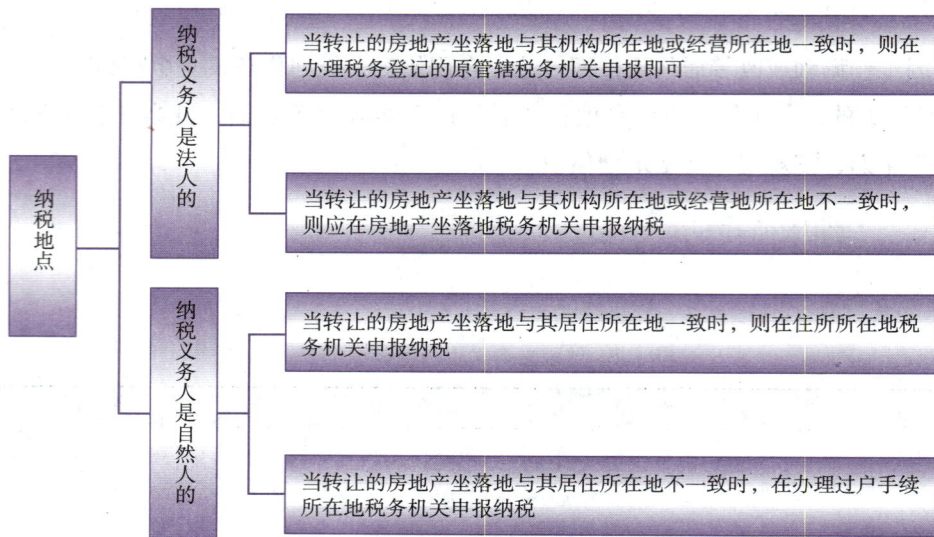

图 9 - 5　纳税地点

表 9 - 8　纳税期限

名称	具 体 内 容
土地增值税的纳税期限	纳税人应自转让房地产合同签订之日起 7 日内，向房地产所在地的主管税务机关办理纳税申报，同时向税务机关提交房屋及建筑物产权、土地使用权证书、土地转让、房产买卖合同、房地产评估报告及其他与转让房地产有关的资料，然后在税务机关核定的期限内缴纳土地增值税
	纳税人因经常发生房地产转让而难以在每次转让后申报的，经税务机关审核同意后，可以定期进行纳税申报，具体期限由税务机关根据情况确定

4. 土地增值税纳税申报

（1）土地增值税纳税应报送的资料。纳税人办理纳税申报时，应该先填报项目登记表和纳税申报表。土地增值税纳税申报表分为两种，分别适用于房地产开发企业和不从事房地产开发的纳税人，同时向主管税务机关提交房屋及其建筑物产权、土地使用证书、土地所有权转让合同、房屋买卖合同、房地产评估报告及其他转让房地产有关的资料。

在实际工作中，土地增值税的纳税人主要分为两大类：一类是从事房地产开发（包括专营和兼营）的纳税人，也就是通常所说的房地产开发公司；另一类是其他的纳税人。这两类纳税人办理纳税申报的内容和方法不尽相同（见表 9 - 9）。

表9-9 应报送的资料

名称	要求	资　　　　料
房地产开发公司	纳税人应当在签订房地产转让合同、发生纳税义务后7日内或在税务机关核定的期限内,按照税法规定,向主管税务机关办理纳税申报	房屋及建筑物产权、土地使用权证书
		土地转让、房产买卖合同
		与转让房地产有关的资料。主要包括取得土地使用权所支付的金额,房地产开发成本方面的财务会计资料、房地产开发费用方面的资料、与房地产转让有关的税金的完税凭证,以及其他与房地产有关的资料
		根据税务机关的要求提供房地产评估报告。指当税务机关认定纳税人所提供的转让房地产所取得的收入或扣除项目金额不实,不能作为计税依据。必须进行房地产评估时,由纳税人交由政府批准设立的评估机构对房地产所作的评估报告
房地产开发公司以外的其他纳税人	这类纳税人应自签订房地产转让合同之日起7日内,到房地产所在地的主管税务机关进行纳税申报	房屋及建筑物产权、土地使用权证书
		土地转让、房产买卖合同
		房地产评估报告。如果转让的是旧房,必须出具政府指定的评估机构所作的评估报告
		与转让房地产有关的税金的完税凭证
		其他与转让房地产有关的资料,如房地产的原造价或买价等

(2) 土地增值税纳税申报模拟资料(针对房地产有限公司)。

【例9-7】 某房地产开发公司建造一幢普通标准住宅出售,取得销售收入1 000万元(假设城市维持建设税税率为7%,教育费附加征收率为3%)。该公司为建造普通标准住宅而支付的地价款为100万元,建造此楼投入300万元的房地产开发成本(其中:土地征用及拆迁补偿费用40万元,前期工程费用40万元,建筑安装工程费用100万元,基础设施费用80万元,开发间接费用40万元),由于该房地产开发公司同时建造别墅住宅,对该普通标准住宅所用的银行贷款利息支出无法分摊,该地规定房地产开发费用的计提比例为10%。

编制纳税工作记录:

确定转让房地产的收入为1 000万元。

确定转让房地产的扣除项目金额:

① 取得土地使用权所支付的地价款100万元;

② 房地产开发成本为300万元;

③ 房地产开发费用为 (100+300) ×10%=40 (万元);

④ 与转让房地产有关的税金为:

营业税:1 000×5%=50 (万元);

城建税:50×7%=3.5 (万元);

教育费用附加:50×3%=1.5 (万元);

⑤ 从事房地产的扣除项目金额为：$(100 + 30) \times 20\% = 80$（万元）；

⑥ 扣除项目合计为：$100 + 300 + 40 + 50 + 3.5 + 1.5 + 80 = 575$（万元）。

转让房地产的增值额为：$1\,000 - 575 = 425$（万元）。

增值额与扣除项目金额的比率为：$425 \div 575 = 73.91\%$。

应纳土地增值税税额 $= 425 \times 40\% - 575 \times 5\% = 141.25$（万元）。

（3）土地增值税纳税申报模拟资料（针对非房地产有限公司）。

【例9-8】 某事业单位（非房地产开发单位）建造并出售了一幢写字楼，取得销售收入 2 000 万元（营业税税率为5%，城市维护建设税税率为7%，印花税税率为0.5‰，教育费附加征收率为3%）。该单位为建造此楼支付的地价款为300万元；房地产开发成本为400万元；房地产开发费用中的利息支付为200万元（能够按转让房地产项目计算分摊并提供工商银行证明），但其中有30万元的加罚利息。按规定其他房地产开发费用的计算扣除比例为5%。

编制纳税工作记录：

确定转让房地产的收入为 2 000 万元。

确定转让房地产的扣除项目金额：

① 取得土地使用权所支付的金额为300万元；

② 房地产开发成本为400万元；

③ 房地产开发费用为：$(300 + 400) \times 5\% + (200 - 30) = 205$（万元）；

④ 与转让房地产有关的税金为：

$2\,000 \times 5\% \times (1 + 7\% + 3\%) + 2\,000 \times 5 \div 10\,000 = 100 + 1 = 111$（万元）；

⑤ 扣除项目金额为：$300 + 400 + 205 + 111 = 1\,016$（万元）。

转让房地产的增值额为：$2\,000 - 1\,016 = 984$（万元）。

增值额与扣除项目金额的比率为：$984 \div 1\,016 = 96.9\%$。

应纳土地增值税额为：$984 \times 40\% - 1016 \times 5\% = 342.8$（万元）。

9.3.5　土地增值税纳税申报表的格式（见表9-10、9-11）、填写方法及编写

表9-10　土地增值税纳税申报表（一）（从事房地产开发的纳税人适用）

纳税人识别号□□□□□□□□□□□□□□□

填表日期：　　年　月　日　　　　　金额单位：元（列至角分）　　　　　　　面积单位：平方米

纳税人名称		某房地产公司		税款所属时期		
项目					行次	金额
一、转让房地产收入总额 1 = 2 + 3					1	10 000 000
其中	货币收入				2	10 000 000
	实物收入及其他收入				3	
二、扣除项目金额合计 4 = 5 + 6 + 13 + 16 + 20					4	5 750 000
1. 取得土地使用权所支付的金额					5	1 000 000
2. 房地产开发成本 6 = 7 + 8 + 9 + 10 + 11 + 12					6	3 000 000
其中	土地征用及拆迁补偿费				7	400 000
	前期工程费				8	400 000
	建筑安装工程费				9	1 000 000
	基础设施费				10	800 000
	公共配套设施费				11	
	开发间接费用				12	400 000
3. 房地产开发费用 13 = 14 + 15					13	400 000
其中	利息支出				14	
	其他房地产开发费用				15	400 000
4. 与转让房地产有关的税金 16 = 17 + 18 + 19					16	550 000
其中	营业税				17	500 000
	城市维护建设税				18	35 000
	教育费附加				19	15 000
5. 财政部规定的其他扣除项目					20	800 000
三、增值额 21 = 1 - 4					21	4 250 000
四、增值额与扣除项目金额之比（%）22 = 21 ÷ 4					22	73.91%
五、适用税率（%）					23	40%
六、速算扣除系数（%）					24	5%
七、应缴土地增值税税额 25 = 21 × 23 - 4 × 24					25	1 412 500
八、已缴土地增值税税额					26	
九、应补（退）土地增值税税额 27 = 25 - 26					27	1 412 500
如纳税人填报，由纳税人填写以下各栏			如委托代理人填报，由代理人填写以下各栏			备注
会计主管	经办人	纳税人	代理人名称：			代理人
			代理人地址			
（签章）	（签章）	（签章）	经办人		电话	（签章）
以下由税务机关填写						
收到申报表日期				接收人		

土地增值税纳税申报表（一）（从事房地产开发的纳税人适用）填表说明：

土地增值税纳税申报表（一），适用凡从事房地产开发并转让的土地增值税纳税人。其转让已经完成开发的房地产并取得转让收入，或者是预售正在开发的房地产并取得预售收入的，应按照税法和本表要求，根据税务机关确定的申报时间，定期向主管税务机关填报土地增值税纳税申报表（一），进行纳税申报。

（一）表头项目

1. 纳税人编码：按税务机关编排的代码填写。

2. 项目名称：填写纳税人所开发并转让的房地产开发项目全称。

3. 经济性质：按所有制性质或资本构成形式分为国有、集体、私营、个体、股份制、外商投资和外国企业等类型填写。

4. 业别：填写纳税人办理工商登记时所确定的主营行业类别。

5. 主管部门：按纳税人隶属的管理部门或总机构填写，外商投资企业不填。

6. 开户银行：填写纳税人开设银行账户的银行名称；如果纳税人在多个银行开户的，填写其主要经营账户的银行名称。

7. 银行账号：填写纳税人开设的银行账户的号码；如果纳税人拥有多个银行账户的，填写其主要经营账户的号码。

（二）表中项目

土地增值税纳税申报表（一）中各主要项目内容，应根据土地增值税的基本计税单位作为填报对象。纳税人如果在规定的申报期内转让两个或两个以上计税单位的房地产，对每个计税单位应分别填写一份申报表。

1. 表第1栏"转让房地产收入总额"，按纳税人在转让房地产开发项目所取得的全部收入额填写。

2. 表第2栏"货币收入"，按纳税人转让房地产开发项目所取得的货币形态的收入额填写。

3. 表第3栏"实物收入及其他收入"，按纳税人转让房地产开发项目所取得的实物形态的收入和无形资产等其他形式的收入额填写。

4. 表第5栏"取得土地使用权所支付的金额"，按纳税人为取得该房地产开发项目所需要的土地使用权而实际支付（补交）的土地出让金（地价款）及按国家统一规定交纳的有关费用的数额填写。

5. 表第7栏至表第12栏，应根据《土地增值税暂行条例细则》规定的从事房地产开发所实际发生的各项开发成本的具体数额填写。要注意，如果有些房地产开发成本是属于整个房地产项目的，而该项目同时包含了两个或两个以上的计税单位的，要对该成本在各计税项目之间按一定比例进行分摊。

6. 表第14栏"利息支出"，按纳税人进行房地产开发实际发生的利息支出中符合《土地增值税暂行条例细则》第七条（三）规定的数额填写。如果不单独计算利息支出的，则本栏数额填写为"0"。

7. 表第15栏"其他房地产开发费用"，应根据《土地增值税暂行条例细则》第七条（三）的规定填写。

8. 表第17栏至表第19栏，按纳税人转让房地产时所实际缴纳的税金数额填写。

9. 表第20栏"财政部规定的其他扣除项目"，是指根据《土地增值税暂行条例》和《土地增值税暂行条例细则》等有关规定所确定的财政部规定的扣除项目的合计数。

10. 表第23栏"适用税率"，应根据《土地增值税暂行条例》规定的四级超率累进税率，按所适用的最高一级税率填写；如果纳税人建造普通标准住宅出售，增值额未超过扣除项目金额20%的，本栏填写"0"。

11. 表第24栏"速算扣除系数"，应根据《土地增值税暂行条例细则》第十条的规定找出相关速算扣除系数来填写。

12. 表第26栏"已缴土地增值税税额"，按纳税人已经缴纳的土地增值税的数额填写。

表9-11 土地增值税纳税申报表（二）（非从事房地产开发的纳税人适用）

纳税人识别号□□□□□□□□□□□□□□

填表日期： 年 月 日 金额单位：元（列至角分） 面积单位：平方米

纳税人名称			税款所属时期		
项目				行次	金额
一、转让房地产收入总额1=2+3				1	20 000 000
其中	货币收入			2	20 000 000
	实物收入及其他收入			3	
二、扣除项目金额合计4=5+6+9				4	10 160 000
1. 取得土地使用权所支付的金额				5	3 000 000
2. 旧房及建筑物的评估价格6=7×8				6	
其中	旧房及建筑物的重置成本价			7	
	成新度折扣率			8	
3. 与转让房地产有关的税金9=10+11+12+13				9	1 110 000
其中	营业税			10	1 000 000
	城市维护建设税			11	70 000
	印花税			12	10 000
	教育费附加			13	30 000
三、增值额14=1-4				14	9 840 000
四、增值额与扣除项目金额之比（%）15=14÷4				15	96.9%
五、适用税率（%）				16	40%
六、速算扣除系数（%）				17	5%
七、应缴土地增值税税额18=14×16-4×17				18	3 428 000
如纳税人填报，由纳税人填写以下各栏			如委托代理人填报，由代理人填写以下各栏		备注
会计主管	经办人	纳税人	代理人名称：		
			代理人地址		
（签章）	（签章）	（签章）	经办人	电话	
以下由税务机关填写					
收到申报表日期			接收人		

土地增值税纳税申报表（二）（非从事房地产开发的纳税人适用）填表说明：

土地增值税纳税申报表（二）适用于非从事房地产开发的纳税人。该纳税人应在签订房地产转让合同后的七日内，向房地产所在地主管税务机关填报土地增值税纳税申报表（二）。

（一）表头项目

1. 纳税人编码：按税务机关编排的代码填写。

2. 项目名称：填写纳税人转让的房地产项目全称。

3. 经济性质：按所有制性质或资本构成形式分为国有、集体、私营、个体、股份制、外商投资企业等类型填写。

4. 业别：按纳税人的行业性质分为行政单位、事业单位、企业、个人等。

5. 主管部门：按纳税人隶属的管理部门或总机构填写。外商投资企业不填。

（二）表中项目

土地增值税纳税申报表（二）的各主要项目内容，应根据纳税人转让的房地产项目作为填报对象。纳税人如果同时转让两个或两个以上房地产的，应分别填报。

1. 表第1栏"转让房地产收入总额"，按纳税人转让房地产所取得的全部收入额填写。

2. 表第2栏"货币收入"，按纳税人转让房地产所取得的货币形态的收入额填写。

3. 表第3栏"实物收入及其他收入"，按纳税人转让房地产所取得的实物形态的收入和无形资产等其他形式的收入额填写。

4. 表第5栏"取得土地使用权所支付的金额"，按纳税人为取得该转让房地产项目的土地使用权而实际支付（补交）的土地出让金（地价款）数额及按国家统一规定交纳的有关费用填写。

5. 表第6栏"旧房及建筑物的评估价格"，是指根据《土地增值税暂行条例》和《土地增值税暂行条例细则》等有关规定，按重置成本法评估旧房及建筑物并经当地税务机关确认的评估价格的数额。本栏由第7栏与第8栏相乘得出。如果本栏数额能够直接根据评估报告填报，则本表第7、8栏可以不必再填报。

6. 表第7栏"旧房及建筑物的重置成本价"，是指按照《土地增值税暂行条例》和《土地增值税暂行条例细则》规定，由政府批准设立的房地产评估机构评定的重置成本价。

7. 表第8栏"成新度折扣率"，是指按照《土地增值税暂行条例》和《土地增值税暂行条例细则》规定，由政府批准设立的房地产评估机构评定的旧房及建筑物的新旧程度折扣率。

8. 表第10栏至表第13栏，按纳税人转让房地产时实际缴纳的有关税金的数额填写。

9. 表第16栏"适用税率"，应根据《土地增值税暂行条例》规定的四级超率累进税率，按所适用的最高一级税率填写。

10. 表第17栏"速算扣除系数"，应根据《土地增值税暂行条例细则》第十条的规定找出相关速算扣除系数填写。

9.3.6 土地增值税的会计核算

1. 主营房地产业务土地增值税的会计核算

房地产企业是指主要经营房地产买卖业务的企业。对这类企业来说，房地产业务是企业的主要经营业务，土地增值税是为取得当期营业收入而支付的费用。因此，计提应缴纳的土地增值税时，借记"营业税金及附加"账户，贷记"应交税费——应交土地增值税"账户；实际缴纳土地增值税时，借记"应交税费——应交土地增值税"账户，贷记"银行存款"账户。

2. 兼营房地产业务土地增值税的会计核算

这类企业以房地产转让为兼营业务或附带业务，虽然这类企业不以开发转让房地产业务为主营业务，但开发的目的在于转让。其房地产的销售收入和销售成本分别记入"其他业务收入"和"其他业务成本"账户，但其负担的土地增值税仍然记入"营业税金及附加"账户。企业计提应缴纳的土地增值税时，借记"营业税金及附加"账户，贷记"应交税费——应交土地增值税"账户；实际缴纳土地增值税时，借记"应交税费——应交土地增值税"账户，贷记"银行存款"账户。

3. 出售旧房及建筑物土地增值税的会计核算

旧房及建筑物在取得时，会计应列为固定资产管理，计入"固定资产"科目，其出售发生的相关税费应通过"固定资产清理"账户核算。计算转让房地产缴纳的土地增值税时。借记"固定资产清理"账户，贷记"应交税费——应交土地增值税"账户；实际缴纳土地增值税时，借记"应交税费——应交土地增值税"账户，贷记"银行存款"账户。

【例9-9】 某企业转让一幢旧厂房，当时造价200万元，无偿取得土地使用权。若现在建造同样的房子需要650万元，该房子七成新，按500万元出售，支付有关税费25万元。计算该企业应纳土地增值税税额为多少，该如何进行账务处理？

解：

（1）计算允许扣除的金额。

评估价格 = 650×70% = 455（万元）

有关税费为25万元

允许扣除的金额合计 = 455+25 = 480（万元）

（2）计算增值额。

增值额 = 500－480 = 20（万元）

（3）计算增值率，确定税率和速算扣除系数。

增值率 = 20÷480×100% = 4.17%

查"土地增值税税率表"，确定适用税率为30%，速算扣除系数为0。

（4）计算应纳税额。

应纳税额 = 20×30%－480×0 = 6（万元）

（5）会计分录。

转让房地产时

借：固定资产清理   60 000

  贷：应交税费——应交土地增值税   60 000

实际缴纳土地增值税时

借：应交税费——应交土地增值税   60 000

  贷：银行存款   60 000

⊙ 本章小结

资源税是以自然资源为课税对象，向从事资源开发与利用的单位与个人，按资源产品的销售额或销售量与规定的比例税率或定额税率征收的一种税。

资源税的纳税人是指在中华人民共和国领域及管辖海域《资源税条例》规定的开采矿产品或生产盐的单位和个人，包括各类企业、行政单位、事业单位、军事单位、社会团体及个体工商户、其他个人。

根据我国现行资源税政策规定，除黏土、砂石仍实行从量定额计征外，对资源税税目税率幅度表中未列举名称的其他非金属矿产品，按照从价计征为主、从量计征为辅的原则，由省级人民政府确定计征方式。

对外销售应税产品应缴资源税，应借记"营业税金及附加"科目，贷记"应交税费——应交资源税"科目；自产自用应税产品应缴资源税，应借记"生产成本""制造费用"等科目，贷记"应交税费——应交资源税"科目；收购未税矿产品代扣代缴资源税，应借记"应付账款"等科目，贷记"应交税费——代扣代缴资源税"科目。企业外购液体盐加工成固体盐，在购入液体盐时，按允许抵扣的资源税，借记"应交税费——应交资源税"科目，按外购价款扣除允许抵扣资源税后的数额，借记"材料采购"等科目，按应支付的全部价款，贷记"银行存款"等科目；企业加工成固体盐销售时，按销售固体盐应缴资源税，借记"营业税金及附加"科目，贷记"应交税费——应交资源税"科目；将销售固体盐应纳资源税扣抵液体盐已纳资源税后的差额上缴时，借记"应交税费——应交资源税"科目，贷记"银行存款"科目。纳税人按规定缴纳资源税时，借记"应交税费——应交资源税"科目，贷记"银行存款"科目。

城镇土地使用税是以开征范围的土地为征税对象，以实际占用的土地面积为计税标准，按规定税额对拥有土地使用权的单位和个人征收的一种税。

企业在缴纳的城镇土地使用税时，应通过"应交税费——应交城镇土地使用税"账户进行会计核算。该账户贷方反映企业应缴纳的城镇土地使用税，借方反映企业已缴纳的城镇土地使用税，贷方余额反映企业应交未交的城镇土地使用税。

企业计算出应缴纳的城镇土地使用税时，借记"管理费用"科目，贷记"应交税费——应交城镇土地使用税"科目；缴纳城镇土地使用税时，借记"应交税费——应交城镇土地使用税"科目，贷记"银行存款"等科目。

房地产企业是指主要经营房地产买卖业务的企业。对这类企业来说，房地产业务是企业的主要经营业务，土地增值税是为取得当期营业收入而支付的费用。因此，计提应缴纳的土地增值税时，借记"营业税金及附加"账户，贷记"应交税费——应交土地增值税"账户；实际缴纳土地增值税时，借记"应交税费——应交土地增值税"账户，贷记"银行存款"账户。

⚠ 关键名词

资源税税率　城镇土地使用税征税范围　土地增值税征税核算　纳税申报和会计核算

📖 练习题

一、单项选择题（请扫描二维码，在线测试本章学习效果）

1. 某油田某年销售原油 115 万吨，油田自用 5 万吨，另有 4 万吨用于加热和修井。该油田适用税额为每吨 15 元，则该油田当年应纳资源税税额为（　　）万元。

　　A. 1 860　　　B. 1 800　　　C. 1 725　　　D. 1 785

2. 某房地产公司转让商品楼收入 5 000 万元，计算土地增值额准允扣除项目金额 4 200 万元，则适用税率为（　　　）。

    A. 30%　　　　　B. 40%　　　　　C. 50 %　　　　　D. 60%

3. 下列不属于资源税扣缴义务人的是（　　　）。

    A. 收购未税矿产品的单位　　　　　B. 收购未税矿产品的单位和个人

    C. 收购已税矿产品的单位　　　　　D. 收购已税矿产品的单位和个人

4. 下列土地应征收城镇土地使用税的是（　　　）。

    A. 个人所有的居住房屋及院落用地

    B. 房产管理部门租用的居民住房用地

    C. 免税单位职工家属的宿舍用地

    D. 行政事业单位的经营用地

5. 房地产开发企业在确定土地增值税的扣除项目时，允许单独扣除的税金是（　　　）。

    A. 营业税、印花税　　　　　B. 房产税、城市维护建设税

    C. 营业税、城市维护建设税　　　　　D. 印花税、城市维护建设税

6. 扣缴义务人代扣代缴的资源税，应当向（　　　）主管税务机关缴纳。

    A. 收购地　　　　　B. 开采地　　　　　C. 生产地　　　　　D. 销售价格地

7. 某商业企业占地 15 000 平方米，该土地每平方米年税额为 5 元，该企业每季度应缴纳的城镇土地使用税为（　　　）元。

    A. 1 875　　　　　B. 75 000　　　　　C. 37 500　　　　　D. 18 750

8. 某煤矿 5 月份生产煤炭 20 万吨，销售采煤过程中生产的天然气 5 000 万立方米。已知该煤矿适用的单位税额为 2 元/吨，煤矿所在省规定的天然气的单位税额为 10 元/千立方米，煤矿 5 月份应纳的资源税额为（　　　）。

    A. 55 万元　　　　　B. 30 万元　　　　　C. 0　　　　　D. 25 万元

9. 某国有企业 2010 年 5 月在市区购置一栋办公楼，支付 8 000 万元价款。2012 年 5 月，该企业将办公楼转让，取得收入 10 000 万元，签订产权转移书据。办公楼经税务机关认定的重置成本价为 12 000 万元，成新率 70%，该企业在缴纳土地增值税时计算的增值额为（　　　）。

    A. 400 万元　　　　　B. 1 485 万元　　　　　C. 1 490 万元　　　　　D. 200 万元

10. 下列项目中属于资源税征税范围的是（　　　）。

    A. 煤矿生产的天然气　　　　　B. 伴采油　　　　　C. 水资源　　　　　D. 人造石油

二、多项选择题（请扫描二维码，在线测试本章学习效果）

1. 转让国有土地使用权、地上建筑及其附着物并取得收入的（　　　），都是土地增值税

的纳税义务人。

    A. 学校   B. 税务机关   C. 外籍个人   D. 国有企业

2. 下列各项中，按税法规定免征城镇土地使用税的是（   ）。

    A. 寺庙内宗教人员的宿舍用地

    B. 国家机关职工家属的宿舍用地

    C. 个人所有的居住房屋及院落用地

    D. 国有油田职工和家属居住的简易房屋用地

3. 城镇土地使用权拥有人不在土地所在地和土地使用权尚未确定的由（   ）纳税。

    A. 代管人   B. 产权所有人   C. 实际使用人   D. 承典人

4. 下列各项中，属于土地增值税免税范围的有（   ）。

    A. 房产所有人将房产赠与直系亲属

    B. 个人之间互换自有居住用房地产

    C. 个人因工作调动而转让购买满 5 年的经营性房产

    D. 因国家建设需要而搬迁，由纳税人自行转让房地产

选择题
即测即评

5. 下列各项中属于土地增值税征收范围的有（   ）。

    A. 出让国有土地使用权   B. 房地产的出租

    C. 转让国有土地使用权   D. 企业房地产的交换

6. 土地增值税的纳税人转让房地产，有（   ）情形的，按照房地产评估价格计算征收土地增值税。

    A. 隐瞒、虚报房地产成交价格的   B. 因偷税被税务机关给予行政处罚的

    C. 房地产成交明显偏高的   D. 提供扣除项目金额不实的

7. 土地增值税的纳税人转让房地产取得的收入，包括（   ）。

    A. 利息收入   B. 货币收入   C. 实物收入   D. 其他收入

8. 下列各项中，属于资源税纳税人的有（   ）。

    A. 开采原煤的国有企业   B. 进口铁矿石的私营企业

    C. 开采石灰石的个体经营者   D. 开采天然原油的外商投资企业

9. 下列不属于资源税扣缴义务人的是（   ）。

    A. 收购未税矿产品的单位   B. 收购未税矿产品的单位和个人

    C. 收购已税矿产品的单位   D. 收购已税矿产品的单位和个人

10. 下列各项中，符合资源税纳税义务发生时间规定的有（   ）。

    A. 采取分期收款结算方式的为实际收到款项的当天

    B. 采取预收货款结算方式的为发出应税产品的当天

C. 自产自用应税产品的为移送使用应税产品的当天

D. 采取其他结算方式的为收讫销售款或取得索取销售款凭据的当天

三、判断题（请扫描二维码，在线测试本章学习效果）

1. 自 2008 年 11 月 1 日起，对"居民个人""转让住房"一律免征土地增值税。 （ ）

2. 用于租赁的房屋，由"出租方"缴纳城镇土地使用税。 （ ）

3. 凡由省级人民政府确定的单位组织测定土地面积的，以"测定"的土地面积为准。 （ ）

4. 城镇土地使用税以纳税人实际占用的土地面积为计税依据。 （ ）

5. 资源税是对在我国境内从事应税矿产品开采或生产盐的单位和个人征收的一种税。 （ ）

6. 独立矿山、联合企业收购未税矿产品的单位，按税务机关核定的应税产品税额标准，依据收购的数量代扣代缴资源税。 （ ）

7. 纳税人开采或者生产不同税目应税产品的；未分别核算或者不能准确提供不同税目应税产品的销售额或者销售数量的，从高适用税率。 （ ）

四、实训题（请扫描二维码，查看实训题答案）

1. 某企业 7 月份收购某铁矿的未税铁矿石 5 000 吨，每吨收购价格为 80 元，该铁矿石的单位税额为 15 元/吨，计算该企业应纳资源税税额为多少？该企业如何进行账务处理？

2. 某市某有限公司，实际占用土地面积 9 000 平方米，地处高新开发区硅谷大街 200 号（属一等地段）。核定的单位税额为 10 元/平方米。计算该公司 2011 年应纳城镇土地使用税为多少？该企业如何进行账务处理？

3. 2016 年某房地产开发公司销售其新建商品房一幢，取得销售收入 1.4 亿元，已知该公司支付与商品房相关的土地使用权费及开发成本合计为 4 800 万元；该公司没有按房地产项目计算分摊银行借款利息；该商品房所在地的省政府规定计征土地增值税时房地产开发费用扣除比例为 10%；销售商品房缴纳的有关税金 770 万元。计算该公司销售该商品房应缴纳的土地增值税为多少，并填写相应的土地增值税纳税申报表。

判断题
即测即评

实训题
查看答案

第 10 章

财产税会计

⊙ 学习目标

能正确计算房产税、车船税、契税；能正确填写上述税种的纳税申报表；能正确进行网上报税；能进行相关账务处理。

♀ 问题导入

房产税的改革方向

房产税，又称房屋税，是国家以房产作为课税对象向产权所有人征收的一种财产税。对房产征税的目的是运用税收杠杆，加强对房产的管理，提高房产使用效率，控制固定资产投资规模和配合国家房产政策的调整，合理调节房产所有人和经营人的收入。从 2003 年提出物业税开始，房地产税已历经 13 年之久，其间经历了征不征、怎么征、征多少等诸多讨论和争议。2011 年初，在没有立法的前提下，先行在上海和重庆两地进行试点征收。2013 年 11 月，十八届三中全会通过《中共中央关于全面深化改革若干重大问题的决定》，提出了"税收法定"的原则。2015 年 3 月，十二届全国人大三次会议通过了修改《立法法》的决定，明确规定：税种的设立、税率的确定和税收征收管理等税收基本制度，只能通过制定法律来解决。

目前业内普遍认为，房地产税取代土地财政是合理的，也是大势所趋，未来将用房地产税替代地方政府的卖地成为地方政府的收入来源。

📎 10.1 房产税会计

房产税是以房屋为征税对象，以房屋的计税余值或租金收入为计税依据，向房屋产权所有人或经营人征收的一种财产税。自 2009 年 1 月 1 日起，原适用于外商投资企业、外国企业和组织以及外籍个人的《城市房地产税暂行条例》废止，所有企业都依照《中华人民共和国房产税暂行条例》缴纳房产税。2006年12月29日国务院公布的《中华人民共和国车船税暂行条例》同时废止。

10.1.1 房产税基本要素

1. 纳税人

（1）产权属国家所有的，由经营管理单位纳税；产权属集体和个人所有的，由集体和个人纳税。

（2）产权出典的，由承典人纳税。

（3）产权所有人、承典人不在房屋所在地的，由房产代管人或者使用人纳税。产权未确定及租典纠纷未解决的，也由房产代管人或者使用人纳税，主要目的在于加强征收管理，保证房产税及时入库。

（4）无租使用其他房产的问题。纳税单位和个人无租使用房产管理无门、免税单位及纳税单位的房产，应由使用人代为缴纳房产税。

2. 征税对象和征税范围

（1）对象。房产税的征税对象是房产。

（2）范围。

① 城市：指国务院批准设立的市，包括市区、郊区和市辖县县城，不包括农村。

② 县城：指县人民政府所在地的地区。

③ 建制镇：指经省、自治区、直辖市人民政府批准设立的建制镇镇人民政府所在地，不包括所辖的行政村。

④ 工矿区：指工商业比较发达、人口比较集中，符合国务院规定的建制镇标准，但尚未设立建制镇的大中型工矿企业所在地。

3. 计税依据和税率

（1）计税依据。房产税以房产的计税余值或房产的租金收入为计税依据。

① 房产计税余值的确定。房产计税余值是指房产原值一次减除10%至30%损耗价值后的余额。其中：房产原值是指纳税人按照会计制度规定，在账簿"固定资产""投资性房地产"科目中记载的房屋原价。包括与房屋不可分割的各种附属设备或一般不单独计算价值的配套设备。主要有：暖气、卫生、通风、照明、煤气等设备，各种管线，电梯等。

② 房产租金收入的确定。房产的租金收入包括货币收入和非货币收入。对以劳务或其他形式作为报酬抵付房租收入的，应根据当地同类房屋的租金水平，确定租金标准，依税率计征。

（2）税率。房产税税率采用比例税率。自用房产，以房产余值为基础，税率为1.2%；出租的房产，以租金收入为基础，税率为12%。但个人按市场价格出租的居民住房，用于居住的，可暂减按4%的税率征收房产税。

4. 应纳税额计算

房产税的计算分为从价计征和从租计征两种情况。房产税按年计算，分期缴纳。

（1）从价计征

$$应纳税额 = 计税依据 \times 税率 = 应税房产原值 \times （1 - 扣除比例） \times 1.2\%$$

（2）从租计征

$$应纳税额 = 计税依据 \times 税率 = 租金收入 \times 12\%$$

【例10-1】 光华企业2016年拥有自有房屋40栋，其中30栋为经营用房，房产原值2 200万元，所在省规定允许按减除30%后的余值计税；10栋房屋出租给某公司作经营用房，年租金收入100万元。计算该企业2011年应纳的房产税。

自用房产应纳税额 = 2 200 × （1 - 30%） × 1.2% = 18.48（万元）

出租房产应纳税额 = 100 × 12% = 12（万元）

全年应纳房产税额 = 18.48 + 12 = 30.48（万元）

【例10-2】 大华公司2016年1月1日"固定资产"明细账中，房产原值为2 500万元。2月份，企业将原值100万元的房屋出租给其他单位使用，每年收取租金12万元；3月份，房产价值和租金均无变化。当地政府规定，计税余值扣除比例为20%；按年计算，分季缴纳房产税。计算该公司2011年季度应缴纳的房产税。

没有出租业务时，按房产余值计算1月份自用房产应交房产税：

月应交房产税 = 2 500 × （1 - 20%） × 1.2% ÷ 12 = 2（万元）

有出租业务时，按房产余值计算2月份自用房产应交房产税：

月应交房产税 = （2 500 - 100） × （1 - 20%） × 1.2% ÷ 12 = 1.92（万元）

按租金收入计算2月份出租房产应交房产税：

月应交房产税 = 12 × 12% ÷ 12 = 0.12（万元）

本季度应交房产税合计 = 2 + (1.92 + 0.12) × 2 = 6.08（万元）

【例10-3】 均强企业2016年12月31日，拥有经营性房产50 000平方米，"固定资产——房屋"账面原值为3 500万元（税务机关核定的计税余值扣除比例为30%），其中用于对外出租的房屋6 000平方米，房产原值为420万元，每月收取租金2.5万元。当地税务机关核定房产税每年征收一次。计算该企业当年应交房产税金额。

自用房屋房产税 = （3 500 - 420） × （1 - 30%） × 1.2% = 25.872（万元）

出租房屋房产税 = 2.5 × 12 × 12% = 3.6（万元）

应纳房产税总计 = 25.872 + 3.6 = 29.472（万元）

5. 税收优惠政策

（1）国家机关、人民团体、军队自用的房产免征房产税。但上述免税单位的出租房产以及非自身业务使用的生产、营业用房，不属于免税范围。"自用的房产"是指这些单位本身的办公用房和公务用房。

（2）由国家财政部门拨付事业经费的单位，如学校、医疗卫生单位、幼儿园、敬老院、文化、体育、艺术这些实行全额或差额预算管理的事业单位所有的、本身业务范围内使用的房产免征房产税。上述单位所属的附属工厂、商店、招待所等不属单位公务、业务的用房，应照章纳税。

（3）宗教寺庙、公园、名胜古迹自用的房产免征房产税。但宗教寺庙、公园、名胜古迹中附设的营业单位，如影剧院、饮食部、茶社、照相馆等所使用的房产及出租的房产，不属于免税范围，应照章纳税。

（4）个人所有非营业用的房产免征房产税。

（5）对行使国家行政管理职能的中国人民银行总行（含国家外汇管理局）所属分支机构自用的房产，免征房产税。

（6）经财政部批准免税的其他房产。①损坏不堪的房屋，经有关部门鉴定，在停止使用后，可免征房产税；②纳税人因房屋大修导致连续停用半年以上的，在房屋大修期间免征房产税；③对高校后勤实体免征房产税；④老年服务机构自用的房产。

10.1.2 房产税纳税申报程序

1. 纳税义务发生时间及期限

（1）纳税人将原有房产用于生产经营，从生产经营之月起，缴纳房产税。

（2）纳税人自行新建房屋用于生产经营，从建成之次月起，缴纳房产税。

（3）纳税人委托施工单位建设的房屋，从办理验收手续之次月起，缴纳房产税。

（4）纳税人购置新建商品房，自房屋交付使用之次月起，缴纳房产税。

（5）纳税人购置存量房，自办理房屋权属转移、变更登记手续，房地产权属登记机关签发房屋权属证书之次月起，缴纳房产税。

（6）纳税人出租、出借房产，自交付出租、出借房产之次月起，缴纳房产税。

（7）房地产开发企业自用、出租、出借本企业建造的商品房，自房屋使用或交付之次月起，缴纳房产税。

房产税实行按年计算，分期缴纳的征收方法，具体纳税期限由省、自治区、直辖市人民政府制定。

2. 纳税地点

房产税在房产所在地缴纳。房产不在同一地方的纳税人,应按房产的坐落地点分别向房产所在地的税务机关纳税。

3. 房产税申报实练

根据【例 10 – 3】的资料填写"房产税、车船税纳税申报表"如表 10 – 2 所示。

4. 房产税相关账务处理

企业在缴纳房产税时,应通过"应交税费——应交房产税"账户进行会计核算。该账户贷方反映企业应缴纳的房产税,借方反映企业已缴纳的房产税,贷方余额反映企业应交未交的房产税。

企业计算出应缴纳的房产税时,借记"管理费用"科目,贷记"应交税费——应交房产税"科目;缴纳房产税时,借记"应交税费——应交房产税"科目,贷记"银行存款"等科目。

【例 10 – 4】 某公司 2016 年自有房屋 20 栋,其中 12 栋用于生产经营,房产原值 302 万元,当地政府规定,按房产原值一次扣除 20% 后的余值计税。另外 7 栋用于对外出租,年租金收入 120 万元。还有 1 栋由于年久失修,于本年度 1 月份申报停止使用(假定按季缴纳)。试作有关的会计处理。

经营用房产应缴纳的房产税 = 3 020 000 × (1 − 20%) × 1.2% = 28 992(元)

出租房产应缴纳的房产税 = 1 200 000 × 12% = 144 000(元)

全年共计缴纳房产税 = 144 000 + 28 992 = 172 992(元)

每季预交房产税 = 172 992 ÷ 4 = 43 248(元)

借:管理费用   43 248

  贷:应交税费——应交房产税   43 248

缴纳房产税时:

借:应交税费——应交房产税   43 248

  贷:银行存款   43 248

10.2 车船税会计

车船税是指对在中华人民共和国境内拥有并使用车船的单位和个人,按照车船的排气量实行定额征收的一种税。我国 2007 年 1 月 1 日正式实施《中华人民共和国车船税暂行条例》,开征车船税取代征缴了几十年之久的车船使用牌照税和车船使用税。《中华人民共和国车船税法》于 2011 年 2 月 25 日由中华人民共和国第十一届全国人民代表大会常务委员会第十九次会议通过,自 2012 年 1 月 1 日起施行。2006 年 12 月 29 日国务院公布的《中华人民共和国车船税暂行条例》同时废止。

10.2.1 车船税基本要素

1. 纳税人及征税对象

车船税的征税对象包括乘用车、商用车、挂车、专用作业车、轮式专用机械车、摩托车、机动船舶、游艇。以上这些应税车船的所有人或管理人,是车船税的纳税人。

2. 应纳税额的计算

(1)计税依据。车船税以排气量为计税依据。现阶段选择排气量作为车船税的计税依据,从整体上看,是科学的、合理的。因为这样的选择,在一定程度上体现了车船的价值,因排气量和车价有一定的正相关关系,同时,客观上也体现了鼓励使用低能耗、低排放车的环保和节能的政策导向,与国际社会对车辆保有环节的同类税收的征管做法也基本上一致。

(2)税目和税率。我国对应税车辆实行有幅度的定额税率,具体适用税额由省、自治区、直辖市人民政府在规定的幅度内确定。车船税税目税额如表 10-1 所示。

表 10-1 车船税税目税额表

税 目		计税单位	年基准税额	备 注
乘用车〔按发动机汽缸容量(排气量)分档〕	1.0 升(含)以下	每辆	180 元	核定载客人数 9 人(含)以下
	1.0 升以上至 1.6 升(含)		360 元	
	1.6 升以上至 2.0 升(含)		420 元	
	2.0 升以上至 2.5 升(含)		720 元	
	2.5 升以上至 3.0 升(含)		1 800 元	
	3.0 升以上至 4.0 升(含)		3 000 元	
	4.0 升以上		4 500 元	
商用车	大型客车	核定载客≥20 人每辆	600 元	核定载客人数 9 人以上包括电车
	中型客车	核定载客 10~19 人每辆	480 元	
	货车	整备质量每吨	96 元	包括半挂牵引车、三轮汽车和低速载货汽车等
挂车		整备质量每吨	48 元	

（续表）

税　目		计税单位	年基准税额	备　注
其他车辆	专业作业车	整备质量每吨	96 元	不包括拖拉机
	轮式专用机械车		96 元	
摩托车		每辆	36 元	
船舶	机动船舶	净吨位≤200 吨每吨	3 元	拖船、非机动驳船分别按照机动船舶税额的 50% 计算
		净吨位 201 吨～2 000 吨每吨	4 元	
		净吨位 2 001 吨～10 000 吨每吨	5 元	
		净吨位≥10 001 吨每吨	6 元	
	游艇	长度≤10 米　每米	600 元	长度指游艇总长
		长度 11～18 米　每米	900 元	
		长度 19～30 米　每米	1 300 元	
		长度≥31 米　每米	2 000 元	
	辅助动力帆船	每米	600 元	

注：1. 车辆整备质量尾数在 0.5 吨以下（含 0.5 吨）的，按照 0.5 吨计算；超过 0.5 吨的，按照 1 吨计算。船舶净吨位尾数在 0.5 吨以下（含 0.5 吨）的不予计算，超过 0.5 吨的按照 1 吨计算。1 吨以下的小型车船，一律按照 1 吨计算。

2. 拖船按照发动机功率每 1 千瓦折合净吨位 0.67 吨计算。

（3）应纳税额计算。车船税按年申报，分月计算，一次性缴纳。纳税年度为公历 1 月 1 日至 12 月 31 日。

【例 10－5】　均强企业 2016 年度拥有乘人车 4 辆，每辆年税额为 240 元；载货车 5 辆，每辆年税额为 60 元；小轿车 2 辆，每辆年税额 180 元。计算年应纳车船税税额。

乘人车年应纳税额 = 240 × 4 = 960（元）

载货车年应纳税额 = 300 × 5 = 1 500（元）

小轿车年应纳税额 = 180 × 2 = 360（元）

年应纳税额合计 = 960 + 1 500 + 360 = 2 820（元）

3. 税收优惠政策

下列车船免征车船税：

（1）捕捞、养殖渔船；

（2）军队、武装警察部队专用的车船；

（3）警用车船；

（4）依照法律规定应当予以免税的外国驻华使领馆、国际组织驻华代表机构及其有关人员的车船。

对节约能源、使用新能源的车船可以减征或者免征车船税；对受严重自然灾害影响纳税困难以及有其他特殊原因确需减税、免税的，可以减征或者免征车船税。具体办法由国务院规定，并报全国人民代表大会常务委员会备案。

省、自治区、直辖市人民政府根据当地实际情况，可以对公共交通车船，农村居民拥有并主要在农村地区使用的摩托车、三轮汽车和低速载货汽车定期减征或者免征车船税。

10.2.2　车船税纳税申报程序

1. 纳税义务发生时间及期限

车船税纳税义务发生时间为取得车船所有权或者管理权的当月。

车船税按年申报缴纳。具体申报纳税期限由省、自治区、直辖市人民政府规定。

2. 纳税地点

车船税的纳税地点为车船的登记地或者车船税扣缴义务人所在地。依法不需要办理登记的车船，车船税的纳税地点为车船的所有人或者管理人所在地。

10.2.3　车船税申报实练

沿用【例10-5】，填写"房产税、车船税纳税申报表"（车船税暂沿用旧表）。

表10-2　房产税、车船税纳税申报表

	类别	房产原值	减30%后的余值	税率	全年应纳税额	本期应纳税额	房产租金收入额	税率	本期应纳税额
房产税	自用	30 800 000	21 560 000	1.2%	258 720	258 720			
	出租						300 000	12%	36 000
	合计				258 720	258 720			36 000

	车船种类	辆（艘）数	净（载重）吨或马力	单位税额	全年应纳税额	本期应纳税额	备注
车船税	载客汽车	4		240	960	960	
	载客汽车	2		180	360	360	
	载货汽车	5	5	60	1 500	1 500	
	合计				2 820	2 820	

（续表）

纳税人陈述：本表所填数据真实、完整、愿意承担法律责任。			如委托代理填报，由代理人填写以下各栏		
会计主管	办税人员	纳税单位（人）	代理人名称		代理人
			代理人地址		（签单）
（签章）	（签章）	（签章）	经办人	电话	

10.2.4 车船税会计核算

企业在缴纳车船税时，应通过"应交税费——应交车船税"账户进行会计核算。该账户贷方反映企业应缴纳的车船税，借方反映企业已缴纳的车船税，贷方余额反映企业应交未交的车船税。

企业计算出应缴纳的车船税时，借记"管理费用"科目，贷记"应交税费——应交车船税"科目；缴纳车船税时，借记"应交税费——应交车船税"科目，贷记"银行存款"等科目。

【例10-6】 某航运公司拥有机动船30艘。该企业应缴纳的车船税税额为335 600元，其会计处理如下：

借：管理费用 335 600

  贷：应交税费——应交车船税 335 600

实际缴纳车船费时：

借：应交税费——应交车船税 335 600

  贷：银行存款 335 600

10.3 契 税 会 计

契税是对以所有权发生转移变动的不动产为征税对象，向产权承受人征收的一种财产税。契税在我国有着悠久的历史，它起源于1 600多年前东晋的"估税"。现行契税的基本规范是1997年国务院颁布的《中华人民共和国契税暂行条例》和《中华人民共和国契税暂行条例实施细则》。

10.3.1 契税基本知识

1. 纳税人

契税的纳税人，是指在我国境内转移土地、房屋权属承受的单位和个人。

2. 征税对象

契税的征税对象是境内转移土地、房屋权属，具体包括以下五项内容：

（1）国有土地使用权出让，指土地使用者向国家交付土地使用权出让费用，国家将国有土地使用权在一定年限内让与土地使用者的行为。

（2）土地使用权转让，指土地使用者以出售、赠与、交换或者其他方式，将土地使用权转移给其他单位和个人的行为。土地使用权的转让，不包括农村集体土地承包经营权的转移。

（3）房屋买卖，指房屋所有者将其房屋出售，由承受者交付货币、实物、无形资产或者其他经济利益的行为。

（4）房屋赠与，指房屋产权所有人将房屋无偿转让给他人所有。

（5）房屋交换，指房屋所有者之间互相交换房屋的行为。

有些特殊方式转移土地、房屋产权的，也视同土地使用权转让、房屋买卖或者房屋赠与：一是以土地、房屋权属作价投资、入股；二是以土地、房屋权属抵债；三是以获奖方式承受土地、房屋权属；四是以预购方式或者预付集资建房款方式承受土地、房屋权属。

3. 应纳税额的计算

（1）计税依据。契税的计税依据为不动产的价格，具体计税依据视不同情况而定，包括：

① 国有土地使用权出让、土地使用权出售、房屋买卖，以成交价格为依据。

② 土地使用权赠与、房屋赠与，由征收机关参照市场价格核定。

③ 土地使用权交换、房屋交换，为所交换土地使用权、房屋的价格差额，即交换价格相等时，免征契税；交换价格不等时，由多支付的一方缴纳契税。

④ 以划拨方式取得土地使用权，经批准转让房地产时，由房地产转让者以补交的土地出让金为计税依据补交契税。

⑤ 个人无偿赠与不动产，应对受赠人全额征收契税。

（2）税率。契税实行幅度比例税率，税率为3%～5%，具体的执行税率，由省级政府确定。

（3）应纳税额计算

$$应纳税额 = 计税依据 \times 税率$$

【例10-7】　甲公司有两套商品房，将一套出售给居民张某，房屋成交价格为100万元，甲公司将另一处商品房与王某交换成两处商品房，并支付换房差价款10万元。计算李某、张某、王某的应交契税（当地契税税率为3%）。

（1）房屋买卖时，契税的纳税人为房屋权属的承受人，故张某的应交契税为：

$$100 \times 3\% = 3 \text{（万元）}$$

（2）交换价格不等时，由多支付货币、实物、无形资产或者其他经济利益的一方缴纳契税，故甲公司应交契税为：

$$10 \times 3\% = 0.3 \text{（万元）}$$

（3）王某不交契税。

4. 税收优惠政策

有下列情形之一的，减征或免征契税：

（1）国家机关、事业单位、社会团体、军事单位承受土地、房屋用于办公、教学、医疗、科研和军事设施的，免征契税。

（2）城镇职工按规定第一次购买公有住房，免征契税。

（3）因不可抗力灭失住房而重新购买住房的，酌情减免。

（4）土地、房屋被县级以上人民政府征用、占用后，重新承受土地、房屋权属的，由省级人民政府确定是否减免。

（5）承受荒山、荒沟、荒丘、荒滩土地使用权，并用于农、林、牧、渔业生产的，免征契税。

（6）依照我国有关法律规定以及我国缔结或者参加的双边和多边条约或协定，应当予以免税的外国驻华大使馆、领事馆、联合国驻华机构及其外交代表、领事官员和其他外交人员承受土地、房屋权属的，经外交部确定，可以免征契税。

凡经批准减免契税的纳税人，改变土地、房屋的用途，不再属于减免税的范围，应当补缴已减免的税款。

10.3.2　契税纳税申报流程

1. 纳税义务发生时间

纳税人签订土地、房屋权属转移合同的当天，或者纳税人取得其他具有土地、房屋权属转移合同性质凭证的当天。

2. 纳税期限

自纳税义务发生之日起 10 日内，向土地、房屋所在地的契税征收机关办理纳税申报，并在契税征收机关核定的期限内缴纳税款。

3. 纳税地点

（1）纳税人应当持契税完税凭证和其他规定的文件材料，依法向土地管理部门、房产管理部门办理有关土地、房屋的权属变更登记手续。纳税人未出具契税完税凭证的，土地管理部门、房产管理部门不予办理有关土地、房屋的权属变更登记手续。

（2）契税征收机关为土地、房屋所在地的财政机关或者地方税务机关。具体征收机关由省、自治区、直辖市人民政府确定。土地管理部门、房产管理部门应当向契税征收机关提供有关资料，并协助契税征收机关依法征收契税。

4. 纳税申报表

根据【例10-7】模拟契税资料填制甲公司的契税纳税表（见表10-3）。

表10-3 契税纳税申报表

契证号：　　　　　　　编表日期：　　年　月　日　　　　　　编号：

承受方（纳税人）	单位/姓名	甲公司		联系电话	
出 让 方	单位/姓名	王某			
房屋/土地坐落位置	小区（新村、大厦）名称： 区　　　　街（路）　　　巷（弄）　　　幢　　号　　室				
类 型	①商品房　②房改房　③二手房 ④其他			①商品房	
用 途	①住宅 ②商业 ③办公 ④厂房 ⑤军事 ⑥医疗 ⑦教育⑧科研 ⑨其他			②商业	
转 移 方 式	①房屋买卖 ②房屋赠与 ③房屋交换 ④土地出让 ⑤土地转让 ⑥其他			③房屋交换	
建 筑 面 积			成交价格	100 000	
税率（3%或6%）	3%		买入日期	年　月　日	
计征税额＝成交价格×税率	3 000				
减免税额			应缴税额	3 000	
滞纳金申报	应纳税期限	逾期天数		应纳滞纳金 （应缴税额×万分之五 ×逾期天数）	
	年　月　日	天		元	
备 注	领证人签字：				

（续表）

声　　明	此纳税申报表是根据《中华人民共和国契税暂行条例》的规定填报的，以上内容是真实、可靠、完整的。 声明人（纳税人或代理人）：
以下由征收机关填写	
审核记录：	
	审 核 人： 审核日期：　　　年　月　日

10.3.3　契税会计核算

契税是在土地、房屋权属转移，由承受单位取得该项资产时应缴纳的一种税。对购买单位而言，契税是取得资产时的一种必要支出，所以应该计入资产的成本。因此，企业在发生应税行为后，借记"在建工程""固定资产""无形资产"等科目，贷方在计提时计入"应交税费——应交契税"，若直接支付计入"银行存款"。

【例 10 - 8】　M 公司接受张某赠与房屋一栋，赠与契约未标明价格。经主管税务机关核定房屋现值为 460 万元（假定评估价值与此相同），设契税税率为 4%。M 公司应作会计分录如下：

应交契税 = 460 × 4% = 18.4（万元）

借：固定资产　　　　　　　　　　　　　　　　　　　　4 784 000

　　贷：营业外收入　　　　　　　　　　　　　　　　　　4 600 000

　　　　应交税费——应交契税　　　　　　　　　　　　　　184 000

上缴契税时：

借：应交税费——应交契税　　　　　　　　　　　　　　　184 000

　　贷：银行存款　　　　　　　　　　　　　　　　　　　　184 000

◎ 本章小结

房产税是以房屋为征税对象，以房屋的计税余值或租金收入为计税依据，向房屋产权所有人或经营人征收的一种财产税。房产税以房产的计税余值或房产的租金收入为计税依据。

企业在缴纳房产税时，应通过"应交税费——应交房产税"账户进行会计核算。该账户贷方反映企业应缴纳的房产税，借方反映企业已缴纳的房产税，贷方余额反映企业应交未交的房产税。

企业计算出应缴纳的房产税时，借记"管理费用"科目，贷记"应交税费——应交房产税"科目；缴纳房产税时，借记"应交税费——应交房产税"科目，贷记"银行存款"等科目。

车船税是指对在中华人民共和国内拥有并使用车船的单位和个人，按照车船的排气量实行定额征收的一种税。车船税的征税对象包括乘用车、商用车、挂车、专用作业车、轮式专用机械车、摩托车、机动船舶、游艇。以上这些应税车船的所有人或管理人，是车船税的纳税人。

企业在缴纳车船税时，应通过"应交税费——应交车船税"账户进行会计核算。该账户贷方反映企业应缴纳的车船税，借方反映企业已缴纳的车船税，贷方余额反映企业应交未交的车船税。

企业计算出应缴纳的车船税时，借记"管理费用"科目，贷记"应交税费——应交车船税"科目；缴纳车船税时，借记"应交税费——应交车船税"科目，贷记"银行存款"等科目。

契税是对以所有权发生转移变动的不动产为征税对象，向产权承受人征收的一种财产税。契税是在土地、房屋权属转移，由承受单位取得该项资产时应缴纳的一种税。对购买单位而言，契税是取得资产时的一种必要支出，所以应该计入资产的成本。因此，企业在发生应税行为后，借记"在建工程""固定资产""无形资产"等科目，贷方在计提时计入"应交税费——应交契税"，若直接支付，则计入"银行存款"。

⚠ 关键名词

房产税　车船税　契税的税额核算　纳税申报和会计核算

📄 练习题

一、单项选择题（请扫描二维码，在线测试本章学习效果）

1. 以下关于房产税纳税人的表述中，不正确的是（　　）。
   A. 产权属于国家所有的，由经营管理的单位纳税
   B. 产权属于集体的，由集体单位纳税
   C. 纳税单位无租使用房产管理部门的房产，由纳税单位缴纳房产税
   D. 纳税单位甲无租使用纳税单位乙的房产，应该由乙缴纳房产税

2. 下列房产属于免征房产税的是（　　）。
   A. 国家机关的所有房产
   B. 由国家财政部门拨付事业经费的单位的所有房产

C. 公园、名胜古迹自用的房产

D. 个人所有的房产

3. 在以下行为中，应缴纳契税的有（　　　）。

A. 以相等的价格交换房屋

B. 城镇职工按国家规定面积第一次购买公有住房

C. 以土地、房屋权属抵债

D. 个人承包荒山土地使用权，用于农业生产

4. 以划拨方式取得土地使用权的，经批准转让房地产时，由房地产转让者以（　　　）为计税依据补缴契税。

A. 双方协议的价格　　　　　　　B. 转让房地产的成交价格

C. 转让房地产的市场价格　　　　D. 补缴的土地使用权出让费用或者土地收益

5. 下列车辆中，应缴纳车船税的是（　　　）。

A. 市内公共汽车　　　　　　　　B. 从事运输业务的拖拉机

C. 环卫部门的路面清扫车　　　　D. 公安部门的交通监理车

6. 下列行为，不征收契税的是（　　　）。

A. 国有土地使用权出让　　　　　B. 土地使用权转让、出售

C. 出租房屋　　　　　　　　　　D. 房屋产权买卖

7. 车船税的计税依据形式是（　　　）。

A. 辆　　　　B. 排放量　　　　C. 净吨位　　　　D. 自重吨位

二、多项选择题（请扫描二维码，在线测试本章学习效果）

1. 下列车船属于法定免税的有（　　　）。

A. 专项作业车　　　　　　B. 警用车船　　　　　C. 非机动驳船

D. 捕捞、养殖渔船　　　　E. 国家机关自用车辆

2. 下列关于契税的表述正确的是（　　　）。

A. 契税实行幅度比例税率　　　　B. 契税由财产承受人缴纳

C. 契税属于行为税　　　　　　　D. 契税征税对象是发生权属转移的土地和房屋

3. 下列各项中，应当征收房产税的有（　　　）。

A. 城市居民出租的房产　　　　　B. 城市居民投资联营的房产

C. 城市居民所有的自住用房　　　D. 城市居民拥有的营业用房

4. 根据房产税法律制度的规定，下列各项中，免征房产税的是（　　　）。

A. 名胜古迹中附设的经营性茶社　　B. 公园自用的办公用房

C. 个人所有的唯一普通居住用房　　D. 国家机关的职工食堂

5. 根据契税法律制度的规定，下列各项中，以成交价格作为契税计税依据的有（ ）。

    A. 房屋买卖　　　　B. 土地使用权交换　　　C. 房屋赠与　　　　D. 土地使用权转让

三、判断题（请扫描二维码，在线测试本章学习效果）

1. 凡以房屋为载体，不可随意移动的附属设备和配套设施，无论在会计核算中是否单独记账与核算，都应计入房产原值，计征房产税。　　　　　　　　　　　　　　　（ ）

2. 纳税人应当自契税纳税义务发生之日起20日内，向土地、房屋所在地的税收征收机关办理纳税申报。　　　　　　　　　　　　　　　　　　　　　　　　　　　（ ）

3. 根据车船税法律制度的规定，载货汽车计税依据的是排气量。　　　　　　　（ ）

4. 根据车船税法律制度的规定，机关公务车免予缴纳车船税。　　　　　　　（ ）

5. 对以房产投资联营、投资者参与投资利润分红、共担风险的，按房产余值作为计税依据计缴房产税。　　　　　　　　　　　　　　　　　　　　　　　　　　　（ ）

6. 房产税的征税范围为城市、县城、建制镇和工矿区的房屋，不包括农村。（ ）

7. 独立于房屋之外的建筑物，如围墙、烟囱、水塔、室外游泳池等不属于房产税的征税范围。　　　　　　　　　　　　　　　　　　　　　　　　　　　　　　　（ ）

四、实训题（请扫描二维码，查看实训题答案）

1. 某企业有房屋12栋，其中10栋用于生产经营，房产原值共计12 000万元，1栋（原值400万元）用作幼儿园和职工学校，1栋（原值600万元）出租给其他企业，年租金80万元。房产原值减除比例为30%。该企业当年应缴纳房产税是多少？

2. 某企业2012年委托施工企业建造物资仓库，8月末办理验收手续，入账原值为300万元，同年9月1日将原值400万元的旧仓库对外投资联营，当年收取固定利润12万元。当地政府规定房产计税余值扣除比例为30%，该企业2012年度应缴纳房产税是多少？

3. 某企业2012年7月1日购买货车10辆，挂车6辆，每辆自重吨位均为4.6吨。该企业2012年应缴的车船税是多少？如何进行账务处理？

4. 甲企业因经营需要，将市内某处空置厂房与乙企业的某土地使用权交换，由乙企业支付价款差额100万元；甲企业还接受丙企业以房产进行的投资，丙企业投资入股的房产市场价值为300万元。要求计算甲企业应缴纳的契税并进行账务处理。（契税税率为4%）

判断题
即测即评

实训题
查看答案

第 11 章
行为目的税会计

能正确计算、核算印花税、车辆购置税；能正确填写上述税种的纳税申报表；会正确进行相关账务处理。

◎ 问题导入

国外的车辆购置税征收情况?

发达国家征收车辆购置税的做法通常是采取轻税政策，即征收额都很低。美国的车辆购置税属于地方税，各州收取比例不同，最多的州只有 6% 左右。而在购车环节，欧洲只征收增值税，各国税率不同，意大利和法国在 20% 左右。

购车之后的使用阶段需要交纳燃油税等税费，而燃油税则是发达国家汽车税收的重头。欧盟各国的燃油税率普遍在 200% 以上，日本的燃油税率大概为 120%。

美国鼓励使用混合动力车，美国市场上销售的经济型车占总销量的 60% 左右。虽然美国没有针对排放量的税收政策，但是鼓励柴油车和混合动力车的消费。比如，联邦税务局对混合动力车的用户提供最高可达 3 500 美元的税务减免，此外还有州政府的税费优惠，以此抵消一部分因为使用混合动力车带来的费用增加。

日本小型车购置税低，购车阶段的费用分为消费税和购置税，分别为 5% 和 3% ~ 5%。普通轿车要交纳 5% 的购置税，而微型车只需要交 3%。家用汽车分 1 升排量以下轻自动车和 1 升以上普通自动车两个类型。相应的，小型车的购置税只相当于大型车的一半左右。养车费中所包括的汽车驱动税、重量税和保有税也都有相应的优惠。

韩国微型车免税项目多。韩国政府对小排量汽车从购置到使用、保养都有优惠政策。例如，在汽车特别消费税上，排气量 2.0L 以上的车要交纳总车价的 10%，0.8L 至 2.0L 的车交纳 5%，不满 0.8L 的微型车则免除。在车辆登记税等方面，微型车也全部免税。除此之外，微型车还可以免交驾照税，享受过路费减半等优惠。

11.1 印花税会计

印花税是对经济活动和经济交往中书立、使用、领受应税凭证的行为征收的一种税。现行的印花税的基本规范是 1988 年 8 月公布的《中华人民共和国印花税暂行条例》和《中华人民共和国印花税暂行条例实施细则》。

11.1.1 印花税基本要素

1. 纳税人

（1）立合同人。指合同的当事人，即对合同有直接权利和义务关系的单位和个人，不包括担保人、证人、鉴定人。

（2）立据人。指书立产权转移书据的单位和个人。

（3）立账簿人。指设立并使用营业账簿的单位和个人。

（4）领受人。指领取或接受并持有权利、许可证照的单位和个人。

（5）使用人。指在国外书立、领受，但在国内使用应税凭证的单位和个人。

2. 征收对象

（1）经济合同。它包括购销、加工承揽、建设工程勘察设计、建筑安装工程承包、财产租赁、货物运输、仓储保管、借款、财产保险、技术等合同，共计 10 个税目。

（2）产权转让书据。它包括财产所有权、版权、商标专用权、专利权、专有技术使用权等转移所书立的转移书据。

（3）营业账簿。它包括单位和个人从事生产经营活动所设立的各种账册。

（4）权利、许可证照。它包括房屋产权证、工商营业执照、商标注册证、专利证、土地使用证等证照。

（5）其他凭证。经财政部确定征收的其他凭证。

3. 应纳税额的计算

（1）计税依据。

① 一般规定。印花税的计税依据为各种应税凭证上所记载的计税金额。具体规定为：

• 购销合同的计税依据为合同记载的购销金额。如甲、乙两企业签订一份购销合同，甲企业销售产品给乙企业，共计金额 100 000 元。合同签订后，甲企业和乙企业分别以实际 100 000 元为计税依据计算缴纳印花税。

• 加工承揽合同的计税依据是加工或承揽收入的金额。具体规定：一是对于由受托方提供原材料的加工、定做合同，凡在合同中分别记载加工费金额和原材料金额的，应分别按

"加工承揽合同""购销合同"计税，两项税额相加即为合同应纳印花税；若合同中未分别记载，则应就全部金额依照加工承揽合同计税贴花。二是对于由委托方提供主要材料或原料，受托方只提供辅助材料的加工合同，无论加工费和辅助材料金额是否分别记载，均以辅助材料与加工费的合计数，依照加工承揽合同计税贴花。对委托方提供的主要材料或原料金额不计税贴花。

- 建设工程勘察设计合同的计税依据为收取的费用。
- 建筑安装工程承包合同的计税依据为承包金额。
- 财产租赁合同的计税依据为租赁金额，税额不足 1 元的，按 1 元贴花。
- 货物运输合同的计税依据为取得的运输费金额（即运费收入），不包括所运货物的金额、装卸费和保险费等。
- 仓储保管合同的计税依据为收取的仓储保管费用。
- 借款合同的计税依据为借款金额。针对实际借贷活动中不同的借款形式，税法规定了不同的计税方法：

第一，凡是一项信贷业务既签订借款合同，又一次或分次填开借据的，只以借款合同所载金额为计税依据计税贴花；凡是只填开借据并作为合同使用的，应以借据所载金额为计税依据计税贴花。

第二，借贷双方签订的流动资金周转性借款合同，一般按年（期）签订，规定最高限额，借款人在规定的期限和最高限额内随借随还。为避免加重借贷双方的负担，对这类合同只以其规定的最高额为计税依据，在签订时贴花一次，在限额内随借随还不签订新合同的，不再另贴印花。

第三，对借款方以财产作抵押，从贷款方取得一定数量抵押贷款的合同，应按借款合同贴花；在借款方因无力偿还借款而将抵押财产转移给贷款方时，应再就双方书立的产权书据，按产权转移数据的有关规定计税贴花。

第四，对银行及其他金融组织的融资租赁业务签订的融资租赁合同，应按合同所载租金总额，暂按借款合同计税。

第五，在贷款业务中，如果贷方系由若干银行组成的银团，银团各方均承担一定的贷款数额。借款合同由借款方和银团各方共同书立，各执一份合同正本。对这类合同借款方与贷款银团各方应分别在所执的合同正本上，按各自的借贷款金额计税贴花。

第六，在基本建设贷款中，如果按年度用款计划分年签订借款合同，在最后一年按总概算签订借款总合同，且总合同的借款金额包括各个分合同的借款金额的，对这类基建借款合同，应按分合同分别贴花，最后签订的总合同，只就借款总额扣除分合同借款金额后的余额计税贴花。

- 财产保险合同的计税依据为支付（收取）的保险费，不包括所保财产的金额。

- 技术合同的计税依据为合同所载的价款、报酬或使用费。为了鼓励技术研究开发，对技术开发合同，只就合同所载的报酬金额计税，研究开发经费不作为计税依据。单对合同约定按研究开发经费一定比例作为报酬的，应按一定比例的报酬金额贴花。

- 产权转移数据的计税依据为所载金额。

- 营业账簿中记载资金的账簿的计税依据为"实收资本"与"资本公积"两项的合计金额。其他账簿的计税依据为应税凭证件数。

- 权利、许可证照的计税依据为应税凭证件数。

② 特殊规定。

- 上述凭证以"金额""收入""费用"作为计税依据的，应当全额计税，不得作任何扣除。

- 同一凭证，载有两个或两个以上经济事项而适用不同税目税率，如分别记载金额的，应分别计算应纳税额，相加后按合计税额贴花；如未分别记载金额的，按税率高的计税贴花。

- 按金额比例贴花的应税凭证，未标明金额的，应按照凭证所载数量及国家牌价计算金额；没有国家牌价的，按市场价格计算金额，然后按规定税率计算应纳税额。

- 应纳凭证所载金额为外币的，应按照凭证书立当日外汇牌价折合成人民币，然后计算应纳税额。

- 应纳税额不足 1 角的，免纳印花税；应纳税额在 1 角以上的，其税额尾数不满 5 分的不计，满 5 分的按 1 角计算。

- 有些合同在签订时无法确定计税金额的，可在签订时先按定额 5 元贴花，以后结算时再按实际金额计税，补贴印花。

- 应税合同在签订时纳税义务即已产生，应计算应纳税额，不论合同是否兑现或是否按期兑现，均应贴花。

- 商品购销活动中，采用以货换货方式进行商品交易签订的合同，应按合同所载的购、销合计金额计税贴花。合同未列明金额的，应按商品市场价格计算应纳税额。

- 施工单位将自己承包的建设项目，分包或者转包给其他施工单位所签订的分包合同或者转包合同，应按新的分包合同或转包合同所载金额计算应纳税额。

- 对国内各种形式的货物联运，凡在起运地统一结算全程运费的应以全程运费作为计税依据，由起运地运费结算双方缴纳印花税；凡分程结算运费的，应以分程的运费作为计税依据，分别由办理运费结算的各方缴纳印花税。

- 我国对股票交易征收印花税，开始于深圳和上海两地证券交易。2008 年 9 月 19 日起由立据出让方按 1‰的税率缴纳证券（股票）交易印花税，对受让方不再征税。

●对国内各种形式的货物联运，凡在起运地统一结算全程运费的应以全程运费作为计税依据，由起运地运费结算双方缴纳印花税；凡分程结算运费的，应以分程的运费作为计税依据，分别由办理运费结算的各方缴纳印花税。

对国际货运，凡由我国运输企业运输的，不论在我国境内、境外起运或中转分程运输，我国运输企业所持有的一份运费结算凭证，均按本程运费计算应纳税额；托运方所持的一份运输结算凭证，按全程运费计算应纳税额。由外国运输企业运输进出口货物的，外国运输企业所持的一份运费结算凭证免纳印花税；托运方所持的一份运费结算凭证应纳印花税。国际货运费计算凭证在国外办理的，应在凭证转回我国境内时按规定缴纳印花税。

（2）税率。印花税的税率有两种形式，即比例税率和定额税率。

①比例税率。在印花税的13个税目中，各类合同以及具有合同性质的凭证、产权转移书据、营业账簿中记载资金的账簿，适用比例税率。印花税的比例税率分为四个档次，分别是1‰、0.5‰、0.3‰和0.05‰。

●适用1‰税率的有：财产租赁合同、仓储保管合同和财产保险合同；

●股权转让书据（包括A股和B股）的税率是1‰，自2008年9月19日起，单向收税；

●适用0.5‰税率的有：加工承揽合同、建设工程勘察设计合同、货物运输合同、产权转移书据、记载资金的账簿；

●适用0.3‰税率的有：购销合同、建筑工程承包合同和技术合同；

●适用0.05‰税率的有：借款合同。

②定额税率。专利、许可证照和营业账簿中的其他账簿，适用定额税率，均为按件贴花，税额为5元。

《印花税税目税率表》如表11-1所示。

表11-1　印花税税目税率表

税目	范围	税率	纳税人	说明
1. 购销合同	包括供应、预购、采购、购销结合及协作、调剂、补偿、易货等合同	按购销金额0.3‰贴花	立合同人	
2. 加工承揽合同	包括加工、定作、修缮、修理、印刷、广告、测绘、测试等合同	按加工或承揽收入0.5‰贴花	立合同人	
3. 建设工程勘察设计合同	包括勘察、设计合同	按收取费用0.5‰贴花	立合同人	

税目	范　围	税　　率	纳税人	说明
4. 建筑安装工程承包合同	包括建筑、安装工程承包合同	按承包金额 0.3‰贴花	立合同人	
5. 财产租赁合同	包括租赁房屋、船舶、飞机、机动车辆、机械、器具、设备等合同	按租赁金额 1‰贴花税额不足 1 元，按 1 元贴花	立合同人	
6. 货物运输合同	包括民用航空运输、铁路运输、海上运输、内河运输、公路运输和联运合同	按运输收取的费用 0.5‰贴花	立合同人	单据作为合同使用的，按合同贴花
7. 仓储保管合同	包括仓储、保管合同	按仓储收取的保管费用 1‰贴花	立合同人	仓单或栈单作为合同使用的，按合同贴花
8. 借款合同	银行及其他金融组织和借款人（不包括银行同业拆借）所签订的借款合同	按借款金额 0.05‰贴花	立合同人	单据作为合同使用的，按合同贴花
9. 财产保险合同	包括财产、责任、保证、信用等保险合同	按收取的保险费收入 1‰贴花	立合同人	单据作为合同使用的，按合同贴花
10. 技术合同	包括技术开发、转让、咨询、服务等合同	按所载金额 0.3‰贴花	立合同人	
11. 产权转移书据	包括财产所有权和版权、商标专用权、专利权、专有技术使用权等转移书据	按所载金额 0.5‰贴花	立据人	
12. 营业账簿	生产、经营用账册	记载资金的账簿，按固定资产原值与自有流动资金总金额 0.5‰贴花。其他账簿按件贴花 5 元	立账簿人	
13. 权利、许可证照	包括政府部门发给的房屋产权证、工商营业执照、商标注册证、专利证、土地使用证	按件贴花 5 元	领受人	

（3）应纳税额计算。按应税凭证的不同分别采用比例税率和定额税率两种形式，其应纳税额的计算相应适用不同公式：

适用比例税率的应税凭证

$$应纳税额 = 计税金额 \times 适用税率$$

适用定额税率的应税凭证

$$应纳税额 = 定额税率（5 元）\times 计税件数$$

【例 11 – 1】 某公司本期有关缴纳印花税的业务如下：签订房屋出租合同数份，所载金额 50 000 元；启用非资金账簿 8 本；领受工商营业执照、商标注册证、土地使用证、房屋产权证各 1 件；订立财产保险合同 1 份，所载收取保费金额 100 000 元。试计算该公司缴纳的印花税税额。

（1）房屋出租合同所载金额应纳印花税税额 = 50 000 × 1‰ = 50（元）

（2）非资金账簿应纳印花税税额 = 8 × 5 = 40（元）

（3）领受权利、许可证照应纳印花税税额 = 5 × 4 = 20（元）

（4）财产保险合同应纳印花税税额 = 100 000 × 1‰ = 100（元）

本期共计应纳印花税税额 = 50 + 40 + 20 + 100 = 210（元）

【例 11 – 2】 某企业 2016 年 2 月开业，领受房屋产权证、工商营业执照、商标注册证、土地使用证各一件，与其他企业订立转移专有技术使用权书据一件，所载金额 80 万元，订立产品购销合同两件，所载金额为 140 万元，订立借款合同一份，所载金额为 40 万元。此外，企业的营业账簿中"实收资本"科目载有资金 200 万元，其他账簿 5 本。试计算该企业 2011 年应缴纳的印花税税额。

（1）借款合同所载金额应纳印花税税额 = 400 000 × 0.05‰ = 20（元）

（2）非资金账簿应纳印花税税额 = 5 × 5 = 25（元）

（3）领受权利、许可证照应纳印花税税额 = 5 × 4 = 20（元）

（4）产品购销合同应纳印花税税额 = 1 400 000 × 0.03‰ = 420（元）

（5）实收资本应纳印花税税额 = 2 000 000 × 0.05‰ = 1 000（元）

（6）转移专有技术使用权书据应纳印花税税额 = 800 000 × 0.5‰ = 400（元）

本期共计应纳印花税税额 = 20 + 25 + 20 + 420 + 1 000 + 400 = 1 885（元）

4. 税收优惠政策

根据印花税税法的规定，下列凭证免纳印花税：

（1）已缴纳印花税的凭证的副本或抄本。

（2）财产所有人将财产赠给政府、社会福利单位、学校所立的书据。

（3）国家指定的收购部门与村民委员会、农民个人书立的农副产品收购合同。

（4）无息、贴息贷款合同。

（5）外国政府或者国际金融组织向我国政府及国家金融机构提供优惠贷款所书立的

合同。

11.1.2 印花税纳税申报程序

1. 印花税的纳税方法

（1）分为以下三种：自行贴花；汇贴或汇缴；委托代征。

（2）印花税票常识：印花税票是缴纳印花税的完税凭证，由国家税务局负责监制。其票面金额以人民币为单位，分为壹角、贰角、伍角、壹元、贰元、伍元、拾元、壹佰元9种。印花税票为有价证券。印花税票可以委托单位或个人代售，并由税务机关付给5%的手续费，支付来源从实征印花税款中提取。

2. 纳税环节

印花税应当在书立或领受时贴花。具体是指，在合同签订时、账簿启用时和证照领受时贴花。

3. 纳税地点

印花税一般实行就地纳税。

11.1.3 印花税纳税申报实练

根据【例11-2】资料填报印花税纳税申报表如表11-2所示。

表11-2 印花税纳税申报表

纳税代码（地税）： 　　　　　　　　　　　税款所属日期：2011年2月1日至2月28日

税务登记证号： 　　　　　　　　　　　　　金额单位：人民币元（至角分）

纳税人名称				地 址				
电 话			开户银行			账号		
税目 （1）	应税凭证名称 （2）	件数 （3）	计税金额 （4）	税率 （5）	应纳税额 （6）	被扣税额 （7）	缴纳税额 （8）	备注
合同	借款合同	1	400 000	0.05‰	20		20	
	购销合同	1	1 400 000	0.3‰	420		420	
书据	产权转移数据	1	800 000	0.5‰	400		400	
账簿	资金类	1	2 000 000	0.5‰	1 000		1 000	
	其他类	5	5	5元/本	25		25	

（续表）

税目 (1)	应税凭证名称 (2)	件数 (3)	计税金额 (4)	税率 (5)	应纳税额 (6)	被扣税额 (7)	缴纳税额 (8)	备注
证照	房屋产权证、 工商营业执照、 商标注册证、 土地使用证	4	4	5 元/本	20		20	

印花税票购买贴花情况			
上期库存	本期购买	本期贴花	本期库存

纳税人声明：本表填写数据真实、完整、愿意承担法律责任		如委托代理填报，由代理人填写以下各栏		
会计主管 （签章）	办税人员 （签章）	纳 税 单 位 （人） （签章）	代理人名称	代理人 （签章） 年 月 日
			代理人地址	
			经办人　　电话	

以下由税务机关填写		
收到申请表日期		接收人

说明：1. 本表按月申请，一式三份，一联纳税人保存，二联上报税务机关。

　　　2. 申报时应附《应税合同纳税明细登记表》，按月发生数填写（8）＝（6）－（7）。

11.2　车辆购置税会计

车辆购置税是以在中国境内购置规定的车辆为课税对象，在特定环节向车辆购置者征收的一种行为税。现行车辆购置税的基本规范是 2000 年 10 月 22 日国务院常务会议通过的《中华人民共和国车辆购置税暂行条例》和国家税务总局第 15 号《车辆购置税征收管理办法》。

11.2.1　车辆购置税纳税要素

1. 纳税人

车辆购置税的纳税人是在我国境内购置应税车辆的单位和个人。

车辆购置应税行为包括：购买使用、进口使用、受赠使用、获奖使用、自产自用以及以其他行为（拍卖、抵债、走私、罚没等方式）取得并自用的应税行为。

2. 征税范围

车船购置税的征税范围包括汽车、摩托车、电车、挂车、农用运输车。

3. 应纳税额的计算

（1）计税依据。车辆购置税计税价格根据不同情况确定如下：

① 纳税人购买自用的应税车辆的计税价格，为纳税人购买应税车辆而支付给销售者的全部价款和价外费用，不包括增值税税款。

② 纳税人进口自用的应税车辆的计税价格，按下列公式计算

$$计税价格 = 关税完税价格 + 关税 + 消费税$$

③ 纳税人自产、受赠、获奖或以其他方式取得并自用的应税车辆，由主管税务机关参照规定的最低计税价格核定。

纳税人购买自用或进口自用的应税车辆，申报的计税价格低于同类型应税车辆的最低计税价格又无正当理由的，按照最低计税价格征收车辆购置税。

（2）税率。车辆购置税实行10%的比例税率，2009年1月1日至12月31日，1.6升以下车辆减按5%。

（3）应纳税额计算

$$车辆购置税应纳税额 = 计税价格 \times 税率$$

【例11-3】 某公司2016年2月2日进口轿车一部，海关到岸价格为50 000美元（当日美元与人民币外汇牌价为1:7.5），进口关税税率为25%，消费税税率8%，增值税税率17%，另外在国内购置一部轿车，含税价款200 000元。计算公司应交纳的车辆购置税。

进口轿车计税价格 = 50 000 × 7.5 × （1 + 25%） ÷ （1 - 8%） = 509 510.87（元）

国内购车计税价格 = 200 000 ÷ （1 + 17%） = 170 940.17（元）

应交车辆购置税 = （509 510.87 + 170 940.17）× 10% = 68 045.10（元）

4. 税收优惠政策

根据车辆购置税法，下列车辆免税、减税：

（1）外国驻华使馆、领事馆和国际组织驻华机构及其外交人员自用的车辆，免税。

（2）中国人民解放军和中国人民武装警察部队列入军队武器装备订货计划的车辆，免税。

（3）设有固定装置的非运输车辆，免税。

（4）在外留学人员（含港、澳）回国服务的，用现汇购买1辆自用国产汽车，免税。

（5）来华定居专家进口自用或境内购置1辆自用小汽车，免税。

（6）防汛部门和森林消防等部门购置的由指定厂家生产的指定型号的用于指挥、检查、调度、防汛（警）、联络的专用车辆，免税。

（7）国务院规定的其他情形。

11.2.2 车辆购置税纳税申报流程

1. 纳税义务发生时间

（1）购买自用应税车辆的，应当自购买之日起60日内申报纳税。

（2）进口自用应税车辆的，应当自进口之日起60日内申报纳税。

（3）自产、受赠、获奖或者以其他方式取得并自用应税车辆的，应当自取得之日起60日内申报纳税。

（4）免税、减税车辆因转让、改变用途等原因不再属于免税、减税范围的，应当在办理车辆过户手续前或者办理变更车辆登记注册手续前缴纳车辆购置税。

车辆购置税税款应当一次缴清。

2. 纳税地点

纳税人购置应税车辆，应当向车辆登记注册地的主管税务机关申报缴纳；购置不需办理车辆登记注册手续的应税车辆，应当向纳税人所在地的主管税务机关申报纳税。

11.2.3 车辆购置税纳税申报实练

根据【例11-3】资料，填制进口一辆轿车的车辆购置税纳税申报表，如表11-3所示。

表11-3 车辆购置税纳税申报表

填报日期：2011年3月10日

纳税人名称： 金额单位：元、角、分

纳税人证件名称			证件号码		
联系电话		邮政编码		地址	
车辆基本情况					
车辆类别	√ 1. 汽车 2. 摩托车 3. 电车 4. 挂车 5. 农用运输车		发动机号码		
生产企业名称			车架（底盘）号码		
厂牌型号			排气量		
购置日期	2011.2.2		关税完税价格		375 000
机动车销售发票（或有效凭证）价格			关税		93 750
机动车销售发票（或有效凭证）价格			消费税		40 760.87
减税、免税条件	无				
申报计税价格	特殊计税价格	税率	免（减）税额		应纳税额

（续表）

1	2	3	4 = 2×3	5 = 1×3 或 2×3
680 451.04		10%		68 045.10

<table>
<tr><td colspan="2">　　此纳税申报表是根据《中华人民共和国车辆购置税暂行条例》的规定填报的，我相信它是真实地、可靠的、完整的。

　　　　　　声明人签字：</td><td colspan="2">　　如果你已委托代理人申报，请填写以下资料：
　　为代理一切税务事宜，现授权（　　　），地址（　　　）为本纳税人的代理申报人，任何与本申报表有关的往来文件，都可授予此人。

　　　　　　　　授权人签字：</td></tr>
<tr><td rowspan="5">纳税人签名或盖章</td><td colspan="3">如委托代理人的，代理人应填写以下各栏</td></tr>
<tr><td>代理人名称</td><td></td><td rowspan="4">代理人（公章）</td></tr>
<tr><td>地址</td><td></td></tr>
<tr><td>经办人</td><td></td></tr>
<tr><td>电话</td><td></td></tr>
<tr><td colspan="2">接收人：</td><td colspan="2"></td></tr>
<tr><td colspan="2">接收日期：</td><td colspan="2">主管税管机关（印章）：</td></tr>
</table>

填表说明：

1. 由车辆购置税纳税人（或代理人）在办理纳税申报时填写。

2. "纳税人名称"栏，填写车主名称。

3. "纳税人证件名称"栏，单位车辆填写《组织机构代码证书》；个人车辆填写《居民身份证》或其他身份证明名称。

4. "证件号码"栏，填写《组织机构代码证书》、《居民身份证》及其他身份证件的号码。

5. "车辆类别"栏，在表中所列项目中划√。

6. "生产企业名称"栏，国产车辆填写国内生产企业名称，进口车辆填写国外生产企业名称。

7. "厂牌型号""发动机号码""车辆识别代号（车架号码）"栏，分别填写车辆整车出厂合格证或《中华人民共和国海关货物进口证明书》或《中华人民共和国海关监管车辆进（出）境领（销）牌照通知书》或《没收走私汽车、摩托车证明书》中注明的产品型号、车辆识别代号（VIN，车架号码）。

8. "购置日期"栏，填写机动车销售统一发票（或有效凭证）上注明的日期。

9. "机动车销售统一发票（或有效凭证）价格"栏，填写机动车销售统一发票（或有效凭证）上注明的价费合计金额。

10. 下列栏次由进口自用车辆的纳税人填写：

（1）"关税完税价格"栏，填写《海关关税专用缴款书》中注明的关税计税价格。"关税"栏，填写《海关关税专用缴款书》中注明的关税税额。

（2）"消费税"栏，填写《海关代征消费税专用缴款书》中注明的消费税税额。

11. "免（减）税条件"栏，按下列项目选择字母填写：

A. 外国驻华使馆、领事馆和国际组织驻华机构及其外交人员自用的车辆。

B. 中国人民解放军和中国人民武装警察部队列入军队武器装备订货计划的车辆。

C. 设有固定装置的非运输车辆。

D. 在外留学人员（含港、澳）回国服务的，购买的国产汽车。

E. 来华定居专家进口自用或境内购置的汽车。

F. 其他免税、减税车辆。

12. "申报计税价格"栏，分别按下列要求填写：

（1）境内购置车辆，按机动车销售统一发票注明的价费合计金额÷（1+17%）填写。

（2）进口自用车辆，填写计税价格。计税价格＝关税完税价格＋关税＋消费税。

（3）自产、受赠、获奖或者以其他方式取得并自用的车辆，按机动车销售统一发票（或有效凭证）注明的价费合计金额÷（1+17%）填写。

13."计税价格"栏，经税务机关辅导后填写：

（1）填写最低计税价格。

（2）底盘发生更换的车辆，按主管税务机关提供的最低计税价格的70%填写。

（3）免税条件消失的车辆，自初次办理纳税申报之日起，使用年限未满10年的，按主管税务机关提供的最低计税价格每满1年扣减10%填写。未满1年的按主管税务机关提供的最低计税价格填写。使用年限10年（含）以上的，填写0。

14."应纳税额"栏，计算公式如下：

（1）计税依据为申报计税价格的，应纳税额＝申报计税价格栏×税率。

（2）计税依据为计税价格的，应纳税额＝计税价格栏×税率。

15.本表一式二份（一车一表），一份由纳税人留存；一份由主管税务机关留存。

11.2.4 车辆购置税会计核算

企业缴纳的车辆购置税应当作为所购置车辆的成本。企业购买、进口、自产、受赠、获奖以及以其他方式取得并自用的应税车辆应缴的车辆购置税，或者当初购买的属于减免税的车辆在转让或改变用途后，按规定应补缴的车辆购置税，在按规定期限缴纳车辆购置税后，根据有关凭证，借记"固定资产"，贷记"银行存款"。由于车辆购置税是一次性缴纳，它可以不通过"应交税费"账户核算。

车辆购置税计算与缴纳也可以通过"应交税费"账户核算。企业计算应缴的车辆购置税，借记"固定资产"，贷记"应交税费——应交车辆购置税"；实际缴纳时，借记"应交税费——应交车辆购置税"，贷记"银行存款"。

⊙ 本章小结

印花税是对经济活动和经济交往中书立、使用、领受应税凭证的行为征收的一种税。印花税的税率有两种形式，即比例税率和定额税率。

车辆购置税是以在中国境内购置规定的车辆为课税对象，在特定环节向车辆购置者征收的一种行为税。车辆购置税的纳税人是在我国境内购置应税车辆的单位和个人。

车辆购置应税行为包括：购买使用、进口使用、受赠使用、获奖使用、自产自用以及以其他行为（拍卖、抵债、走私、罚没等方式）取得并自用的应税行为。

车辆购置税计算与缴纳也可以通过"应交税费"账户核算。企业计算应缴的车辆购置税，借记"固定资产"，贷记"应交税费——应交车辆购置税"；实际缴纳时，借记"应交税费——应交车辆购置税"，贷记"银行存款"。

⚠ 关键名词

印花税、车辆购置税的税额核算，纳税申报和会计核算

📖 练习题

一、单项选择题（请扫描二维码，在线测试本章学习效果）

1. 以下合同不征收印花税的是（　　　）。

    A. 电网与用户之间签订的供用电合同

    B. 个人出租门店签订的合同

    C. 出版单位与发行单位订立的图书征订凭证

    D. 信用保险合同

选择题
即测即评

2. 印花税比例税率中最低税率的项目是（　　　）。

    A. 购销合同　　　　B. 技术合同　　　　C. 产权转移数据　　　　D. 借款合同

3. 下列应缴纳印花税的凭证是（　　　）。

    A. 房屋产权证、工商营业执照、税务登记证、营运许可证

    B. 土地使用证、专利证、特殊行业经营许可证、房屋产权证

    C. 商标注册证、卫生许可证、土地使用证、营运许可证

    D. 房屋产权证、工商营业外执照、商标注册证、专利证、土地使用证

4. 下列人员中不属于车辆购置税纳税人的是（　　　）。

    A. 应税车辆的馈赠人　　　　　　B. 应税车辆的购买者

    C. 免税车辆的受赠人　　　　　　D. 应税车辆的进口使用者

5. 某企业本月签订两份合同：①加工承揽合同，合同载明材料金额 30 万，加工费 10 万；②财产保险合同，合同载明被保险财产价值 1 000 万，保险费 1 万。已知加工合同印花税税率 0.5‰，保险合同印花税税率 1‰。则应缴纳的印花税为（　　　）万元。

    A. $30 \times 0.5‰ + 1\,000 \times 1‰ = 1.015$　　B. $10 \times 0.5‰ + 1\,000 \times 1‰ = 1.005$

    C. $30 \times 0.5‰ + 1 \times 1‰ = 0.016$　　D. $10 \times 0.5‰ + 1 \times 1‰ = 0.006$

6. 甲公司于 2016 年 8 月开业后，领受了工商营业执照、税务登记证、土地使用证、房屋产权证证各一件。已知权利、许可证照印花税单位税额为每件 5 元，甲公司应缴纳的印花税额为（　　　）元。

    A. 5　　　　B. 10　　　　C. 15　　　　D. 20

二、多项选择题（请扫描二维码，在线测试本章学习效果）

1. 下列合同不征收印花税的有（　　　）。

    A. 未按期兑现的合同　　　　　　　　B. 列明购销金额的合同

C. 企业与主管部门签订的租赁承包合同　　D. 企业仓库设置的不记载金额的登记簿

E. 企业与律师事务所签订的法律咨询合同

2. 下列凭证中不用贴印花税票的有（　　　　）。

A. 无息贷款合同　　　B. 商标注册证　　　C. 购销合同副本　　　D. 卫生许可证

3. 下列车辆中可以减免车辆购置税的有（　　　　）。

A. 武警部队购买的列入武器装备订货计划的车辆

B. 长期来华定居专家进口 1 辆自用小汽车

C. 在外留学人员购买 1 辆自用进口小汽车

D. 农用运输车

4. 根据印花税法律制度的规定，下列各项中，不属于印花税纳税人的是（　　　　）。

A. 合同的双方当事人　　　　B. 合同的担保人

C. 合同的证人　　　　　　　D. 合同的鉴定人

5. 关于印花税纳税人的下列表述中，正确的有（　　　　）。

A. 会计账簿以立账簿人为纳税人

B. 产权转移书据以立据人为纳税人

C. 建筑工程合同以合同当事人为纳税人

D. 房屋产权证以领受人为纳税人

三、判断题（请扫描二维码，在线测试本章学习效果）

1. 印花税是对经济活动和经济交往中书立、领受、使用的应税经济凭证所征收的一种税。

（　　　）

2. 对发电厂与电网之间、电网与电网之间签订的购销电合同，按购销合同征收印花税

（　　　）

3. "法律、会计、审计"等合同、"出版"合同、"委托代理"合同属于印花税列举范
围，不贴印花。　　　　　　　　　　　　　　　　　　　　　　　　　　（　　　）

4. 记载金额的营业账簿，以账簿的件数为计税依据缴纳印花税。　　　　（　　　）

5. 纳税人购买自用或者进口自用应税车辆，申报的计税价格低于同类型应税车辆最低
计税价格，又无正当理由的，计税价格为"最低计税价格"。　　　　　　　（　　　）

6. 老赵 2015 年 4 月 1 日购入一辆小汽车自用，5 月 30 日申报并缴纳车辆购置税 10 万
元。由于车辆制动系统存在严重问题，2016 年 4 月 30 日老赵将该车退回，则老赵可以申请
退还的车辆购置税为 9 万元。　　　　　　　　　　　　　　　　　　　　（　　　）

7. 城市公交企业购置的公共电汽车免交车辆购置税。　　　　　　　　　（　　　）

四、实训题（请扫描二维码，查看实训题答案）

1. 某企业 2009 年成立，领取了营业执照、税务登记证、房产证、土地使用证、商标注册证各一件，资金账簿记载实收资本 1 350 万元，新启用其他营业账簿 8 本，当年发生经济业务如下：

（1）4 月初将一间门面租给某商户，签订财产租赁合同，租期一年，合同记载年租金 12 万元，本年内租金收入 9 万元。出租闲置的办公用品，签订租赁合同，月租金 500 元，但未指定具体租赁期限。

（2）8 月份与某公司签订货物运输保管合同，记载运费 9 万元、装卸费 1 万元、仓储保管费 8 万元、货物保价 100 万元。

（3）10 月份以一栋价值 50 万元的房产作抵押，取得银行抵押贷款 40 万元，并签订抵押贷款合同，年底由于资金周转困难，按合同约定将房产产权转移给银行，并依法签订产权转移书据。

（4）12 月份与甲公司签订转让技术合同，转让收入按甲公司 2009 年～2011 年实现利润的 30% 支付。

要求：

根据上述资料，回答下列问题：

（1）计算 2016 年使用的证照与账簿应缴纳的印花税。

（2）计算 2016 年签订租赁合同应缴纳的印花税。

（3）计算 2016 年房产抵押贷款业务应缴纳的印花税。

（4）计算 2016 年运输保管合同应缴纳的印花税。

（5）计算 2016 年技术转让合同应缴纳的印花税。

2. 某汽车贸易公司 2016 年 6 月进口 11 辆小轿车，海关审定的关税完税价格为 25 万元/辆，当月销售 8 辆，取得含税销售收入 240 万元；2 辆企业自用，1 辆用于抵偿债务。合同约定的含税价格为 30 万元。要求计算公司应纳车辆购置税并进行账务处理（小轿车关税税率为 28%，消费税税率为 9%）。

判断题
即测即评

实训题
查看答案

参 考 文 献

［1］中国注册会计师协会编写组．税法［M］．北京：经济科学出版社．

［2］中华人民共和国个人所得税法［S］．中华人民共和国主席令第 48 号．

［3］中华人民共和国增值税暂行条例实施细则［S］．财政部、国家税务总局令第 50 号．

［4］中华人民共和国消费税暂行条例实施细则［S］．财政部、国家税务总局令第 51 号．

［5］国务院．中华人民共和国增值税暂行条例［S］．中华人民共和国国务院令第 538 号．

［6］国务院．中华人民共和国消费税暂行条例［S］．中华人民共和国国务院令第 539 号．

［7］关于全面推开营业所改增值税试点的通知［S］．财税［2016］36 号．

［8］关于发布《纳税人转让不动产增值税征收管理暂行办法》的公告［S］．国家税务总局
　　公告 2016 年第 14 号．

［9］关于调整增值税纳税申报有关事项的公告［S］．国家税务总局公告 2016 年第 27 号．

［10］关于营业税改征增值税委托地税机关代征税款和代开增值税发票的公告［S］．国家
　　税务总局公告 2016 年第 18 号．

［11］关于营改增后契税 房产税 土地增值税 个人所得税计税依据问题的通知［S］．财税
　　［2016］43 号．

［12］关于发布《中华人民共和国企业所得税月（季）度预缴纳税申报表》等报表的公告
　　［S］．国家税务总局公告 2011 年第 64 号．

［13］财政部会计司编写组．企业会计准则讲解［M］．北京：人民出版社，2007.

［14］盖地．税务会计与纳税筹划（第十一版）［M］．大连：东北财经大学出版社，2015.

［15］王碧秀．中国税收［M］．北京：人民邮电出版社，2015.

［16］王碧秀．税务会计［M］．大连：东北财经大学出版社，2016.